한국 독립전쟁사의 재조명

한국 독립전쟁사의 재조명

이덕일 지음

일본 극우파의 재부상과
청산되지 못한 식민사관

만권당

일러두기

- 본문에 나오는 인명과 지명, 학교명, 서적명 등은 원칙적으로 한글 맞춤법 표기법에 따랐다.
- 일본의 지명이나 인명의 경우 원칙적으로 한글 맞춤법 표기법에 따랐으나, 한자로 의미가 더 명확하게 통할 수 있는 단어나 고서적명 등은 한자음 그대로 표기했다.
  예) 『고사기』, 『일본서기』 등
- 문헌이나 논문을 직접 인용한 경우에도 독자들의 혼란을 막기 위해 인명 표기는 통일했다.
- 중국의 지명이나 인명의 경우 한자음대로 표기했다.
- 북한 인명이나 잡지 등의 표기는 북한 표기를 존중했다.
  예) 리지린, 『력사과학』 등
- 전집이나 단행본, 정기간행물은 『 』, 논문, 연구보고서 등은 「 」로 표기했다.

일본 극우파의 재부상과
한국 독립전쟁사의 새 지평

미국의 전후 동아시아 정책의 실책

　모든 현상은 음과 양이 있듯이 침략과 저항으로 점철되었던 지난 20세기도 마찬가지였다. 아시아에서 유일하게 제국주의로 변질된 일본이 대만과 한국 강점을 필두로 동아시아는 물론이고 전 세계에 끼쳤던 해악은 경우에 따라서는 역사의 순기능으로 작용할 수도 있었다. 미국이 당초의 전후 아시아 재편 구상처럼 일본을 철저하게 민주적으로 개편했다면 지금 우리는 전혀 다른 동아시아 세계에서 살고 있을 것이었다. 그러나 미국의 예상과는 달리 중국의 국공내전에서 모택동의 공산당이 장개석의 국민당을 꺾고 승리하면서 미국은 당초의 구상을 포기했다. 즉 전범(戰犯)의 철저한 배제를 통한 일본 사회의 민주적 대개조라는 정책 목표를 수정해 전범 출신들이 다시 정치에 참여할 수 있게 허용하면서 일본 제국주의 세력의 부활을 허용했다. 이로써 전범 세력들이 다시 일 일본 사회의 중추로 등장했고, 이는 동아시아 사회가 화해와 협력을 통해 지역 공동체로 나아가는 데 큰 장애 요소가 되었다.

이 부분에서 미국에 묻고 싶은 것이 일본 사회가 민주적으로 재편되었을 경우 반공의 보루 역할을 할 수 없었는가 하는 점이다. 마르크스의 당초 예상과는 달리 가장 발달한 사회였던 독일이 아니라 러시아나 중국처럼 상대적으로 낙후했던 사회에서 사회주의 혁명이 주로 성공한 것은 많은 시사점을 준다. 그러나 미국은 공산주의 세력을 막는 방편으로 일본 극우파의 재등장을 선택했고, 이는 지금껏 동아시아 사회의 평화에 큰 장애 요소로 작용하고 있다.

일본 극우파들은 자신들의 과거 침략 행위에 대한 반성의 마음이 없다. 전범 출신들은 사사카와 재단 같은 극우 재단을 만들어 '남경 대학살은 없었다', '종군위안부는 자발적이었다', '독도는 일본 땅이다' 같은 망언들을 학술의 이름으로 조직적으로 유포했다. 그리고 한국인 학자들과 대학원생들을 일본으로 불러들여 막대한 자금으로 친일 한국인 역사학자군(群)을 만드는 데 성공했다. '가야는 임나다', '나주 반남 고분군은 5세기경 일본인들이 건너와서 만든 것이다' 따위의 일제 패망과 함께 폐기되었던 제국주의 역사학이 한국 학계에 다시 등장한 배경이 일본 극우파들의 이런 의도적 행위의 결과임이 점차 드러나고 있다. 이제 한국 사회는 한 세기 전처럼 이른바 정한론(征韓論)을 주창하는 일본 우익들을 다시 맞닥뜨리게 된 것이다.

한국 독립전쟁사의 재조명

그래서 이 시점에서 지난 세기의 한국 독립전쟁사를 되돌아보는 것은 중요한 의의가 있다. 한 세기 전 일본이 한국을 점령했을 때 한국의 독립은 불가능한 일로 보였다. 일본은 청일전쟁으로 청나라를 내쫓고, 러일전쟁으로 러시아를 꺾었다. 영일동맹으로 영국과 어깨를 나란히 했고, 가쓰라 태프트 협정으로 미국이 필리핀을 차지하는 대신 일본이 한국을 차지한다는 밀약을 맺었다. 현실적으로 한국의 독립은 불가능한 일이었다. 그렇기에 나라를 팔아먹은 친일파들은 매국 직후 『조선 귀족 열전(朝鮮貴族列傳)』, 『조선 신사 대동보(朝鮮紳士大同譜)』 따위의 책을 버젓이 펴내면서 자신들의 당파가 이완용이 당수인 노론이라고 당당하게 밝힐 수 있었다. 이들이 생각하기에 한국과 한민족은 역사에서 사라질 것이었다.

바로 이런 때 일단의 한국인들이 식민지 동토를 떠나 만주 및 연해주에 둥지를 틀면서 독립전쟁사의 서막이 열렸다. 서울의 우당(友堂) 이회영(李會榮) 일가와 안동의 석주(石洲) 이상룡(李相龍) 일가는 전 재산을 바쳐 만주 유하현 삼원보 및 추가가에 둥지를 틀고 경학사를 만들고 신흥무관학교를 만들었다.

그런데 이들이 전 생애를 걸고 독립전쟁에 나서게 된 사상적 배경이 있었다. 우선 이들이 지향한 정치사상은 공화주의였다. 중요한 것은 이들의 공화주의가 망명 후에 형성된 사상이 아니라 망명 전 대한제국 시절 이미 갖고 있던 사상이라는 점이다. 더욱 중요한 것은 이런 공화주의 사상이 서구 정치사상의 유입을 통해 만들어진 것이 아니라 동양의 전통 사상과 서구 정치사상의 접맥을 통해 만들어졌다는 점이다. 이상설,

이상룡, 이회영 등의 주요 독립운동가들은 모두 주자학이 아니라 양명학을 받아들였다. 양명학의 사해동포주의 사상에서 공화주의의 근거를 찾았고, 이런 사상으로 경학사, 부민단 등을 운영했다. 대한민국 임시정부가 민주공화제를 채택했던 것은 이런 사상이 결실을 맺은 것이었다. 또한 삼한갑족 출신의 이회영이 아나키즘을 받아들일 수 있었던 것도 마찬가지로 서구 사상의 일방적 유입이 아니라 양명학에 그 토대를 둔 것이었다.

이런 사상적 변화는 모두 과거의 사대주의 사상에 대한 거부에서 나온 것이었다. 이들은 조선 사대부들이 갖고 있던 친명 사대주의가 나라를 망국으로 이끈 중요한 요소라는 생각에서 사대주의와 철저하게 결별하면서 새로운 사상을 만들어냈다. 석주 이상룡과 단재 신채호가 한국 고대사를 깊게 연구한 역사학자인 데서 알 수 있는 것처럼 이들의 공화주의 사상은 한국사에 대한 깊은 성찰의 결과이기도 했다. 그래서 석주 이상룡, 단재 신채호처럼 역사에 대한 저서나 기록을 남겼든 우당 이회영처럼 그런 기록을 남기지 못했든 대부분의 독립운동가들은 모두 역사학자라고 해도 과언이 아니었다. 한국사에 대한 깊은 성찰이 이들로 하여금 생애를 걸고 독립전쟁에 나서게 한 원동력이었다.

이들은 일본의 강점이라는 한국사 초유의 사태를 맞아 수세적으로 독립전쟁에 나선 것이 아니라 한국과 동양 전통 사상의 바탕 위에서 이를 실천하는 적극적 자세로 독립전쟁에 나선 것이었다. 그렇기에 우당 이회영이 말한 것처럼 독립운동은 그 자체가 수단이 아니라 목적으로 승화할 수 있었던 것이다.

일본 극우파의 재등장을 보는 심사는 착잡할 수밖에 없다. 일본 극우파는 가장 먼저 역사를 들고 나타난다. 19세기 일본군 참모본부가 '가야는 임나다'라고 주장하는 임나사에 대한 책을 발간해 한국 강점을 과거 사의 복원이라는 논리로 강변한 것이 이를 말해준다. 이들이 압도적 무력과 식민사관이라는 두 무기를 들고 과거 한국을 점령했던 그림자가 언뜻언뜻 내비친다. 그래서 이 거대한 무력과 식민사관에 맞서 싸웠던 독립운동가들의 사상을 되새기는 것은 의미가 있다. 아울러 왜 조선은 멸망했는지에 대한 성찰도 함께 할 때 역사는 여전히 한 개인 및 한 사회를 각성시키는 효용성을 발휘할 수 있을 것이다.

2019년 정월 한가람역사문화연구소에서 이덕일 기(記)

차례

식민(침략)사관 재등장의 역사적 배경

1. 들어가는 글

　1945년 8월 15일 일본군 통수권자인 일왕 히로히토(裕仁)는 연합국에 무조건 항복을 선언했다. 독일 수상 나치 히틀러가 1945년 4월 30일 권총 자살하고, 5월 7일 독일이 무조선 항복한 지 석 달 만이었다. 이탈리아의 무솔리니는 1945년 4월 28일 처형당한 후 거꾸로 매달렸다. 독일과 이탈리아, 일본은 1940년 9월 27일 파시스트 삼국동맹을 맺고 전 세계를 전화로 몰고 갔다. 이탈리아의 무솔리니와 독일의 히틀러는 각각 죽음으로 끝을 맺었지만, 파시스트 체제의 3각 축이었던 일본의 히로히토는 아무런 처벌을 받지 않았다. 처벌은커녕 히로히토는 물론 일본의 전범들은 전후에도 승승장구했다.

　2018년 8월 15일 일본의 아베 신조(安倍晉三)는 A급 전범 도조 히데키(東條英機) 등이 합사된 도쿄 구단키타(九段北)에 있는 야스쿠니 신사(靖國神社)에 공물을 납부했다. 또한 이날 일본 총무상 등 각료들과 여야 의원 80여 명은 집단으로 야스쿠니 신사를 참배했다. 두 달 후인 10월 18일에는 '다 함께 야스쿠니 신사를 참배하는 국회의원 모임' 소속 의원들이 다시 야스쿠니 신사를 집단 참배했다. 야스쿠니 신사의 10월 추계대제(秋季大祭)에 맞춰 다시 집단 참배한 것인데, 유럽을 순방 중인 아베 총리는 또 한 번 공물을 보내 A급 전범들을 추모했다. 뿐만 아니라 오시마 다다모리(大島理森) 중의원 의장과 다테 주이치(伊達忠一) 참의원 의장 등도 같은 날 야스쿠니 신사에 공물을 보냈다. 일본의 여야 정치인들은 춘계대제, 종전기념일, 추계대제에 야스쿠니 신사를 직접 참배하거나 공물을 보낸다. 2013년에는 아베 신조 총리가 직접 야스쿠니 신사를 방문해 참배를 단행했고, 이후에는 매년 공물을 보내고 있다.

독일이나 이탈리아로 치면 수상이나 의회 의장 등이 나치와 파시스트 전범들이 합사되어 있는 곳을 집단 참배하거나 공물을 보내는 것이다. 유럽에서 이런 일이 일어난다면 어떤 일이 벌어질까? 아마도 유럽 각국에서 딘교 조치가 잇따를 것이다. 그러나 아시아에서는 성명을 빌표하는 정도가 대응의 전부다. 북한이 "파멸된 일본 제국주의의 온상인 야스쿠니 신사에 수상이라는 자가 공물을 바치고, 정객들이 집단으로 몰려가는 추태를 부린 것은 정의와 평화에 대한 정면 도전"[1]이라고 아주 강한 어조로 성토하고, 중국이 성명으로 비판하고, 남한 외교부는 깊은 우려를 표명하지만, 모두 형식적인 대응일 뿐이다.

일본은 현재 여러 국가와 국경 분쟁 중이다. 독도를 자국의 영토라고 주장하고 있고, 중국과는 센카쿠 열도[尖閣列島: 중국명은 조어도(釣魚島)] 영유권을 둘러싸고 분쟁 중이며, 러시아와도 북방 4개 도서를 둘러싸고

---

1 『헤럴드경제』 인터넷판, 2018. 4. 25.

분쟁 중이다.

그런데 일본의 여야 의원들이 야스쿠니 신사를 참배한 것은 결국 역사 인식, 특히 과거사에 대한 인식의 문제이다. 동아시아 각국의 역사 인식 문제는 영토 분쟁과 직접적으로 관련이 있는 역사전쟁으로 이어진다는 특징이 있다. 특히 일본의 과거사에 대한 그릇된 인식은 한국 재점령에 대한 긍정으로 이어진다는 점에서 심각하다. 일본이 과거의 침략사를 거듭 부인하는 이유가 여기에 있다. 일본의 역사 도발이 지속적·반복적으로 진행되고 있는 이유 역시 여기에 있다.[2]

문제는 한국사에 대한 역사 도발이 중국으로도 확산되고 있다는 점이다. 중국은 동북공정이라고 불리는 역사 도발을 통해 현재 자국의 영역인 만주는 물론 북한 강역까지도 자국의 영토였다고 주장하고 있다.[3] 한·중·일 삼국 역사 분쟁의 특징은 일본과 중국은 공세적인 반면 한국은 수세적이라는 것이다. 남한 내부의 강단 식민사학자들이 이런 역사전쟁에서 일본과 중국의 편을 든다는 특징도 있다. 또한 한국에 대한 일본과 중국의 역사 침략은 한국 고대사에 집중되며, 한국 고대사에 대한 침략이 현재의 영토에 대한 침략 논리로 전환된다는 특징도 있다.

일본 여야 정치인들의 야스쿠니 참배가 계속되는 가장 근본적인 이유는 독일이나 이탈리아와 달리 전범 체제에 대한 청산이 이루어지지 못

---

2 한계옥, 『망언의 뿌리를 찾아서』, 조양욱 옮김, 자유포럼, 1998. 일본에서 1996년, 한국에서는 1998년에 출간된 이 책의 제6장 「독도 영유 문제의 재연」과 제7장 「혐한과 반일을 선동」에는 마치 2019년 현재의 상황인 것 같은 사례가 그대로 실려 있다. 이 문제가 구조적 문제임을 말해주는 사례이다.

3 중국의 동북공정 논리에 대해서는 마대정(馬大正), 『중국의 동북 변강 연구』, 이영옥 편역, 고구려연구재단, 2004를 참조할 것. 이 책에서는 만주가 중국사의 강역이었다고 주장하면서도 일제의 만주 침략에 대해서는 강하게 비난하는 이중 인식 구조를 엿볼 수 있다.

했기 때문이다. 일본은 독일이나 이탈리아와 달리 전범 세력에 대한 체제 청산을 제대로 수행하지 못했다. 체제 청산은커녕 그들 전범 세력이 전후 일본 사회의 주류 세력으로 부활했다. 중국이 동북공정을 수행하는 것은 패권주의를 추구하기 때문이다. 일본뿐만 아니라 중국이 역사 침략에 나선 것은 동아시아의 안녕에 큰 위협이다. 과거 자신들을 침략했던 일본 제국주의가 만든 역사관을 중화 패권주의 확산을 위해 악용하고 있기 때문이다.

독일이나 이탈리아와 달리 동아시아에만 이런 역사관의 전도(顚倒) 현상이 발생한 것은 전후 동아시아의 정치 질서가 예상과는 다르게 전개되었기 때문이다. 당초 미국의 전후 동아시아 정책의 주축은 장개석과 중국 국민당의 승리를 기정사실로 삼아서 중국을 동아시아 반소(反蘇) · 반공의 보루로 삼으려는 것[4]이었다. 하지만 국공내전이 예상과 달리 중국공산당의 승리로 끝나면서 중국을 동아시아 반공의 보루로 삼으려는 미국의 계획은 실현 불가능하게 되었다. 그래서 미국은 동아시아 정책을 바꾸었고, 이에 따라 대일본 정책도 바뀌었다. '일본의 민주화와 비군사화'를 주축으로 하는 군국주의 체제의 청산이라는 미국의 점령 목표는 일본을 반소 · 반공 기지로 재편하는 것으로 바뀌어갔다.

그 결과, 아시아와 전 세계를 전쟁으로 몰고 갔던 군국주의 세력들이 전후 일본 사회의 주축으로 화려하게 부활했다. 특히 극동국제군사재판(The International Military Tribunal for the Far East)에 의해 처벌받았거나 체포되었던 전범들이 형식적 처벌 이후 일본 우익의 주요 축을 형

---

4 遠山茂樹 等, 『昭和史』, 岩波書店, 1959. 여기서는 이 책의 한국어판 번역서인 도야마 시게키, 『일본 현대사』, 박영주 옮김, 한울, 1988, p. 2185에서 인용.

성한 결과, 침략전쟁이 올바른 것이었다는 군국주의 세력의 역사관이 그대로 유지되었다. 독일이나 이탈리아로 말하면 나치나 파시스트 전범들이 패전 이후 군복에서 양복으로 갈아입고 계속 통치하는 것과 마찬가지 상황이 전개된 것이다.

일본 정계의 이런 현상은 일본 사회 모든 분야에서 비슷한 파장을 낳았다. 역사학계에서도 마찬가지였다. 일본은 패전 후 천황제 이데올로기를 강요받았던 자국의 역사 서술 방식에 대해서는 일정 정도 비판을 가했지만, 외국, 특히 한국 점령을 합리화했던 황국사관에 대해서는 형식적으로 반성하는 시늉만 한 후 기본 인식을 그대로 유지했다.

우리에게 더 근본적 문제는 우리 내부에 있었다. 남한은 일본과 중국의 역사 침략에 가장 강하게 저항해야 하지만, 현실은 정반대로 나아가고 있다. 조선총독부 식민사관 형성과 전파에 종사했던 조선사편수회 출신들이 해방 이후에도 한국 사학계를 장악했고, 그 결과 일제 황국사관이 해방 이후에도 한국사의 주류 이론으로 존속하게 되었다. 패전과 동시에 일본으로 쫓겨 갔던 조선사편수회 출신들은 한국의 주류 사학자들을 일본으로 불러들이거나 직접 한국을 방문하는 방식으로 계속 지도했다.

일제의 패전으로 일본 사학계 일부에서 역사학이 제국주의 침략 이론으로 이용되었다는 반성이 일고 있을 때 거꾸로 『임나흥망사(任那興亡史)』를 써서 야마토왜가 경상도는 물론 충청도 일부 및 전라도까지 지배했다고 주장했던 스에마쓰 야스카즈(末松保和)가 서울대 사학과를 들락거리면서 서울대 사학과 교수들을 계속 지도했음을 말해주는 증언도 있다.[5] 그 결과, 해방과 동시에 청산되었어야 할 일제 식민사관이 남한 사회에서는 강단을 장악한 식민사학자들에 의해 지금까지 하나뿐인 정설로 유지되고 있다. 북한의 홍기문은 이미 1949년에 일제 식민사학자들이 왜곡한 한국사의 주요 이론을 간파했다.

> 일본 제국주의가 조선을 완전한 식민지로 만들기에 성공하자 그들의 소위 역사학자들은 조선 역사에 대해서 이상한 관심을 보였다. …… 그들이 입증한 사실의 가장 중요한 것이란 과연 어떠한 것들인가? 첫째, 서기전 1세기부터 4세기까지 약 5백 년 동안 오늘의 평양을 중심으로 한(漢)나라 식민지인 낙랑군이 설치되었다는 것이요, 둘째, 신라·백제와 함께 남조선을 분거하고 있던 가라가 본래 일본의 식민지였다는 것이요…….[6]

첫째는 한사군이 한반도 북부에 있었다는 '한사군 한반도설' 및 '낙랑군 평양설'을 조작했다는 것이고, 둘째는 '가야=임나설'을 조작했다는 것이다. 해방 후 북한 학계는 대체로 1962~1963년 일제가 왜곡한 두가지 주요한 역사를 모두 극복했지만, 남한 강단시학계는 아직까지도 총독부가 만든 이 두 가지 왜곡된 역사를 이른바 '정설'이라고 주장하고 있다. 남한의 역사학은 아직까지 조선총독부 직속의 조선사편수회에서 지배하고 있다고 해도 할 말이 없는 상황이다.

식민사관 문제는 비단 한국과 일본 사이의 문제만이 아니었다. 동북공

---

5 김용섭, 『역사의 오솔길을 가면서』, 지식산업사, 2011, p. 768. "다른 한변은, 분명치는 않으나, 민족주의 역사학인가, 실증주의 역사학인가에 관하여 검토하는 시간이었던 것 같은데, 교학부장 고윤석 교수도 포함된 네댓 명의 중년·노년의 교수가 내방하였다. 노크를 하기에 문을 열었더니, 김원룡 교수께서 말씀하시기를, '일제 때 경성제국대학에서 내가 배운 스에마쓰 선생님인데, 김 선생 강의를 참관코자 하시기에 모시고 왔어요. 김 선생, 되겠지?' 하는 것이었다."

6 홍기문, 「조선의 고고학에 대한 일제 어용 학설의 검토」『력사제문제(歷史諸問題)』, 1949.

정으로 대표되는 중화 패권주의 사관은 일제 식민사학과 그 논리 구조가 같다. 중국은 일본 군국주의에 의해 큰 고통을 당했으면서도 현재 중화 패권주의를 추구하면서 과거 자신들이 고통당했던 팽창주의, 제국주의적 행태를 보이고 있다. 만주와 북한 강역을 중국사의 강역으로 편입시키는 '동북공정'뿐만 아니라 위구르족의 역사를 중국사로 편입시키는 '서북공정', 티베트의 역사를 중국사로 편입시키는 '서남공정' 등을 통해 과거 자신들을 침략했던 일본 제국주의와 같은 행태를 보이고 있다.

역사학적 방법론에 따르면 일제 식민사학이나 중국의 동북공정은 일체의 사료적 근거를 갖고 있지 못하다. 그러나 남한 강단 식민사학은 해방 이후에도 일제 식민사학을 청산하기는커녕 그대로 한국사의 주류 이론으로 존속시켰고, 그 결과, 중국 동북공정이 남한 강단 식민사학의 이른바 '정설'을 한국사의 강역을 침탈하는 역사 침략의 도구로 이용하고 있는 것이다.

한 세기 전의 일제 식민사관이나 지금의 중국 동북공정이 대부분 한국 고대사에 집중되고 있는 이유가 있다. 대부분의 한국 독립운동가들이 한국 고대사 연구가들이었던 이유도 마찬가지다. 백암(白巖) 박은식(朴殷植), 석주 이상룡, 성재(省齋) 이시영(李始榮), 단재(丹齋) 신채호(申采浩), 희산(希山) 김승학(金承學) 등의 저명한 독립운동가들은 모두 역사학자들이었다. 이들은 한국 고대사가 역사전쟁의 가장 중요한 분야라고 생각했고, 이는 지금도 마찬가지다.

그래서 한국 독립전쟁사를 재조명하는 것은 대단히 중요하다. 이는 단순히 한국 독립전쟁사에 대한 재조명일 뿐만 아니라 현재 한국 사회는 물론, 나아가 동아시아 전체의 현 상황에 대한 거울이 될 수 있기 때문이다.

이를 위해 일본의 전후 전범 세력이 재등장하는 과정을 먼저 살펴봄으로써 현재 분쟁이 계속되고 있는 동아시아 상황을 재점검할 것이다. 그리고 한국 독립전쟁사의 여러 분야를 살펴봄으로써 우리 현실을 되돌아보는 계기로 삼을 것이다.

2. 일본의 무조건 항복

미국은 1945년 8월 6일 히로시마(廣島)에, 8월 9일 나가사키(長崎)에 원폭(原爆)을 투하했다. 미국의 원폭 투하 당시 유럽 전쟁을 끝낸 소련의 스탈린은 참전 조건을 두고 미국과 협상 중이었다. 스탈린은 옛 러시아 제국의 이권 반환을 참전 조건으로 내걸었다. 이는 사회주의 혁명으로 사회주의 정권이 들어섰지만 러시아라는 나라의 근본적 속성은 그대로 유지되고 있음을 말해준다. 곧 러시아의 국익을 최우선으로 삼는다는 원칙을 뜻한다. 스탈린의 참전 조건은 승전국의 일원이었던 중국의 권리를 크게 침해하는 것이었기 때문에 중국으로서는 받아들일 수가 없었다. 또한 공산주의 세력의 확산을 우려하던 미국과 영국 역시 받아들이기 어려운 조건이어서 협상은 진척되지 못했다. 그러나 스탈린은 참전 조건에 대한 합의에 도달하지 못했음에도 8월 9일 전격적으로 참전했다. 자칫하다가 아시아에서 아무런 이권도 챙기지 못할까 우려했기 때문이다.[7]

---

7 소련의 참전 조건과 미국의 반응에 대해서는 이용희, 「38선 획정 신고(新考)」, 『분단 전후의 현대사』, 일월서각, 1983, pp. 209~225를 참조할 것.

문제는 소련의 뒤늦은 참전으로 한반도 분단의 국제적 구도가 형성되었다는 점이다. 한반도 분단에는 자칭 무적 황군(皇軍)을 자처하던 관동군(關東軍)[8]의 지리멸렬도 한몫했다. 관동군은 제대로 저항 한번 해보지 못하고 해체되다시피 해버렸다. 만약 관동군이 만주를 두고 소련과 치열하게 싸우는 동안 일본이 무조건 항복했다면 한반도는 분단되지 않았을 것이다. 두 차례의 원폭 투하와 소련의 전격 참전에 큰 충격을 받은 일본은 8월 10일 '천황의 국가 통치 대권에 변경을 가하는 요구를 포함하고 있지 않다'면 포츠담 선언을 받아들이겠다는 의사를 전달했다.[9] 이에 대해 미 국무장관 번스(James Byrnes)는 '천황 및 일본 정부의 국가 통치 권한은 …… 연합국 최고지휘관에게 종속된다. 일본국의 최종 통치 형태는 국민이 자유롭게 표명하는 의지에 의해 결정되어야 한다'고 거부했다.[10]

그러나 더 이상 전쟁을 계속하기 어렵다고 판단한 일왕 히로히토는 8월 14일 어전회의에서 무조건 항복을 결정했다. 아마도 도쿄에 원폭이 투하될 가능성을 우려했을 것이다. 일왕은 자신의 처우에 대한 어떠한 합의도 이루어지지 않은 상태에서 1945년 8월 15일 "짐은 세계의 대세와 제국의 현상을 깊이 생각하여 비상조치로써 시국을 수습하고자 충량한 너희 신민(臣民)에게 고한다. 짐은 제국 정부로 하여금 미·영·중·

8　관동군은 1905년 일본이 러일전쟁에서 승리한 후 요동반도(遼東半島) 남부의 관동주(關東州)를 차지하면서 시작되었다. 처음에는 만주철도를 보호한다는 구실로 '만철수비대'를 운영하다가 1919년에 관동도독부를 설립하고 여순(旅順)에 관동군 사령부를 두었다. 1931년의 만주사변으로 만주국을 설립한 이후 관동군은 거대한 규모로 확대되어 100만이라고 칭하게 되었다.

9　藤原彰 等, 『天皇の昭和史』, 新日本新書, 1984, p. 95.

10　도야마 시게키, 앞의 책 『일본 현대사』, p. 205.

소 4국에 대하여 그 공동 선언을 수락할 뜻을 통고케 하였다."면서 무조건 항복을 선언했다.

태평양 전쟁으로 일본은 육군 140만여 명, 해군 41만여 명, 군인 및 군속 155만여 명, 일반 국민 185만여 명, 도합 521만여 명의 사망자를 냈지만,[11] 단 한 평의 영토도 넓히지 못했다. 일본의 예상보다 빠른 항복은 한반도 정치 지형에 결정적 변화를 초래했다. 대한민국 임시정부 주석 김구는 8월 15일 서안(西安)에서 일본의 항복 소식을 듣고는 "이 소식은 내게 희소식이라기보다는 하늘이 무너지고 땅이 꺼지는 일이었다."라고 토로했다.[12] 평생을 풍찬노숙(風餐露宿)하며 조국의 광복을 바라던 김구 주석이 정작 일제의 패망 소식을 '하늘이 무너지고 땅이 꺼지는 일'로 받아들인 것은 대한민국 임시정부가 참전국의 지위를 얻기 전에 일제가 항복해버렸기 때문이다. '아시아 제일 육군'이라고 자부하던 관동군이 제대로 저항 한번 하지 못하고 붕괴되어버렸기 때문에 김구는 1940년 9월 중경(重慶)에서 광복군을 결성한 이후 심혈을 기울여 준비하던 대규모 군사 작전을 시행해보지도 못했다. 김구는 불과 1주일 전인 8월 7일 서안의 광복군 제2지대 본부에서 광복군 총사령관 이청천(李靑天), 지대장 이범석(李範奭) 등을 대동하고 미국의 OSS(전략정보국) 총책임자인 도너번(William B. Donovan) 소장, OSS 중국 측 책임자인 홀리웰(holliwell) 대령 등과 작전회의를 갖고 "오늘부터 아메리카 합중국과 대한민국 임시정부 사이에 적 일본에 항거하는 비밀공작이 시작된

---

11 도야마 시게키, 앞의 책 『일본 현대사』, p. 207.
12 김구, 『백범일지』, 백범정신선양회 편, 하나미디어, 1992, p. 238.

다."라고 선언했었다.[13]

　관동군이 사실상 해체되면서 소련의 한반도 전역 점령이 시간문제가 되자 미국은 전략회의를 갖고 한반도 분할 점령선에 대해 논의했다. 참모본부의 딘 러스크(Dean Rusk)는 이 회의에서 소련에 '38도선을 권고'하기로 결정했다고 전하고 있다. 이 제안은 미국으로서는 모험이었다. 소련이 동의하지 않을 경우 미군이 현실적으로 주둔할 수 있는 지역보다 훨씬 북쪽이었기 때문이다. 그러나 미국은 미군 주둔 지역 내에 한국의 수도를 포함하는 것이 중요하다고 생각해 38도선을 제안했다. 딘 러스크는 '소련이 38도선을 승낙했다는 사실에 크게 놀랐다. 나는 그들이 더 남쪽 선을 주장하리라고 생각했다.'(『United States Department of State』)라고 회고했다. 스탈린은 유럽에도 챙겨야 할 전리품이 많이 있었기 때문에 굳이 원폭을 가진 미국과 정면대결을 선택할 필요가 없다고 생각했다. 이렇게 38도선 북쪽은 소련이, 남쪽은 미국이 분할 점령함으로써 해방과 동시에 분단 체제가 들어서게 되었다. 한반도는 전후 전 세계적인 냉전 구도가 군사적으로 직접 대결하는 장소가 된 것이다.

3. 연합국의 일본 점령 정책의 대강

　일본이 항복하자 연합국 최고사령관 총사령부(GHQ: General Head-quarters)가 일본 점령 정책을 시행하게 되었다. 점령 통치는 최고사령관이 일본 정부에 명령을 내리면 일본 정부가 책임을 지고 명령을 이행

13　김구, 앞의 책 『백범일지』, p. 237.

하는 간접통치 방식으로 수행되었다. 일본은 무조건 항복을 했기 때문에 최고사령관 맥아더는 1945년 9월 20일 발표된 '포츠담 선언 수락에 수반하여 행하는 명령의 건(이후 포츠담 명령)'에 따라 어떠한 조치도 취할 수 있었다. 신헌법 시행 후에도 정령(政令)이라고 불렸던 포츠담 명령은 초법규적인 성격을 띠고 있었다. 일본 통치를 위한 연합국 최고기관은 미·영·소·중 4대국을 위시한 11개국으로 구성된 극동위원회(極東委員会: FEC)였고, 1946년 4월 미·영·소·중 4대국으로 구성된 대일이사회(對日理事會: 도쿄)가 실행 기관이었지만, 이 역시 명목상이고, 실질적인 권한은 미국과 최고사령관 맥아더에게 있었다.[14] 연합국은 당초 일본 내의 파시즘과 군국주의를 뿌리 뽑기 위해서는 군국주의 세력의 제거, 전쟁 수행 능력의 무력화를 위한 무장 해제(군대 조직의 해체), 전쟁 범죄자의 처벌과 재벌 해체, 언론·사상의 자유 등 기본권을 존중하는 체제로 재조직해야 한다고 판단했다. 이런 광범위한 개혁의 토대 위에서 일본 국민들의 자유의사 표출에 의해 평화적이고 책임 있는 정부를 수립하고 점령군을 철수한다는 것이 기본 계획이었다.[15]

이를 위해서는 연합국의 의지뿐만 아니라 그간 군국주의 파시즘으로 고통을 겪은 일본인들의 주체적인 의지도 뒤따라야 했다. 그러나 8월 15일 패전과 동시에 총사직한 스즈키 간타로(鈴木貫太郎) 내각(1945. 4. 7.~1945. 8. 17.)의 뒤를 이은 것은 왕족인 히가시쿠니노미야(東久邇宮) 내각(1945. 8. 17.~1945. 10. 9.)이었다. 히가시쿠니노미야는 군의 무장 해제를 추진하면서도 경찰력은 강화하고, 치안유지법을 위시한 탄압 법

---

14 도야마 시게키, 앞의 책 『일본 현대사』, p. 218.
15 후지와라 아키라(藤原彰) 외, 『일본 현대사: 1945~1992』, 구월, 1993, p. 21.

규도 그대로 유지했다. 또한 전쟁에 대해서 일왕의 책임을 묻기는커녕 전 국민은 일왕에게 사죄해야 한다면서 '1억 총참회'를 주장하는 역행 보로 일관했다.

맥아더도 9월 27일 자신을 방문한 일왕에게 천황제를 유지할 수도 있다고 시사함으로써 군국주의 체제를 해체하는 역사 청산에 미온적인 자세를 보였다. 이런 와중에 9월 26일 치안유지법 위반 혐의로 투옥되어 있던 철학자 미키 기요시(三木淸)가 병사하자 국제적인 물의가 일어났다. GHQ는 10월 4일 '정치적·민사적·종교적 자유 제한 철폐에 대한 각서'를 발표해 새로운 체제 구축에 나섰다. 각서는 첫째, 치안유지법을 위시한 일체의 탄압 법규를 폐지하고 일왕 및 일왕제에 대한 비판의 자유를 허락할 것, 둘째, 정치범을 석방할 것, 셋째, 탄압 법규의 집행을 담당한 내무부 경보국, 특별고등경찰 등을 폐지하고 내무장관 및 경보 국장을 위시한 경찰 간부를 파면할 것 등의 조치를 담고 있었다.

그러자 천황의 비서실장 격인 내대신(內大臣) 기도 고이치(木戶幸一)와 민간 파시스트인 고노에 후미마로(近衛文麿) 등 일왕의 측근들은 과거 미·영과 협조 외교를 추진했던 전 외무장관 시데하라 기주로(幣原喜重郎)를 GHQ에 추천해 10월 9일 시데하라 내각(1945. 10. 9.~1946. 5. 22.)을 출범시켰다. 시데하라 내각은 자발적으로 개량적인 조치를 시행함으로써 급진적인 개혁을 막으려고 시도했다. 그래서 시데하라는 치안유지법을 폐지하고 10월 22일까지 2,465명에 이르는 정치범을 석방했다. 시데하라 내각은 12월 8일 중의원 예산위원회에서 헌법 개정에 대한 4대 원칙을 밝혔는데, '첫째, 천황이 통치권을 총괄한다는 대원칙에는 변동을 가하지 않는다. 둘째, 의회의 권한을 확대해 천황의 권한을 어느 정도 제한한다. 셋째, 장관은 국정 전반에 관해 의회에 책임을 진다. 넷째, 국민의 자유와 권리는 법률에 의하지 않고는 제한할 수 없게 한다' 등의 내용을 담고 있다.[16] 일왕을 필두로 전쟁 책임자를 철저히 처벌해 군국주의 세력을 뿌리 뽑아야 한다는 역사적 과제를 모두 망각한 내용이었다.

4. 극동국제군사재판

(1) 경위

1945년 9월 11일 도조 히데키를 비롯한 전범들이 체포되면서 본격적인 과거 청산이 시작되었다. '도쿄재판'이라고도 불렸던 극동국제군사재판은 단심제였다.[17] 1945년 8월 8일 미·영·프·소는 런던협정을 맺어 과거에 적용했던 전쟁 범죄를 B·C급으로 규정하고, '평화에 어긋난 죄와 인도에 어긋난 죄'를 A급으로 추가해 전범들을 단죄하기로 했다. B급 전범은 감독·명령에 임했던 자를, C급 전범은 이를 직접 실행한 자를 대상으로 삼았다. A급 전범인 '평화에 어긋난 죄'는 공동 모의를 통해 침략전쟁을 계획·준비·개시·수행해 세계 평화를 교란한 자가 대상이었고, '인도에 어긋난 죄'는 비전투원에 대한 대량 살육, 노예적 학대, 비인도적 행위를 한 자가 대상이었지만, 실제로 '인도에 어긋난 죄'로 기소된 전범은 없었다.

---

16 후지와라 아키라 외, 위의 책 『일본 현대사: 1945~1992』, pp. 25~26.
17 도쿄재판에 대해서는 兒島襄, 『東京裁判(上·下)』, 中公新書, 1971을 참조하라.

도쿄재판 중 문제가 된 것은 일왕 히로히토의 전쟁책임론이었다. 일왕 히로히토의 전쟁책임론을 가장 강하게 주장한 나라는 호주였다. 그러나 일본은 현재까지도 이에 대해 인종 차별 감정에 따른 것[18]이라거나 태평양의 패권과 이권 획득을 위해 일본을 철저하게 무력화해 자국의 안전을 도모하기 위한 것[19]이라는 식의 논점 흐리기를 시도하고 있다. 그러나 1945년 9월 10일 호주의 에반토 외무장관이 "천황을 포함해 일본인 전범 전원을 박멸하는 것이 호주의 임무"라고 천명했던 것이 도쿄재판의 가장 올바른 노선이었다. 일본의 메이지 헌법 자체가 일왕의 무한한 전쟁 책임을 규정하고 있기 때문이다.

1890년부터 시행된 메이지 헌법 제1조는 '대일본제국은 만세일계(萬世一系) 천황이 통치한다'는 것이고, 제3조는 '천황은 신성하며 침범할 수 없다'는 것이며, 제4조는 '천황은 국가의 원수로서 통치권을 총괄한다'는 것이다. 훗날 아시아의 많은 민중들은 물론 일본 민중들에게도 큰 고통을 안겨주는 조항이 제12조의 '천황은 육해군의 편제(編制) 및 상비군의 숫자를 결정한다'는 항목이다. 원래 이 조항은 '천황은 육해군을 통수한다. 육해군의 편제는 칙령(勅令)으로 정한다'는 것이었다. 이 경우 칙령을 심의하는 추밀원에 군부 통제권이 있게 되었다. 그러나 이토 히로부미(伊藤博文)가 천황에게 '육해군의 편제와 상비군 숫자 결정권'까지 넘기면서 군은 의회의 통제에서 벗어나게 되었다. 이것이 이른바 쇼와(昭和: 1926~1989) 시대에 군부가 내각의 통제권을 벗어나 천황에게 소속된 직속군이라는 통수권(統帥權) 개념으로 각종 침략전쟁과 쿠데타

---

18 日暮吉延, 『東京裁判』, 講談社 現代新書, 2008, p. 65.
19 위와 같음.

를 일으키는 빌미가 된다. 역으로 일본군이 벌인 모든 침략전쟁은 일왕이 무한 책임을 져야 한다는 논리가 자동적으로 성립한다.[20] 그래서 호주뿐만 아니라 뉴질랜드도 수사 결과에 따라서 천황을 기소할 수 있다고 주장했는데, 이 노선에 따라 일왕을 최고 전범으로 처벌하고 천황제를 정점으로 하는 군국주의 체제를 해체했다면 동아시아에 현재 재발되는 역사 및 영토 분쟁은 없었을 것이다.

미국 육군성도 천황 기소론과 불기소론이 대립했다. 그러나 일왕과 회견한 맥아더가 1946년 1월 25일 아이젠하워 참모총장에게 천황을 기소할 경우 점령군을 대폭 증강해야 한다고 주장하는 것으로 천황 기소론에 반대를 표명하면서 일왕의 전쟁책임론은 급속도로 식어갔다.

특기할 것은 소련의 태도였다. 소련공산당 중앙위원회는 천황에 대해서는 문제를 제기하지 않는다는 결정을 내렸다.[21] 이런 과정을 거쳐 극동위원회는 1946년 4월 3일 '전쟁 범죄인 등의 기소에서 일본 천황은 면제한다'고 결정했다. 일왕을 제외한 전범들은 모두 4차례에 걸쳐서 체포되었다. 1945년 9월 11일에는 도조 히데키 내각의 각료들을 중심으로 40명이 체포되었는데, 이 중 전후 일본 수상이 되는 기시 노부스케(岸信介)가 포함되었다.

극동국제군사재판에서 A급 전범으로 기소된 피의자는 모두 28명인데, 크게 두 부류로 나눌 수 있다. 하나는 군 출신들이다. 군 출신들은 관동군 출신과 육군 중앙, 해군 중앙 출신으로 나눌 수 있다.

---

20 이덕일, 『근대를 말하다』, 역사의아침, 2012, p. 65.
21 日暮吉延, 앞의 책 『東京裁判』, p. 99; アレクセイ·キリチェンコ, 「東京裁判へのクレムリン秘密指令」 『正論』, 2005年 7月號.

먼저 관동군 출신들은 만주사변과 중일전쟁의 책임자들이다. 이타가키 세이시로(板垣征四郎), 미나미 지로(南次郎: 전 조선 총독), 우메즈 요시지로(梅津美治郎: 전 참모총장)가 이에 속한다. 이 부류에 특무기관(特務機関) 출신의 도이하라 겐지(土肥原賢二)도 들 수 있다. 육군 중앙 출신들은 아라키 사다오(荒木貞夫), 마쓰이 이와네(松井石根), 하타 슌로쿠(畑俊六), 기무라 헤이타로(木村兵太郎), 무토 아키라(武藤章), 사토 겐료(佐藤賢了), 하시모토 긴고로(橋本欣五郎) 등이다. 해군 중앙 출신들은 나가노 오사미(永野修身), 시마다 시게타로(嶋田繁太郎), 오카 다카즈미(岡敬純)인데, 해군은 당초에는 태평양 전쟁으로 확전하는 데 부정적이었기 때문에 육군에 비해 숫자가 적다.

총리대신 출신으로는 4명이 기소되었다. 육군 출신의 도조 히데키와 고이소 구니아키(小磯國昭), 외교관 출신의 히로타 고키(廣田弘毅), 사법 관료 출신의 히라누마 기이치로(平沼騏一郎)가 그들이다. 대장대신(大蔵大臣) 출신의 가야 오키노리(賀屋興宣), 일왕의 비서실장 격인 내대신 출신의 기도 고이치, 외무대신 출신의 마쓰오카 요스케(松岡洋右), 시게미쓰 마모루(重光葵), 도고 시게노리(東郷茂徳) 등 3명과 독일 대사 출신의 오시마 히로시(大島浩), 이탈리아 대사 출신의 시라토리 도시오(白鳥敏夫) 등도 기소되었다. 일제는 독일의 나치, 이탈리아의 파시스트 당과 파시스트 3국 동맹을 맺고 전 세계를 전쟁으로 몰고 갔는데, 그 책임을 물은 것이다. 기획원 총재 스즈키 데이이치(鈴木貞一), 호시노 나오키(星野直樹)와 민간인으로 파시즘을 전파했던 오카와 슈메이(大川周明)도 A급 전범으로 기소되었다.

도조 히데키는 체포 당일 자결하려다가 미수에 그쳐서 쇼가 아니냐는 비난을 받았다. 극우 사상가로 행세한 오카와 슈메이는 매독에 의한 정신 장애가 인정되어 기소가 면제되었다. 일본 극우 파시스트들의 정신세계를 잘 말해주는 사례들이다.

1948년 11월 12일 25명에게 판결이 내려졌는데, 교수형은 겨우 7명이었다.

이타가키 세이시로(육군 대장) / 기무라 헤이타로(육군 대장) / 도이하라 겐지(육군 대장) / 도조 히데키(육군 대장, 수상) / 무토 아키라(육군 중장) / 마쓰이 이와네(육군 대장) / 히로타 고키(수상)

종신형은 16명, 유기징역 2명, 기소 면제 1명이었다. 그해 12월 23일, 7명에 대한 교수형이 집행되었는데, 2천만 명 이상 희생된 침략전쟁을 일으킨 전범 중 교수형에 처해진 사람이 7명에 불과했다는 사실이 극동국제전범재판의 문제를 잘 말해준다. 교수형으로 처형된 전범 외에 외무대신 출신의 마쓰오카 요스케는 1946년 6월 27일 사망했고, 해군 중앙 출신의 나가노 오사미는 1947년 1월 5일 사망했다.

교수형에 처해진 7명의 면면을 보면 이타가키 세이시로는 관동군 고급 참모로서 만주사변과 중국 침략을 자행했던 전쟁기계였다. 버마(현 미얀마) 방면군 사령관이었던 기무라 헤이타로는 영국령 공격을 주도한 혐의를 받았고, 봉천(奉天: 심양) 특무기관장(特務機関長)과 12방면군 사령관이었던 도이하라 겐지는 중국 침략을 주도한 혐의를 받았다. 황도파(皇道派)였던 도조 히데키는 진주만을 불법 공격하고 민간인을 학살한 혐의를 받았다. 14방면군 참모장이었던 무토 아키라는 필리핀의 민간인 학살과 포로 학대 혐의를 받았고, 중지나방면군(中支那方面軍) 사령관 마쓰이 이와네는 남경 학살에 대한 혐의를 받았으며, 32대 내각

도쿄에서 열린 극동국제군사재판 법정에 선 일본인 A급 전범들. 28명이 기소되어 25명이 실형을 선고받았다.

총리대신이었던 히로타 고키 역시 고노에 후미마로 내각의 외무장관으로서 남경 학살의 혐의를 받았다.

종신형을 선고받은 자들은 다음과 같다.

아라키 사다오 / 우메즈 요시지로 / 오시마 히로시 / 오카 다카즈미 / 가야 오키노리 / 기도 고이치 / 고이소 구니아키 / 사토 겐료 / 시마다 시게타로 / 시라토리 도시오 / 스즈키 데이이치 / 미나미 지로 / 하시모토 긴고로 / 하타 슌로쿠 / 히라누마 기이치로 / 호시노 나오키

유기징역을 선고받은 2명은 도고 시게노리(20년)와 시게미쓰 마모루(7년)다.

도고 시게노리(1882~1950)는 조선인 도공의 후예로서 태평양 전쟁

개전 시 일본의 외무대신이었는데, 전범재판에서 20년 형을 선고받았다. 시게미쓰 마모루(1887~1957)는 태평양 전쟁 시기의 외무대신으로서 도 조 히데키 수상의 브레인으로 활약했는데, 전범재판에서 7년 형을 선고 받았다. 시게미쓰는 도쿄재판 유죄 판결자 중에 전후 화려하게 정계에 복귀한 인물 중 한 명이다. 1950년 11월 가석방된 시게미쓰는 공직 추 방령 해제 후 개진당(改進黨) 총재, 일본민주당 부총재로서 1952년에 이미 내각 총리대신 자리를 놓고 요시다 시게루(吉田茂)와 겨루는 사이 가 되었다. 이후 1955년 보수 합동에 의한 자유민주당(자민당) 창당의 주역이 되었다.

(2) 판결의 의의와 문제점

극동국제군사재판은 한국은 물론 아시아 전체, 나아가 미국까지도 공 격했던 일본의 극우 파시스트들에게 경종을 울렸다는 의의는 있지만, 독일과 이탈리아에 비하면 불철저한 전후 청산으로서 지금까지 동아시 아 평화를 저해하는 근본 원인이 되고 있다. 극동국제군사재판의 문제 점은 한둘이 아니다. 첫째, 철저하게 전승국의 관점과 이익에 따라 진행 되었다. 극동국제군사재판에서 유죄를 선고받은 전범들의 공통점은 1931년 만주사변부터 1945년 제2차 세계대전 패전까지의 행적에 국한 되었다는 것이다. 그러나 관동군 참모 이시와라 간지(石原莞爾)는 1931 년 만주사변의 주모자로서 이후 모든 침략전쟁의 발단이었음에도 불구 하고 기소조차 되지 않았다.[22]

---

22 이시와라 간지는 이타가키 세이시로와 함께 관동군 참모로서 도쿄 정치 지도자들과 육

둘째, 1905년 을사늑약부터 40년 동안 한국을 침략한 전범들은 모두 누락되었다. 전 조선 총독 미나미 지로는 관동군 때의 행적으로 기소된 것이지 한국 침략 때문에 기소된 것이 아니다. 아울러 1895년 청일전쟁 이후 일본에 강점된 대만을 침략한 전범들도 누락되었다. 대만은 1915년 타이난(噍吧哖: 타파니)의 항일투쟁 사건 때 일제로부터 866명이 사형판결을 받았고, 1930년의 무사(霧社) 항일투쟁 사건에서는 700명 이상이 살해 또는 사형당했지만, 이에 대해서는 아무런 책임도 묻지 않았다. 일본 제국주의의 침략으로 가장 오래, 가장 직접적인 고통을 겪었던 한국과 대만의 전범들이 일체 기소되지 않았다는 점은 극동국제군사재판이 얼마나 강대국 위주로 처리되었는지를 잘 말해준다. 맥아더는 사석에서 도쿄전범재판소의 뢸링(Bert Röling) 판사에게 진주만 기습 공격에 초점을 맞춘 간단한 군사재판으로도 정의는 충분히 세울 수 있다고 피력했다.[23]

반면 뉘른베르크 전범재판에서 폴란드 총독 한스 프랑크(Hans Michael Frank), 체코 총독 빌헬름 프리크(Wilhelm Frick), 동유럽 점령지 관리장관 알프레트 로젠베르크(Alfred Rosenberg)는 모두 사형을 선고받았다. 뉘른베르크에서는 22명의 피고 중 3명이 방면되었고, 12명이

군 중앙의 재가 없이 만주사변을 도발했다. 만주 침략이 만주국 설립으로 이어지면서 이시와라는 국민적 영웅으로 떠올랐으나, 중일전쟁으로 확전하는 데 반대함으로써 전범 기소에서 면제되었다. 그는 중일전쟁 자체에 반대한 것이 아니라 미국과의 최후의 대전쟁을 위해서는 준비가 더 필요하다고 주장했을 뿐임에도 기소되지 않았다. 이시와라 간지에 대해서는 일본 내에서 많은 연구가 진행되었다. 田中秀雄, 『石原莞爾の時代』, 『石原莞爾と小沢開作』, 芙蓉書房出版, 2008 등을 참고하라.

23 존 다우어, 『패배를 껴안고: 제2차 세계대전 후의 일본과 일본인』, 최은석 옮김, 민음사, 2009, p. 591.

사형 선고를 받았다.

또한 수많은 동남아 민중들을 학살한 전범들도 극히 일부를 제외하고는 청산이 이루어지지 않았다. 731부대의 이시이 시로(石井四郎) 중장이 인간 마루타에 대한 실험 정보를 제공하는 조건으로 기소가 면제된 것은 이 재판이 얼마나 전승국의 이익 관철에만 급급했는지를 말해준다.

셋째, 일왕과 재벌을 전범 기소에서 제외했다. 일왕은 독일의 히틀러이자 이탈리아의 무솔리니였다. 군국주의의 최정점에 있었던 일왕의 전쟁 책임을 묻지 않는 것은 마치 살아 있는 히틀러나 무솔리니의 책임을 묻지 않는 것과 같다. 또한 만주 침략과 중국 침략은 재벌들과의 긴밀한 공조 속에 이루어진 것이었다. 낙후된 일본 경제는 전쟁에 의해서만 수요를 창출할 수 있었으므로 재벌들은 침략전쟁의 직접적인 수혜자였음에도 일체의 처벌이 이루어지지 않았다.

5. 미국의 정책 전환과 역코스

일본 군국주의자들은 침략 행위를 잘못이라고 생각하지 않았다. 그것은 비단 일본 군국주의자들뿐만 아니라 히틀러의 나치나 무솔리니의 파시스트도 마찬가지였다. 그러나 독일과 이탈리아는 전후 철저한 청산이 이루어졌다. 연합국의 의지뿐만 아니라 독일·이탈리아 국민들의 의지도 작용한 결과였다. 반면 일본 국민들에게는 침략전쟁을 일으켰던 군국주의 체제 청산에 대한 의지가 약했다. 상당수 일본 국민들, 특히 극우 세력들은 전범들을 미화하면서 자신들을 희생자로 둔갑시켰다. 일본의 극우 세력들은 미국이 주요 도시에 대해 지속적으로 폭격하고 히로시마, 나가사키에 원폭을 투하한 것을 이유로 자신들이 희생양이라고 강변했다. 폭격의 원인은 무시하고 그 결과만 강조한 것이다. 그러면서 전범들, 특히 사형당한 전범들까지도 옹호하고 나섰다.

미군은 처형당한 전범 7명을 화장해 도쿄만에 뿌렸다. 그러나 1948년 12월 25일 고이소 구니아키의 변호인 산몬지 쇼헤이(三文字正平)가 유골 일부를 몰래 회수해 근처의 흥선사(興禪寺)에 맡겼다가 1949년 5월 이즈산(伊豆山)의 흥아관음사(興亞觀音寺)에 비밀리에 안장했다. 그 후 전범들이 다시 일본 정치의 주역으로 등장한 1960년 8월 16일 아이치현(愛知縣) 하즈군(幡豆郡) 하즈정(幡豆町)의 산가네산(三ヶ根山)의 정상에 옮겨져 '순국칠사묘(殉國七士廟)'로 현창되었다. 인류를 전쟁으로 내몬 전범들이 순국자로 화려하게 재등장한 것이었다.

만약 독일에서 나치 전범으로 사형당한 인물들의 유골을 몰래 수습해 '순국 지사묘'라고 추앙한다면 어떻게 될까? 일단 유럽 각국에서 단교 조치에 나설 것이고, 독일 내부적으로도 '나치즘과 군국주의 청산법', '아우슈비츠 부인(否認)에 관한 처벌법' 등에 의해 사법 처리될 것이다.

그러나 일본은 사법 처리는커녕 1978년 일본에 우경화 바람이 불 때 야스쿠니 신사에 A급 전범 14명을 합사했다. 이때 야스쿠니 신사에 합사된 14명의 전범은 다음과 같다.

• 교수형에 처해졌던 전범 7명 전원
이타가키 세이시로 / 기무라 헤이타로 / 도이하라 겐지 / 도조 히데키 /
무토 아키라 / 마쓰이 이와네 / 히로타 고키

• 종신형을 선고받고 복역 중 옥사한 7명

우메즈 요시지로 / 고이소 구니아키 / 시라토리 도시오 / 히라누마 기이치로 / 도고 시게노리 / 나가노 오사미 / 마쓰오카 요스케

(＊히라누마 기이치로는 가석방 후 사망)

일본은 현재 이들 14명을 '쇼와 시대 순난자(殉難者)'라고 부르는데, 순난자의 사전적 의미는 '난(難)을 당해서 공공을 위해 죽은 자'라는 뜻이다.

종신형에 처해졌다가 옥사 후 야스쿠니에 합사된 인물들의 면면은 다음과 같다.

우메즈 요시지로(1882~1949)는 육군중앙유년군사학교와 육군사관학교를 나와 1933년 소장으로 중국주둔군(支那駐屯軍) 사령관(중장)을 역임한 후 1939년 관동군 사령관 겸 특명전권대사(중장), 1942년 관동군 총사령관(대장)을 거쳐 1944년 7월에는 참모총장을 역임하고, 패전 후 항복 문서에 서명했던 인물이다. 우메즈는 종신형을 선고받고 투옥 중이던 1949년 1월 8일 직장암으로 사망했다.

고이소 구니아키(1880~1950)는 제9대 조선 총독(1942~1944)으로서 황민화 정책을 추진했으며, 전쟁 막바지에 제41대 내각 총리대신(1944년 7월~1945년 4월)을 역임한 인물이었다. 고이소 구니아키는 1950년 11월 스가모(巢鴨) 교도소에서 식도암으로 사망했다.

시라토리 도시오(1887~1949)는 도쿄대 법대 출신의 정치가이자 외교관으로, 1940년 외무성 고문으로서 독일·이탈리아와의 파시즘 연합 전선인 삼국동맹과 일·소 중립조약 체결을 주도했고, 일본 내 전시 파시스트 조직인 대정익찬회(大政翼贊會) 총무, 맹방(盟邦)동지회 회장 등을

역임한 민간 파시스트다. 도쿄 전범재판에서 종신형을 선고받았으나 1949년 6월 후두암으로 사망했다.

히라누마 기이치로(1867~1952)는 귀족원 의원 출신으로, 추밀원 의장(1936)과 내각 총리대신(1939)으로서 일본 우익에 큰 영향력을 가졌던 인물이었다. 종신형을 선고받고 복역 중 1952년 병으로 석방된 후 사망했는데, 감옥에서 한밤중에 울부짖는 등의 행위로 유명하다.

도고 시게노리(1882~1950)는 도쿄제대 독문학과 출신으로, 1941년 도조 내각의 외무대신으로 취임해 일본군이 진주만을 습격할 때 사전 통보를 하지 않았다. 전범재판에서 '해군이 통보하지 않고 공격했다'고 책임을 해군에게 돌려 반감을 불러일으켰는데, 20년 형을 선고받고 수감 중이던 1950년 7월 급성 담낭염으로 사망했다.

나가노 오사미(1880~1947)는 해군 대장과 해군 대신을 역임한 인물로서 군령부 총장(軍令部総長: 1941)을 역임하던 중 원수(元帥)에 진급(1943)했는데, 진주만 습격을 승인한 혐의로 패전 후 전범재판을 받던 중 1947년 1월 폐렴으로 성 누가 국제병원에서 사망했다.

마쓰오카 요스케(1880~1946)는 외교관으로서 국제연맹 탈퇴와 삼국 동맹 주도 및 대(對)소련 전쟁 주창 등의 혐의로 A급 전범이 되었고, 사형 판결이 예상되었으나 1946년 6월 도쿄대 병원에서 병사했다. '후회도 없고, 원망도 없이 황천으로 간다(悔いもなく 怨みもなくて 行く黄泉)'는 유언으로 유명하다.

모두가 전쟁귀(戰爭鬼)로서 자국과 다른 나라의 수많은 국민들을 죽음으로 내몬 이들이 '공공을 위해 죽은 순난자'로 불리는 것이 현재의 일본 상황이다.

6. A급 전범들의 석방과 이후 행적

일본에서 독일, 이탈리아와 다른 역사 반동이 일어나게 된 것은 전후 미국의 대일 정책이 전환된 데 가장 큰 원인이 있다. 이를 '역코스 (reverse course)'[24]라고 부르는데, 이를 가장 잘 보여주는 것이 극동국제 군사재판에서 A급 전범 혐의를 받고도 기소가 면제된 전범들이다. A급 전범 혐의를 받고 구속되었다가 기소가 면제된 전범들은 다음과 같다.[25]

아오키 가즈오(青木一男) / 아베 겐키(安倍源基) / 아베 노부유키(阿部信行) / 아모우 에이지(天羽英二) / 아이카와 요시스케(鮎川義介) / 안도 기사부로(安藤紀三郎) / 이시하라 히로이치로(石原広一郎) / 이와무라 미치요(岩村通世) / 기시 노부스케 / 쿠즈우 요시히사(葛生能世) / 고다마 요시오(児玉誉士夫) / 고토 후미오(後藤文夫) / 사사카와 료이치(笹川良一) / 쇼리키 마쓰타로(正力松太郎) / 스마 야키치로(須磨弥吉郎) / 디카하시 산키치(高橋三吉: 해군 대장) / 다다 하야오(多田駿: 육군 대장, 1948년 12월 위암으로 사망) / 다니 마사유키(谷正之) / 테라지마 켄(寺島健: 해군 중장, 1882~1972) / 나시모토노미야 모리마사 왕(梨本宮守正王) /

---

24 Michael Schaller, *The American Occupation of Japan: The Origins of the Cold War in Asia*, Oxford University Press, 1985. 역코스는 전후 미국의 일본 점령 정책 이었던 '일본의 민주화, 비군사화'가 거꾸로 갔다는 뜻으로 좌익 쪽에서 붙인 명칭이다. 일반화된 것은 『요미우리신문(讀賣新聞)』에서 1951년 11월 2일부터 연재했던 특집 기사에서 유래한다.

25 기소가 면제된 A급 전범 중 기시 노부스케, 고다마 요시오, 사사카와 료이치는 각각 1970년 6월 18일, 8월 28일, 9월 26일 한국 정부로부터 수교훈장을 받았다. 『경향신문』, 2013. 10. 10.

니시오 도시조(西尾寿造: 육군 대장, 1881~1960) / 혼다 구미타로(本多熊太郎: 도조 내각의 외교고문, 1874~1948) / 마사키 진자부로(真崎甚三郎: 육군 대장, 1876~1956) / 사토미 하지메(里見甫: 1896~1965)

이들이 기소가 면제된 것은 죄가 없어서가 아니라 미국의 극동 정책이 변화했기 때문이다. 미국의 전후 유럽 정책은 미 국무장관 조지 마셜(George Marshall)이 제안한 유럽 부흥 계획인 마셜 플랜이었다. 미국은 유럽과 아시아에 각각 반소·반공 기지를 구축하려고 시도했는데, 유럽에서는 1947년 7월 소련과 동유럽을 제외하고 서유럽 16개국이 참가하는 유럽부흥회의를 열어서 유럽경제협력위원회를 결성했다. 미국은 1948년 4월 유럽경제협력기구(OEEC)를 발족시켰는데, 이는 1961년 경제협력개발기구(OECD)로 개편된다.

미국의 움직임을 자국 봉쇄 정책으로 판단한 소련은 1947년 10월 소련과 체코, 불가리아, 루마니아, 헝가리, 폴란드, 유고슬라비아, 프랑스, 이탈리아의 9개국 공산당을 참가시켜 코민포름(공산당 정보국)을 발족해 미국 중심의 서유럽 반공 체제와 맞섰다. 독일과의 강화(講和)를 둘러싼 미·영·프·소 외무장관 회의가 1947년 3월과 12월 거듭 결렬되자 소련은 1948년 베를린 봉쇄를 단행했다. 이로써 전후 세계는 공산주의 진영 대 자본주의 진영으로 갈라졌다.

미국은 중국에서 국민당 장개석의 집권을 기정사실로 삼아 아시아 정책을 수립했다. 중국을 반공의 지렛대로 삼아 일본에서 민주화와 비군사화를 실시하려는 정책이었다. 그러나 이런 구상은 미국의 의도대로 흘러가지 않았다. 미국은 국무장관 마셜의 주재로 국민당과 공산당 사이의 공동 정부를 수립하려 했지만, 1946년 6월 장개석의 국민혁명군이 모택동의 인민해방군을 공격하면서 내전이 재발했다. 초기에는 미국의 지원을 받는 국민혁명군이 우세해서 1947년 3월에는 공산당의 본거지인 연안(延安)까지 점령했다. 그러나 국민혁명군은 무리하게 점령 지역을 넓혀서 병력이 분산된 데다 지배 지역의 인플레와 부정부패로 민중의 지지를 상실한 반면, 공산당은 지배 지역에서 토지 개혁을 통해 농민들의 지지를 얻으면서 전세가 바뀌기 시작했다.

국공내전은 만주에서의 전세 역전으로 향배가 갈렸다. 1947년 5월 인민해방군은 만주 지역에 대반격을 개시한 데 이어 여름부터는 화북(華北)과 화중(華中)에서도 반격에 나섰는데, 1948년 9월 12일 개시된 요심전역(遼瀋戰役)[26]에서 중국공산당군을 이끄는 임표(林彪)가 중국국민당군을 이끄는 위립황(衛立煌)을 꺾고 승리를 거둠으로써 내전의 판도가 중국공산당 우위로 역전되었다.[27] 중국인민해방군은 1949년 1월 베이징에 입성함으로써 승리를 기정사실로 만들었다. 중국공산당의 집권이 기정사실화됨에 따라 미국의 동아시아 정책은 변화했다. 1945년 9월 작성된 「항복 초기 미국의 일본 정책」이 말하듯이 "일본이 다시 미국에 위협"이 되지 않게 하는 것이 미국의 점령의 궁극적 목적[28]이었지만, 이런 정책이 수정되기 시작한 것이었다. 미국은 일본 내 우익 세력들을 폭넓게 포용하는 한편, 공직 추방 내지는 처벌 대상이었던 전범들 중 미국

---

26 1948년 9월 12일부터 같은 해 11월 2일까지 전개되었던 전투로, 제2차 국공합작 중의 '3대 전역'의 하나이다. 중국공산당 측에서는 '요심전역'이라고 부르고, 중국국민당 측에서는 '요서회전(遼西會戰)' 또는 '요심회전(遼瀋會戰)'이라고 부른다. 중국국민당이 47만 2천 명을 동원해 공격했지만 패배하면서 내전의 양상이 바뀌게 되었다.
27 國防大學 『戰史簡編』 編寫組 編, 『中國人民解放軍戰史簡編』, 中國人民解放軍出版社, 2001年 修訂版; 王樹增, 『解放戰爭(下)』, 北京, 人民文學出版社, 2009.
28 도야마 시게키, 앞의 책 『일본 현대사』, p. 218.

에 협력적인 인물들을 반공 전사로 부활시키는 정책으로 전환했다. 이런 역사의 반동을 일본에서는 '역코스'라고 부른다.

7. 부활하는 일본 전범들

A급 전범으로 구속되었다가 석방된 주요 전범들의 이후 행적은 다음과 같다.

아오키 가즈오(1889~1982)는 1948년 석방된 후 1953년 제3회 참의원 선거에서 자유당으로 당선된 데 이어 1955년의 보수 합동 때 자민당이 되어 4회 당선되었다. 정계에 복귀한 전범들의 주요 이력에는 언론 장악이 들어가는데, 이는 현재까지도 일본인들이 침략전쟁의 진상에 무지한 채 자신들을 피해자로 여기는 정신병적 상태의 근원이 되었다. 아오키 가즈오도 공직 추방령 해제 후 신에쓰방송(信越放送)의 고문을 맡았고, 1968년 나가노(長野)현의 나가노방송 초대 회장에 취임해 1980년 정년퇴임 때까지 회장직을 역임했다.

아베 겐키(1894~1989)는 경시총감(警視總監)과 내무대신(內務大臣) 출신으로서 석방 후 기시 노부스케, 기무라 도쿠타로(木村篤太郎) 등과 신일본협의회(新日本協議會)를 결성해 대표이사에 취임하고 전국 경우회(警友會) 회장 등을 역임했다. 1956년 제4회 참의원 선거에 자민당 공천으로 야마구치(山口)에 입후보했으나 낙선했다.

아이카와 요시스케(1880~1967)는 일본 5대 재벌의 하나인 닛산 콘체른(日産コンツェルン)을 만든 인물로서 만주중공업개발주식회사 총재를 지냈고, 1953년 참의원에 당선되고 1959년에 다시 당선되었으나, 동시

에 당선된 차남 긴지로(金次郞)의 부정선거 혐의 때문에 12월 사직했다.

이시하라 히로이치로는 1948년 석방되고, 1949년 공직 추방령 해제 후 이시하라산업(石原産業) 사장으로 복귀해서 전전(戰前)의 정치 활동에 대해 "자연의 법칙에 어긋나는 정치 활동이었다."라고 반성한 특이한 사례다.

고다마 요시오(1911~1984)는 일본 우익 폭력 조직의 핵심 인물로서 'CIA의 에이전트'라고도 하는데, 폭력단 금정회[錦政會: 후의 稻川會(이나가와회)]의 고문을 맡았고, '정·재계의 흑막(黑幕)', '해결사'라고 불렸던 인물이다. 고다마 요시오는 일본 자민당과 폭력단을 결탁시킨 인물인데, 1960년의 이른바 안보 투쟁, 즉 아이젠하워 미국 대통령 방일 반대 시위를 저지하기 위해 수상 기시 노부스케의 요청으로 여러 폭력단을 모아 시위를 억압했지만, 결국 아이젠하워는 일본 내의 반발 여론 때문에 방일하지 못했다. 1962년에는 '유사시에 대비하기 위해 전국 노름꾼의 친목과 대동단결로 반공의 방파제를 강고하게 만든다'는 명분 아래 '동아동우회' 결성을 구상하고, 금정회, 북성회(北星會), 동성회(東聲會) 회장 등의 동의를 얻어냈다. 1963년에는 관동(關東)과 관서(關西)의 폭력단까지 끌어들이기 위해 야마구치파(山口組) 3대 회장인 다오카 가즈오(田岡一雄) 등과 의형제를 맺기도 했는데, 동아동우회는 결성되지 못했지만, 고다마는 자민당의 막후 실세이자 해결사로 명성을 떨쳤다.

고토 후미오(1884~1980)는 도쿄제대 법대 졸업 후 1924년 대만총독부 총무장관을 역임했으며, 1934년 오카다(岡田) 내각에서 내무대신을 역임했다. 일본 청년 장교들이 일으켰던 2·26 사건[29] 때는 외출로 겨우 무사

---

29 1936년 2월 26일 일본 황도파의 영향을 받는 청년 장교들이 1,500여 명의 하사관과 병

했고, 1943년에는 대정익찬회 부총재와 도조 내각의 국무대신을 역임했다. 패전 후 A급 전범으로 스가모 구치소에 구속되었다가 1948년 12월 불기소로 석방된 후 1953년 4월 오이타(大分)현에서 참의원에 당선되었다. 아들은 1976년부터 자민당 소속으로 오이타현에서 참의원에 3차례 당선되고 법무대신을 역임한 고토 마사오(後藤正夫)다.

사사카와 료이치(1899~1995)는 1931년 우익 단체였던 국수대중당(國粹大衆黨)을 결성했던 인물로, 패전 전에 중의원 의원을 역임하고 기시 노부스케 등과도 교류했다. 1948년 석방 후에는 반공 활동에 뛰어들었고, 이 과정에서 통일교와도 밀접한 관계를 맺었다. 1966년 대만의 장개석과 한국의 우익 세력 등과 세계반공연맹(WACL)을 창설하고, 1968년에는 국제승공연맹을 창립해 명예회장이 되었다. 사사카와 재단을 설립해서 한국 내 인문사회학계에 막대한 돈을 뿌려 남한 내 식민사학이 다시 왕성해지는 데 결정적인 역할을 한 인물이다.

스마 야키치로(1892~1970)는 표면상은 외교관이었으나 실상은 대중(對中) 첩보 활동에 종사하고, 1937년에는 내각정보부(內閣情報部)를 설립했으며, 1940년에는 대미(對美) 첩보 기관인 동기관(東機関)을 설립했던 인물이다. 1948년 스가모 구치소에서 석방된 후 1953년 제26회 중의원 선거에서 개진당으로 당선되었고, 1955년 일본민주당으로 재선되었다가 보수 합동 때 자민당에 합류했다. 1965년에는 훈2등 욱일중광

사를 인솔해서 일으킨 쿠데타 미수 사건이다. 이 사건으로 조선 총독을 역임했던 사이토 마고토(齊藤實)와 육군 대장이었던 와타나베 조타로(渡邊錠太郎) 교육총감이 살해되어 큰 충격을 주었다. 이 쿠데타는 비록 실패로 끝나서 17명이 사형당했지만, 일본의 정치가들이 군부의 입김에서 벗어나지 못하고 끌려 다니는 결정적 계기가 되었다. 高橋正衛, 『二·二六事件 「昭和維新」の思想と行動』, 中公新書, 增補新版, 1994.

장(勳二等旭日重光章)을 수상했다.

다니 마사유키(1889~1962)는 석방 후 시게미쓰 마모루의 심복으로 활약했으며, 시게미쓰가 부총리·외무대신을 역임하던 1956년부터 주미 대사를 역임했다.

나시모토노미야 모리마사 왕(1874~1951)은 일본의 왕족으로 대한제국 영친왕의 장인이다. 육군 대장을 역임하고 원수의 칭호를 받았으며, 이세신궁(伊勢神宮)의 좨주(祭主)이자 1945년 황전강구소(皇典講究所)[30]의 제6대(최후) 총재로 취임했다. 패전 후 국가신도의 우두머리로 A급 전범으로 구속되었다가 석방되었다.

사토미 하지메(1896~1965)는 관동군과 결탁한 실업가로서 아편왕으로도 불렸다. 중국명은 이명(李鳴)이다. 패전 후 잠복하다가 민간인으로는 최초로 A급 전범으로 구속되었다. 그의 묘지명은 기시 노부스케가 써주었다.

8. 전범들의 정국 참여

종신형을 선고받았다가 석방된 A급 전범들과 A급 전범으로 구속되었다가 미국의 '역코스'에 의해 석방된 인물들 중 상당수는 석방 후 일본의 정·재계에 화려하게 복귀했다. 그들의 면면은 다음과 같다.

전범재판에서 종신형을 선고받았던 가야 오키노리(1889~1977)는 도

---

30 황전강구소는 1882년 메이지(明治) 정부에서 설립한 신직(神職)의 중앙기관이다. 1946년 해산 후 국학원대학에서 그 사업을 계승했다.

쿄대 법대 출신의 대장성 관료로서 1941년 태평양 전쟁 때 도조 내각의 대장대신이었다. 그는 1955년 9월 17일 '역코스 정책'에 의해 스즈키 데이이치, 하시모토 긴고로 등과 함께 석방된 후 1958년 도쿄에서 제28회 중의원 선거에 당선되어 내리 5선 했는데, 같은 전범이었던 기시 노부스케 수상의 경제고문과 외교조사회장으로 안보조약 개정에 앞장섰으며, 이케다(池田) 내각의 법무대신, 자민당 정조회장(政調會長)을 역임한 자민당 우파 강경파의 정치가로 유명했다.

사토 겐료(1895~1975) 육군 중장은 일본 군인들의 사이코패스적인 정신세계를 그대로 엿볼 수 있게 해주는 인물이다. 종신형이 선고되었다가 1956년 3월 석방된 후 도큐관재(東急管財) 사장으로 취임했는데, 자신의 반미 성향에 따라 미국의 베트남 전쟁에 반대하는 운동에 참여해 비상한 관심을 모았다. 그러나 죽기 직전까지도 "대동아전쟁(태평양전쟁)은 성전(聖戰)이었다."고 주장했으며, 장남은 항공자위대에 입대시킨 인물이다.

오시마 히로시(1886~1975)는 육군 중장 출신으로 독일 · 이탈리아 · 일본 삼국동맹 체결의 입안자로 알려져 있는데, 전범재판에서 판사들의 투표 결과 1표 차이로 교수형에서 종신형으로 낙착된 인물이다. 1955년 가석방된 후 가나가와(神奈川)현에 은둔했는데, 자민당에서 여러 차례 선거 입후보를 요청받았지만 "나는 국가를 오도했는데, 이런 사람이 다시 공직에 취임하는 것이 허용되어서는 안 된다."면서 거절했고, 오카 다카즈미(1890~1973) 해군 중장이 1954년 석방된 후 죽을 때까지 공식석상에 거의 나오지 않았다.

하시모토 긴고로(1890~1957) 전 육군 대좌는 1936년 전역한 후 대정익찬회 상임총무(1940~1941)와 중의원 의원(1942~1945)을 역임했으며,

종신형을 선고받았다가 석방 후 1956년 제4회 참의원 선거에서 전국구에 무소속으로 출마했다가 낙선했다.

하타 슌로쿠(1879~1962)는 육군 대장과 원수를 역임한 인물로서 사형당해야 마땅했지만 종신형으로 낙착되었다. 석방 후인 1962년 후쿠시마(福島)현 타나구라마치(棚倉町)의 전몰자 위령비 제막식 참석 중 쓰러져 82세로 죽었다.

호시노 나오키(1892~1978)는 종신형 선고 후 1958년 석방되어 도쿄 힐튼호텔 부사장, 도쿄급행전철 이사, 아사히해운 사장, 다이아몬드 기업 회장 등을 역임했다. 저서로 『미진한 꿈, 만주국외사(見果てぬ夢: 満州國外史)』(1963)가 있을 정도로 만주에 대한 미련을 버리지 않았다.

9. 기시 노부스케와 쇼리키 마쓰타로의 전후 행적

A급 전범이었다가 기소가 면제된 기시 노부스케와 쇼리키 마쓰타로의 전후 행적을 보면 일본의 현 상황과 미국의 역코스 정책이 일본은 물론 동아시아 전체에 어떤 악영향을 끼쳤는지 잘 알 수 있다.

(1) 기시 노부스케

일본의 평화헌법 개정 및 자위대 군대화 등 동아시아 평화 체제에 큰 위협이 되고 있는 아베 신조의 가계를 살펴보면 그의 의식 구조를 짐작할 수 있다. 아베 신조의 부친 아베 신타로(安倍晋太郎)는 자민당 내 유력 정치인으로서 후쿠다 다케오(福田赳夫)파에 소속되어 미키(三木)·

후쿠다(福田) · 오히라(大平) · 스즈키(鈴木) · 나카소네(中曽根) 내각에서 여러 장관을 역임했고, 자민당 국회대책위원장도 맡았다. 아베 신타로의 부인, 즉 신조의 모친은 A급 전범이었다가 제56 · 57대 총리를 역임하고 일본 내에서 '쇼와의 요괴'라는 별명으로 불리는 기시 노부스케의 장녀이다. 기시 노부스케의 동생은 제61 · 62 · 63대 총리를 지냈던 사토 에이사쿠(佐藤榮作)이고, A급 전범이었던 아이카와 요시스케가 아베 신조의 할아버지뻘이며, A급 전범으로 옥사 후 야스쿠니 신사에 합사된 마쓰오카 요스케가 증조뻘이다. 아베 신조의 조부 기시 노부스케의 전후 행적을 보면 아베 신조의 비정상적인 의식 구조가 잘 이해된다.

기시 노부스케(1896~1987)는 도쿄제대 법학부를 졸업했다. 대학 시절 그는 극우 파시스트 사상가인 기타 잇키(北一輝: 1883~1937)에게 매료되어 "불꽃이 흩어지는 듯한, 번쩍하고 단 한 번뿐이었지만 아주 강렬한 인상을 남겨준 것은 기타 잇키입니다."라고 말했을 정도로 경도되었다.[31] 일련종(日蓮宗) 출신의 기타 잇키는 일본의 국가사회주의자로서 일본 군부 내 시골 출신들이 주축인 황도파의 정신적 지주였다. 1936년 2월 26일 황도파 청년 장교들이 일으킨 2 · 26 쿠데타의 배후 인물로, 민간인임에도 군사 법정에서 사형 선고를 받고 1937년 사형당한 인물이다.[32]

---

31 강상중·현무암, 『기시 노부스케와 박정희』, 책과함께, 2012, p. 29.
32 기타 잇키는 1923년 『일본 개조 법안 대강(日本改造法案大綱)』을 간행해 국가 개조를 주장했다. 기타 잇키가 언론 자유, 기본적 인권 보장, 화족(華族: 일본 내 귀족) 폐지 등을 주장한 것은 1911년 중국의 신해혁명에 참여한 경험이 바탕이 되었을 것이다. 기타 잇키는 농지 개혁, 보통선거 실시, 재벌 해체, 누진세 강화에 의한 사유 재산 제한, 황실 재산 삭감 등을 주장했는데, 그의 이런 사상은 일본 군부 내 귀족 및 부유 세력들이 주축인 통제파에 불만을 갖고 있는 시골 출신들로 이루어진 황도파의 지지를 받았다. 그가 황도파의 2·26 쿠데타와 직접적인 관련이 없었음에도 사형을 당한 데는 이런 배경이 있다. 이후에도 일본은 물론이고 한국 내의 극우 군국주의 세력에게도 그의 사상은 큰 영

이시바시 내각의 외상 기시 노부스케(앞줄 왼쪽).

　기시 노부스케는 도쿄제대의 우수 졸업생들이 일반적으로 선택하던 내무성(內務省)이 아니라 2류 관청으로 생각되던 농상무성(農商務省)을 선택했다. 1925년 농상무성이 상공성(商工省)과 농림성(農林省)으로 나뉠 때 상공성에 배속되었던 그는 1936년 만주국 국무원 실업부(實業部) 총무사장(總務司長)으로 만주국 개조에 나섰다. 그는 1939년에는 총무청 차장에 취임했는데, 대장성(大藏省) 출신으로 만주국 재정부 차장이자 만주국 국무원 총무장관을 역임한 호시노 나오키 등과 함께 '산업 개발 5개년 계획'을 실시해 농업 국가였던 만주국을 중공업 국가로 개조하려고 시도했다. 이때 기시 노부스케는 관동군 참모장 도조 히데키, 닛산 재벌 총수 아이카와 요시스케 등과 동맹을 맺어 관료와 군과 재벌이 하나

　향을 끼쳤지만, 국내에서는 제대로 연구된 적은 없다. 일본에서는 『北一輝著作集』, 第1卷, 神島二郎解說, みすず書房, 1959; 『北一輝思想集成』, 書肆心水, 2005 등 많은 서적이 간행되었고, 그에 대한 연구서도 岡本幸治, 『北一輝: 日本の魂のドン底から覆へす』, ミネルヴァ書房, 2010을 비롯해 대단히 많다.

가 되는 만주판 군산(軍産) 복합체라는 이상(異常) 시스템을 만들어냈다.

기시 노부스케는 1939년 10월 귀국해 상공차관에 취임했다가 1941년 10월 도조 내각이 수립되자 상공대신으로 취임했다. 1942년에는 제21회 중의원 의원에 당선되었으나, 1943년 제2차 세계대전이 확대되며 상공성이 폐지되고 군수성(軍需省)으로 통합되면서 도조 히데키 수상이 군수대신을 겸임하고 기시 노부스케는 무임소 국무상 겸 군수차관이 되었다. 1944년 7월 사이판이 함락되어 일본의 패색이 짙어지자 기시는 도조가 자신을 차관으로 경질했다고 불만을 품고 7월 18일 도조 내각의 총사퇴에 일조했다. 패전 후 야마구치시로 낙향했던 기시는 A급 전범 용의자로 체포되어 도쿄의 스가모 구치소에 구속되었다. A급 전범들은 교수형이 당연한 코스였지만, 미국의 역코스 정책으로 회생의 기회가 생겼다.

미국은 한반도 남쪽에서 민족주의 성향의 민주 정권이 수립되는 것을 용인하지 않았다. 이 경우 미국의 이익보다 민족의 이익을 우선할 것이기 때문이다. 국경을 맞대고 있던 중국에서 해방을 맞은 임시정부 주석 김구 일행이 개인 자격으로 국내로 들어올 수 있었던 날은 1945년 11월 23일이었다. 반면 정기 교통수단이 없던 미국에서 해방을 맞은 이승만(李承晩)은 한 달 열흘 전인 10월 16일 이미 귀국해 있었다. 맥아더는 이승만을 위해 특별기를 보내주었고, 남한 점령군 사령관 하지(John R. Hodge) 중장을 불러들여 비밀리에 두 차례 3자 회담을 가졌다.[33] 미국은 국내에 기반이 없던 이승만을 선택하고 지원함으로써 한국 국민들의 지지를 받는 김구 일행을 몰락시키려 했다. 미국은 한반도 남쪽에서 친

---

33 『自由新聞』, 1945. 10. 18; 『新朝鮮報』, 1945. 10. 18.

미 반공 정권을 수립시키는 것으로 정책을 수정하고, 중국을 대신할 반공의 보루로 일본을 선택했다. 남한과 일본에서 전범 및 친일파들은 미국의 이런 정책 전환에 따라 반공 전사로 부활하게 되었는데, 그 상징적 인물이 기시 노부스케였다.

기시 노부스케는 도조 히데키 등의 처형 다음 날인 1948년 12월 24일 석방되면서 공직에서 추방되었다. 동양펄프 회장으로 있던 기시는 1952년 샌프란시스코 강화조약이 발효되면서 공직 추방령이 해제되자 그해 4월 '자유헌법 제정', '자주 군비 확립', '자주 외교 전개' 등을 슬로건으로 일본재건연맹(日本再建連盟)을 설립해 회장으로 취임했다. 일본재건연맹이 선거에서 대패하자 자유당에 입당해 중의원에 당선되었지만, 1954년 요시다 시게루 수상의 '경무장(輕武裝), 대미 협조' 노선에 반발해 자유당에서 제명되고, 일본민주당 간사장이 되었다. 1955년 11월 자유당과 일본민주당이 합당해 자민당을 결성할 때 간사장이 되었고, 1957년 2월 네각 총리대신이 되었으며, 3월에는 자민딩 총새에 당선되어 명실상부하게 일본 보수 우익의 본류가 되었다.

기시가 총리로 있을 때 최대 안건은 미일안전보장조약과 신조약 조인이었는데, 기시는 경찰과 우익 단체만으로 조약 조인 반대운동과 아이젠하워 방일 반대 시위를 막기에는 역부족이라는 생각에 야쿠자들까지 끌어들였다. 폭력 조직인 금정회 회장 이나가와 가쿠지(稲川角二), 주길회(住吉會) 4대 회장 세키가미 요시미츠(磧上義光), 관동미진조(關東尾津組) 조장 오즈 키노스케(尾津喜之助) 등을 통해 야쿠자들을 극우 세력의 행동대원으로 끌어들인 것이다.[34] 정치와 폭력 조직의 결탁이라는 일

---

34 일본 우익들은 이 야쿠자 두목들을 협객(俠客)이라고 부른다. 명성황후를 시해한 낭인들

본 우익의 특징이 표면화된 것이었다.

기시는 1960년 내각 총리대신을 사퇴한 후에도 막후에서 일본 정계에 막대한 영향력을 행사하고 한일 국교 정상화에도 가세했다. 이때 만주군 장교 출신인 박정희와 기시 노부스케, 시나 에쓰사부로[椎名悦三郎: 만주국 광공사장(鑛工司長), 전후 통상산업대신, 외무대신 등 역임], 세지마 류조(瀬島龍三: 관동군 참모), 고다마 요시오(일본 우익 국수주의 단체 소속으로 패전 후 A급 전범으로 구속되었다가 불기소)[35] 등의 만주 인맥이 한일 국교 정상화에 주요 역할을 담당했다.

기시 노부스케는 총리 퇴임 후에도 문선명의 통일교가 주도하는 국제승공연맹에 가담하고, 미국에 투옥된 문선명의 석방을 레이건에게 탄원하는 등의 활동으로 일본 내에서도 '해결사', '흑막', '쇼와의 요괴' 등으로 불린다. 기시는 쇼리키 마쓰타로와 함께 CIA 공작에 협조했다는 혐의를 받고 있는데,[36] 미 국무부도 2007년에는 기시 내각을 통해 비밀공작으로 일본 정계에 내정 간섭을 하고 있었다고 인정했다.[37] 1987년 기시 노부스케가 사망했을 때 내각과 자민당 합동으로 장례식을 주관했다. 그야말로 전범의 화려한 인생이었다.

수상을 역임한 사토 에이사쿠의 형이자 현 총리 아베 신조의 외조부

과 같은 부류로 보는 것이다.

35 고다마 요시오는 만주국 인맥의 핵심 인물로서 박정희 정권 때인 1965년 한일 국교 정상화를 이끌어내는 데 공을 세웠고, 박정희 정부로부터 2등급 수교훈장인 광화장을 받았다. 기시 노부스케는 1등급 광화대장을 받았다.

36 Tim Weiner, 『CIA 秘錄: その誕生から今日まで』, 文藝春秋, 2008. 비밀 지정이 해제된 미 CIA 문서를 바탕으로 와이너는 저서 『CIA 비록』에서 기시 노부스케와 쇼리키 마쓰타로가 전후 CIA의 협력자이자 CIA의 자금 지원을 받았다고 전하고 있다.

37 川端治, 『自民党 その表と裏』, 新日本出版社, 1963; 『週刊文春』, 2007. 10. 4.

라는 데서 알 수 있는 것처럼 기시 일가는 일본 우익 내 최고 정치 명문 가이기도 한데, 한집안에 기시 자신과 야스쿠니에 합사된 마쓰오카 요스케, 아이카와 요시스케 등 A급 전범만 3명이나 있다는 점에서 일본 우익들의 뒤틀린 현주소를 잘 말해준다.

(2) 쇼리키 마쓰타로

쇼리키 마쓰타로(1885~1969)의 전후 행적도 기시 노부스케 못지않다. 그는 도쿄제대 법대를 나와 고등문관 시험에 합격한 후 경찰 간부로 근무했다. 그는 평생을 반민중적 행태로 일관했는데, 1917년에는 와세다 대학의 학원 소요를 진압하고, 1918년에는 쌀 소동을 진압해 중6위(從六位)에 서훈되었다. 경시청 경무부 형사과장 등 경찰 요직을 거친 쇼리키의 행태가 적나라하게 드러나는 것은 1923년 9월의 관동대지진 때였다. 관동대지진이 일어나자 '조선인들이 폭동을 일으키고 우물에 독을 탔다'는 소문을 경찰 조직을 통해 조직적으로 유포해 조선인 대학살을 불러온 인물이 쇼리키였다.[38] 그는 관동대지진 때 민중들의 분노를 조선인들에게 돌리는 것에 만족하지 않고 일본 내 사회주의 세력에 대해 무차별적 테러를 가했다. 관동대지진 때 그는 조선인 및 사회주의자에 대한 경계·단속을 지휘했는데, 이 와중에 도쿄의 가메이도(龜戶) 경찰서

---

38 당시 도쿄에서 지진을 경험한 이소가야 스에지(磯谷季次)는 지진 후 조선인들이 폭동을 기도하고 있다는 소문과 함께 조선인들이 우물에 독을 탄다든지 불을 지른다는 소문이 돌아서 자경단이 조직되었고, 8만에 달하던 조선인 중 약 1할이 살해되었다고 전하고 있다. 또한 중국인들도 집단적으로 살해당했다는 사실을 당시의 기록을 통해 밝히고 있다. 이소가야 스에지, 『우리 청춘의 조선』, 김계일 옮김, 사계절, 1988, pp. 35~38.

에서 가와이 요시토라(川合義虎), 히라사와 게이시치(平澤計七) 등 10여 명의 사회주의자들이 학살당하는 가메이도 사건이 발생했다. 뿐만 아니라 헌병 대위 아마카스 마사히코(甘粕正彦)가 오스기 사카에(大杉栄), 여성 아나키스트 이토 노에(伊藤野枝) 등의 아나키스트들을 학살한 아마카스 사건도 쇼리키가 배후에 있는 것으로 추정된다.

경무부장으로 있던 1924년 1월 쇼리키는 도라노몬(虎ノ門) 사건에 책임을 지고 면관되었다. 도라노몬 사건이란 사회주의자 난바 다이스케(難波大助)가 가메이도 사건 등에 항의하기 위해 1923년 12월 27일 국회 개원식에 가던 일본 왕세자의 차량을 저격한 사건을 말하는데, 왕세자는 아무런 상해를 입지 않았음에도 난바는 1924년 사형당했다. 이 사건으로 제2차 야마모토(山本) 내각이 총사직하면서 경찰 간부였던 쇼리키도 면관된 것이다. 그 후 쇼리키는 『요미우리신문』의 경영권을 인수하는데, 침략전쟁 동안 왜 일본 언론들이 일본 군부의 선전지에 불과했는지를 잘 말해주는 사례이다.[39] 쇼리키는 1940년에는 우익 단체인 대정익찬회 총무에 취임하고, 고이소(小磯) 내각(1944년 7월~1945년 4월)의 고문으로 전쟁 업무에 종사했다. 1944년 귀족원 의원 등을 역임하다가 1945년 A급 전범으로 구치소에 수감되었지만 불기소로 석방되었다. 이후에도 『요미우리신문』을 계속 경영하면서 1952년에는 일본 텔레비전 방송망[40] 초대 사장에 취임했다.

---

39 일본 언론들은 1931년의 9·18 사변(만주사변) 전까지는 군부에 비판적이었으나, 이 사건으로 일본이 만주를 손쉽게 장악하자 이후 일제히 군부의 나팔수가 되었다. 이후 일본 언론들의 논조는 행정부·군부 찬양, 의회 비판이라는 공통점을 띠게 된다.

40 일본 텔레비전 방송망(日本テレビ放送網株式会社: Nippon Television Network Corporation)은 1952년 7월 일본에서 가장 먼저 방송 예비면허를 취득했다.

쇼리키 마쓰타로.

신문과 방송을 장악한 쇼리키는 1955년 2월에는 제27회 일본 중의원 선거에서 도야마(富山)현 2구에서 당선되었다. 최대 부수익『요미우리신문』과 일본 텔레비전 방송망을 장악한 쇼리키는 1955년 11월에는 제3차 하토야마 이치로(鳩山一郎) 내각의 북해도개발청 장관에 임명되었으며, 1956년 1월에는 일본원자력위원회 초대 위원장에 취임하고, 5월에는 초대 과학기술청 장관에 취임했다.

1957년 같은 전범이었던 기시 노부스케가 수상으로 취임하면서 쇼리키는 국무대신으로서 국가공안위원회 위원장, 과학기술청 장관, 일본원자력위원회 위원장을 역임하고, 1965년에는 훈1등 욱일대수장(勳一等旭日大綬章)을 수여받는다. 쇼리키는 요미우리 자이언츠를 '자이언츠군(巨人軍)'이라고 부르며 이른바 자이언츠 헌장 3조를 남겼는데, 그 내용은 '자이언츠군은 항상 신사가 되어라', '항상 강해져라', '미국 야구를 따라

잡아서 추월하라'는 것이었다.[41]

와세다대학의 아리마 테츠오(有馬哲夫) 교수가 『주간신조(週刊新潮)』 2006년 2월 16일자에 미국 국립 공문서 기록관리국의 기록을 토대로 쇼리키가 출옥 후 줄곧 미 CIA의 비밀공작에 협력했다는 사실을 밝혀 큰 파장을 낳았다. '미영 귀축(美英鬼畜), 1억 옥쇄'를 주장하던 기시와 쇼리키가 일본을 군사 점령한 미국 CIA의 비밀공작에 협력했다는 사실은 이들의 극우 활동이 개인의 사익 추구에 불과했음을 말해주고 있다. 쇼리키의 CIA 개인 코드네임은 '포담(podam)', 『요미우리신문』 및 일본 텔레비전 방송망의 코드네임은 '포달톤(podalton)'이었고, 이를 통해 일본 정계에 개입하는 계획은 '오퍼레이션 포달톤(operation podalton)'이었다고 한다.[42] 벤저민 폴포트는 쇼리키를 CIA에 소개한 인물이 칼 문트 상원의원이라고 주장하고 있다.[43] 미국 공화당의 상원의원이었던 칼 문트는 1967년 중국이 월남전에 개입하면 미국은 원자폭탄을 사용할 것이라고 경고했던 극우 세력이었다.[44]

---

41 1977년 일본 프로야구의 발전에 공을 세운 사람에게 주는 '쇼리키 마쓰타로 상'이 제정되어 2018년 제42회 수상자를 배출했다.

42 『週刊新潮』, 2006. 2. 16. 『美國國立公文書』, Records Relating to the Psychological Strategy Board Working Files 1951-53.

43 칼 문트 미 상원의원은 '보이스 오브 아메리카(VOA)'를 구상하고 전 세계적으로 공산주의 박멸에 나섰던 선전의 귀재였다. 그는 1951년 8월 13일 일본 전역의 종합 통신망을 민간 자본으로 건설한다고 발표했는데, 그 이듬해 쇼리키는 텔레비전 방송 면허를 취득하고, 이듬해 일본 텔레비전 방송망을 개국했다. 미국과 일본 우익 세력들의 전 세계적 연합 공작의 일면을 잘 보여준다. ベンジャミン·フルフォード, 『ステルス·ウォー』, 講談社, 2010年 3月, p. 238.

44 『경향신문』, 1967. 9. 25.

10. 전범들이 주도한 일본의 전후 정·재계

1952년 조인된 샌프란시스코 조약 제11조는 구속된 전범들의 감형 및 출옥에 대해 명시하고 있다.

일본은 극동국제군사재판소와 기타 연합국의 전범재판소에서 일본 내 외의 전쟁 범죄에 대해 판결한 것을 수락하고 일본 내에서 형을 집행해 야 한다. 감형이나 가석방 같은 관용은 각 나라 정부 또는 여러 정부들의 각각의 판결에 대한 결정과 일본국 정부의 권고에 의해서가 아니면 집행 될 수 없다. 극동국제군사재판에서 선고받은 피고인의 경우, 대표를 파 견한 정부의 과반수의 결정과 일본국 정부의 권고에 의해서가 아니면 이 런 권한을 행사할 수 없다.[45]

---

45 일본과 연합국 사이의 강화조약인 샌프란시스코 강화조약은 1951년 9월 8일 미국 샌프 란시스코에서 체결되었다. 이 조약의 문제점은 일본으로부터 직접 침략당한 나라들이 배 제되었다는 점이다. 한국은 물론 심지어 중국까지도 배제되었는데, 대륙을 장악한 중화인 민공화국을 미국이 인정하지 않고 있었기 때문이다. 일본은 중화민국(대만)과는 1952년 평화조약을 체결했다. 일본은 현재 이 조약의 반환 목록에 독도가 누락되었다는 이유로 독도 영유권을 주장하고 있다. 원문은 다음과 같다. "Japan accepts the judgements of the International Military Tribunal for the Far East and of other Allied War Crimes Courts both within and outside Japan, and will carry out the sentences imposed thereby upon Japanese nationals imprisoned in Japan. The power to grant clemency to reduce sentences and to parole with respect to such prisoners may not be exercised except on the decision of the Government or Governments which imposed the sentence in each instance, and on the recommendation of Japan. In the case of persons sentenced by the International Military Tribunal for the Far East, such power may not be exercised except on the decision of a military of the Government represented on the Tribunal, and on the recommendation of Japan."

샌프란시스코 조약 자체가 미국의 정책이 '역코스'로 전환된 다음에 체결된 것이기 때문에 향후 전범 처리에 대해서 여지를 남기고 있었다. 그래서 일본 참의원과 중의원은 샌프란시스코 조약 이후 거듭해서 전범에 대한 사면이나 석방에 대해 결의했다. 1952년 6월 9일 참의원 본회의에서 '전범 재소자의 석방에 대한 결의'[46]를 한 것을 필두로 같은 해 12월 9일 중의원 본회의에서 '전쟁 범죄 수형자의 석방 등에 대한 결의'[47]를 했고, 1953년 8월 3일에는 중의원 본회의에서 '전쟁 범죄 수형자의 사면에 대한 결의'를 했다. 이 결의는 전범을 사면하고 명예를 회복시키는 내용을 담고 있는데, 사회당까지 포함해 압도적인 지지를 받았다.[48]

전범재판을 통해 베일에 가려 있던 전쟁의 양상이나 전범들의 실제 행태가 드러나면서 일본 국민들은 충격을 받기도 했다. 그러나 미국이 천황제를 정점으로 하는 파시스트 군국주의 체제를 해체시키지 않고 그 핵심은 존속시킨 결과, 일본에 그릇된 정치 체제와 역사관이 재등장했다. 또한 일본 국민들도 자신들을 일부 군국주의자들이 주도한 침략전쟁의 희생자가 아니라 군국주의자들과 동일시함으로써 전후 청산 의지를 상실했다. 이는 패전 직후의 여론과는 다른 것이었다. 1945년 9월 중순 『아사히신문(朝日新聞)』 등의 매체들은 일본인들 스스로 전범 명단을 작성해야 한다고 주장하고 있었다. 이 무렵 일본군이 저지른 잔학 행위에 대한 폭로가 잇따랐기 때문에 충격을 받은 일본 국민들 사이에

---

46 第013回國会本会議 第49號, 1952年 6月 9日(月曜日).
47 第015回國会本会議 第11號, 1952年 12月 9日(火曜日).
48 第016回國会本会議 第35號, 1953年 8月 3日(月曜日).

전범 처벌에 동의하는 여론이 형성되었다. 일본인들은 전범을 스스로 처벌해야 한다는 생각까지 하고 있었다.[49]

그러나 도쿄 전범재판이 이상하게 흘러가자 여론이 뒤바뀌기 시작했다. 그래서 1952년 전범 즉각 석방 국민운동이 일어났을 때 무려 4천만 명의 일본 국민이 서명했고, 유권자의 지지를 의식할 수밖에 없는 의원들은 거듭 전범 석방 결의안을 제출할 수밖에 없었다. 나아가 1955년 7월 19일에는 중의원 본회의에서 '전쟁 수형자의 즉시 석방 요청에 대한 결의'[50]까지 했다.

전후에 독일이나 이탈리아 국회에서 나치·파시스트 전범들에 대한 석방 결의안을 잇달아 냈다면 어떤 결과가 발생했을까? 의회뿐만이 아니었다. 1952년 4월 '전쟁 중 부상을 입은 자와 전사한 자의 유족 등에 대한 원호법'이 일부 개정되어 전범으로 체포·투옥된 자를 '정치범(被拘禁者)'으로 취급해 구금 중 사망한 경우 그 유족에게 위자료를 지급할 수 있게 했다. 전범들은 그간 국내법을 위반한 수감자들과 동등하게 처리되었는데, 1952년 5월 1일 기무라 도쿠타로 법무총재가 전범의 국내법상 해석에 대한 변경을 통지하면서 이 또한 달라졌다. 전범 구금 중에 사망한 자들은 모두 '공무사(公務死)'가 되어 유족 연금이나 연금의 대상이 되었다. 일본 정부는 냉전 체제에 기대 샌프란시스코 강화조약 제11조에 의해 11개국의 동의를 얻었고, 종신형의 경우도 1958년 4월 7일부로 감형하게 되었다.

이는 A급 전범들에게 정권 장악의 날개를 달아준 것이었다. A급 전범

---

49 『朝日新聞』, 1945. 9. 17·18·22.
50 第022回國会本会議 第43號, 1955年 7月 19日(火曜日).

으로 종신형을 받은 가야 오키노리는 사면 후 중의원에 5회 당선되었으며, 이케다 내각에서 법무대신까지 역임했다. 전범이 전후에 법무대신이 될 수 있었던 나라가 일본이었다. A급 전범으로 7년 형을 받은 시게미쓰 마모루는 사면 후 중의원에 3회 당선되었으며, 1954년에는 하토야마 이치로 내각의 부총리·외무대신이 되었다.[51]

11. 해방 후 일본과 한국 역사학계의 동향

1931년의 만주사변과 1937년의 중일전쟁 이후 일본의 군국주의 색채가 강해지면서 학문의 종속도 심화되었다. 전시에 모든 학문은 천황제를 정점으로 하는 군국주의 이데올로기에 복무할 것이 요구되었는데, 그중에서도 역사학은 더욱 강한 요구를 받았다. 그 결과 1931년의 만주사변부터 1945년의 8·15 패전에 이르기까지 일본의 역사학은 황국사관 일색으로 서술되었다고 해도 과언이 아니다.

일본 군국주의가 역사학에서 가장 중점을 두었던 분야는 고대사였다. 이런 상황을 나가하라 게이지(永原慶二)는 "천황제 국가는 자기 정당성의 역사적 근거로서 신화를 옹호하기 위해 고고학과 고대사 연구에 특히 가혹했다."[52]고 설명하고 있다. 당시 일본의 역사학이 얼마나 황국사관 일색으로 재편되고 있었는지를 말해주는 사건이 이른바 '쓰다(津田)

---

51 반면 한국인 출신의 군인, 군속 중 B·C급 전범으로 유죄 판결을 받은 사람은 148명이었고, 그중 23명은 사형이 집행되었다.
52 나가하라 게이지, 『20세기 일본의 역사학』, 하종문 옮김, 삼천리, 2011, p. 117.

사건'이다. 쓰다 소키치(津田左右吉)는 일제 식민사학의 중요한 이론 축인 '『삼국사기(三國史記)』 초기 기록 불신론'을 만든 인물이었다. 쓰다 소키치는 한반도 남부에 있었다는 임나일본부에 관한 근거를 찾기 위해 『삼국사기』의 왜(倭) 관련 부분을 연구했으나, 『삼국사기』에는 임나일본부에 대한 기사를 전혀 찾을 수 없다는 사실을 발견했다. 그래서 그는 「삼국사기 신라본기에 관하여(三國史記の新羅本紀について)」라는 논문에서 이렇게 주장했다.

> 조선반도의 고사(古史)로서 고려시대에 편찬된 『삼국사기』, 특히 「신라기(新羅紀: 「신라본기」)」의 상대(上代) 부분에는 소위 왜(倭) 혹은 왜인(倭人)에 관한 기사가 자못 풍부하게 포함되어 있다. 그러므로 그 기사는 기기(記紀: 『고사기(古事記)』와 『일본서기(日本書紀)』)와 더불어 우리(日本人)가 상대사(上代史)를 천명(闡明)하는 데에 귀중한 사료인 것같이 생각되어진다.[53]

쓰다 소키치가 『삼국사기』를 연구한 것은 일본의 『고사기』와 『일본서기』에 기록되어 있는 임나일본부에 관한 내용을 찾기 위한 것이었다. 그러나 『삼국사기』에는 「신라본기」는 물론 「백제본기」에도 임나일본부에 관한 내용이 전혀 등장하지 않는다는 사실을 알게 되었다.[54] 이 경우 임

---

53 津田左右吉, 「三國史記の新羅本紀について」 『津田左右吉全集』 第二卷, 1963, p. 553. 이 논문은 원래 『古事記及び日本書紀の研究』(1924年 9月)의 부록으로 실렸던 것을 전집으로 꾸미면서 옮긴 것이다.
54 『삼국사기』 「강수열전(强首列傳)」에는 강수가 "신은 본래 임나 가량 사람으로 이름은 우두(牛頭)입니다."라고 말하는 대목에서 '임나'가 딱 한 번 나온다. 이를 두고 강단 식민사

나일본부에 관한 내용이 수록된 『고사기』·『일본서기』와 『삼국사기』에 대한 각각의 사료 비판과 비교 검증을 통해 어느 사서(史書)가 진실을 말하고 있는지를 살펴보는 것이 역사학의 기본적 방법론이다. 즉 사료 비판의 방법을 통해 어느 사서가 진실을 말하고 있는지를 가려야 하는 것이 학자의 기본 자세이다.

그러나 쓰다 소키치는 그렇게 하지 않고 『삼국사기』 초기 기록을 모두 허구로 모는 이른바 '『삼국사기』 초기 기록 불신론'을 고안해냈다. 그래서 이렇게 말했다.

> 그러나 원래 『삼국사기』 상대 부분이 역사적으로 사실의 기재로 인정하기는 어렵다고 하는 것은 동방(東方)아시아의 역사를 연구한 현대의 학자들 사이에서는 거의 이론(異論)이 없기 때문에 왜에 관한 기재 역시 마찬가지로 사료로서는 가치가 없다고 봐야 한다.[55]

학계에서는 '가야=임나'라는 결정적 증거라고 강변한다. 그러나 『삼국사기』는 강수를 중원경(中原京) 사량부(沙梁部) 사람이라고 말하고 있다. 중원경은 지금의 충주 지역이기 때문에 조선 후기 순암 안정복은 『동사강목(東史綱目)』 「가라 임나 모한 휴인 주호고(加羅任那慕韓休忍州胡考)」에서 "중원경은 지금의 충주니 그렇다면 임나국은 곧 충주라 하겠다."라고 말했다. 일본군 참모본부가 만든 '임나=가야설'은 남한 강단 식민사학계의 정설이기 때문에 강수가 금관가야 출신인데 국원 소경 당시 경주에서 충주로 옮겼을 것이라는 주장으로 '임나=가야설'을 합리화하고 있다. 임나가 충주라면 '임나=가야'라는 식민사학의 한 기둥이 무너지기 때문이다.(김태식, 「광개토왕릉비문의 임나가라와 안라인 수병(安羅人守兵)」 『한국 고대사 논총』 6, 한국고대사회사연구소, 1994, pp. 65~66) 그러나 강수가 경주에서 충주로 옮겨졌을 것이라고 추정할 수 있는 일체의 사료적 근거는 없다. 모두 '임나=가야설'을 유지하기 위한 일방적 주장일 뿐이다. 임나가 가야이고 2백 년 이상 존속했다면 『삼국사기』 「신라본기」나 「백제본기」에 나오지 않을 가능성은 없다.

55 津田左右吉, 위의 글 「三國史記の新羅本紀について」, p. 553.

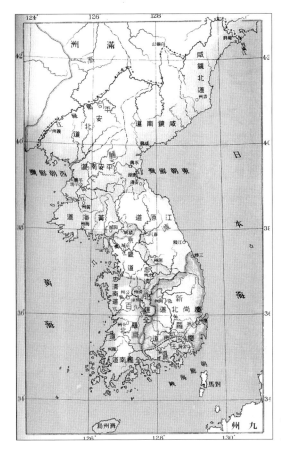

한반도 남부에 임나일본부가
표시된 쓰다 소키치의 지도.

　이처럼 쓰다 소키치는 한반도 남부에 있었다는 임나일본부를 살리기
위해『삼국사기』초기 기록 전부를 허구로 모는 '『삼국사기』초기 기록
불신론'을 창작해냈다. 이 허구의 '『삼국사기』초기 기록 불신론'이 현재
까지도 남한 강단사학계의 정설로 행세하고 있는 것은 세계 사학사(史
學史)상의 미스터리다. 프랑스를 비롯해 나치나 이탈리아 파시스트당의
지배를 받은 국가들이 아직껏 나치나 파시스트당의 역사관을 하나뿐인

정설로 떠받들고 있는 것과 마찬가지 상황이기 때문이다.

쓰다 소키치는 전쟁 때 이른바 '실증'을 잣대로 『일본서기』를 들여다보았는데, 그 결과 쓰다 사건이 발생하게 되었다. 쓰다는 실증을 잣대로 『일본서기』, 『고사기』 등을 살펴본 결과 이른바 신대(神代) 천황들에 관한 근거가 전혀 없다는 사실을 알게 되었다. 이는 당연한 것이었다. 야마토왜의 역사는 빠르면 3세기 말부터 4세기경까지 가야계와 백제계가 이주하는 것으로 시작하는 역사다. 그런데 『일본서기』는 이것을 서기전 660년에 시작하는 것으로 약 1천 년 소급해 서술했다. 당연히 연대가 맞지 않을 수밖에 없고, 앞부분의 일왕들은 어디에서도 그 흔적을 찾을 수 없었다. 그래서 쓰다 소키치는 시조라는 '천조대신(天照大神: 아마테라스 오미카미)에서 진무천황(神武天皇)'까지의 신대는 물론 진무천황부터 14대 중애천황(仲哀天皇)까지 실재하지 않는다고 주장했다. 15대 오진천황(應神)부터 실존했던 일왕이라고 보았다.

그 결과 쓰다 소키치는 천황 왕통의 신성불가침을 신봉하던 황국사관론자들의 비판을 받았으며,[56] 1940년 2월에는 『고사기 및 일본서기 연구』(1924), 『신대사 연구(神代史の研究)』(1924), 『일본 상대사 연구(日本上代史研究)』(1930), 『상대 일본의 사회 및 사상(上代日本の社会及思想)』(1932)이 정부로부터 발매 금지 처분을 받았다.[57] 쓰다 소키치와 발행자 이와나미 시게오(岩波茂雄)는 출판법 제26조의 '황실의 존엄을 모독한 혐의'로 기소되어 1942년 5월 쓰다는 금고 3개월, 이와나미는 금고 2개

---

56 石井公成, 「聖徳太子論争はなぜ熱くなるのか」 『駒澤大学大学院仏教学研究会年報』 40號, 2007年 5月.
57 向坂逸郎 編, 『嵐のなかの百年: 学問弾圧小史』, 勁草書房, 1952; 家永三郎, 『津田左右吉の思想史的研究』, 岩波書店, 1988.

월, 집행유예 2년을 선고받았다. 그러나 이는 황실 모독죄치고는 경미한 것이었다. 쓰다의 저작들이 결코 천황에 대한 불경이 아니라고 옹호했던 도쿄대 교수 와츠지 데쓰로(和辻哲郎) 등의 법정 증언이 큰 역할을 했고, 쓰다 자신도 이 사건에 대해서 학문 탄압이 아니라고 주장하면서 [58] 온순한 태도를 보였기 때문이다. 말하자면 쓰다는 『일본서기』의 신대 부분에 대해 '실증'의 메스를 들이댐으로써 자신이 『삼국사기』에 가했던 '비실증'의 '『삼국사기』 초기 기록 불신론'의 권위를 더 높이려 했던 것인데, 이런 우회적 시도 역시 용납하지 않았던 것이 군국주의 시대 일본의 분위기였다.

'『삼국사기』 초기 기록 불신론'의 주창자였던 쓰다 소키치는 전후 일본 고대사의 신화(神話) 시대를 부정하는 이른바 '쓰다 사관'의 대표자로서 일본 역사학계의 주류가 되었다. 그는 패전 후 일본 역사학의 가치관의 전환을 구현하는 대표적인 역사학자로 주목받았다. 그러나 쓰다 소키치는 전후 반공주의의 입장을 건지해 천황세를 옹호하면서 천황제 비판론자로부터 비난을 받았다. 그는 1946년 잡지 『세계(世界)』 제4호에 기고한 「건국의 사정과 만세일계의 사상」에서 "천황제는 시세에 따라 변화하고, 민주주의와 천황제는 모순이 없다."[59]면서 천황제를 옹호하고 나섰다. 그래서 천황제 폐지론자들로부터 변절했다는 비판[60]을 받았지만, 그는 원래부터 천황제 폐지론자가 아니었다. 쓰다 소키치는

---

58 新川登亀男·早川万年 編, 『史料としての日本書紀: 津田左右吉を読みなおす』, 勉誠出版, 2011.
59 遠山茂樹, 『戦後の歴史学と歴史意識』, 日本歴史叢書, 1968, pp. 34~43. 2001년 7월 岩波モダンクラシックス로 재간행.
60 西義之, 『変節の知識人たち』, PHP研究所, 1979.

1947년 제국학사원(帝國學士院: 일본 학사원으로 개칭)의 회원으로 선출되어 학계의 주류로서 위치를 분명히 했으며, 1947년에는 문화훈장을 받았다. 현재 일본에서는 해방 후 한국의 주류 학설인 이병도 학설이 그 스승 쓰다 소키치의 학설을 그대로 계승한 것으로 평가하고 있다.[61] 오히려 이병도의 제자의 제자뻘인 한일역사공동연구위원회의 한국 측 학자들인 김태식 등은 이병도의 학설 대신 쓰다 소키치의 학설을 따르는 퇴행 상태를 보이고 있다. 쓰다 소키치는 백제가 13대 근초고왕(재위 346~375) 때 건국되었다고 주장한 반면, 이병도는 8대 고이왕(재위 234~286) 때 건국되었다고 주장해서 쓰다보다 100여 년 끌어올렸다. 물론 이병도도 허황된 '『삼국사기』 초기 기록 불신론'을 인정하는 토대 위에서 백제 건국 연대를 100여 년 끌어올린 것이지만, 김태식 등 한일역사공동연구위원회의 학자들은 이병도의 이런 연대 비정도 믿지 못하겠다면서 쓰다 소키치가 주장한 근초고왕 건국설로 되돌아갔다.[62]

해방 후 일제 식민사학이 그대로 한국 주류 사학이 된 데는 조선사편수회의 수사관보(修史官補: 1928~1935)이자 수사관(修史官: 1935)이었던 스에마쓰 야스카즈의 역할이 크다. 1904년 후쿠오카에서 태어난 스에마쓰는 1927년 도쿄제대 문학부 국사학과를 졸업했는데, 전공은 조선사다. 황국사관론자들에게 조선사라는 말은 일본 제국사의 지방사라는 뜻이다. 그는 졸업 후 조선사편수회에서 『조선사』 편찬 사업에 종사하다

---

61 「震檀学会と朝鮮学運動」『朝鮮史から民族を考える 22』『植民地期の朝鮮人史学者たち 下』, 康成銀 朝鮮大学校 教授 記事, 『朝鮮新報』, 2008年 7月 7日.

62 시간이 흐를수록 더욱 악화되고 있는 『삼국사기』 초기 기록 불신론에 대해서는 이덕일, 『매국의 역사학, 어디까지 왔나』, 만권당, 2015의 제6장 「삼국사기를 가짜로 모는 사람들」 참조.

가 1933년부터 경성제대 법문학부 조교수로 복무했으며, 1939년 교수로 승진했다.

패전 후에는 1947년 일본의 귀족학교인 학습원(學習院: 가쿠슈인) 초빙 교수가 되었다가 1949년 학습원대학이 개교하자 문정학부(文政學部) 교수가 되었다. 미군의 점령 종료 직후부터 학습원대학 교수인 같은 도쿄제대 국사학과 출신의 고다마 고다(兒玉幸多: 1909~2007)와 함께 학습원 내에 사학과를 설치했으며, 동양문화연구소도 설치하여 학습원장이 겸임이었던 이 연구소의 주사(主事)로서 연구소의 실질적인 운영을 총괄했다. 그는 1951년 도쿄제대에서 『신라사 연구(新羅史の硏究)』로 문학박사 학위를 취득했으며, 1967년에는 자수포장(紫綬褒章)을, 1975년에는 서훈삼등(叙勳三等) 수서보장(授瑞寶章)을, 1992년에는 정오위(正五位)를 수여받았다. 스에마쓰가 해방 후 국내 식민사학의 확립에 큰 영향을 끼쳤다는 사실은 서울대학교 교수였던 김용섭의 회고록에 나와 있다.

> 다른 한 번은, 분명치는 않으나, 민족주의 역사학인가, 실증주의 역사학인가에 관하여 검토하는 시간이었던 것 같은데, 교학부장 고윤석 교수도 포함된 네댓 명의 중년·노년의 교수가 내방하였다. 노크를 하기에 문을 열었더니, 김원룡 교수께서 말씀하시기를, "일제 때 경성제국대학에서 내가 배운 스에마쓰 선생님인데, 김 선생 강의를 참관코자 하시기에 모시고 왔어요. 김 선생, 되겠지?" 하는 것이었다.
>
> 나는 지난번 일도 있고 하여, 학교가 사전에 강의 담당 교수와 상의도 없이 이렇게 외인(外人)이 강의실을 찾게 해도 되는 것인가, 그리고 강의 담당 교수가 그것을 재량으로 허락할 수 있는 것인가 의문이 들었다.

그래서 나는 이번에는 "김 선생님, 그분은 세계적인 대학자이신데, 제가 지금 그러한 분 앞에서 강의할 만큼 준비가 되어 있지 않습니다. 미안합니다." 하고 사양하였다.

나는 외국에서도 나의 글을 다 보고 있구나, 그리고 일본에서는 몹시 신경을 쓰고 있구나 생각하였다.[63]

이는 해방 후에도 조선총독부 산하 조선사편수회 출신들이 국내를 들락거리면서 한국의 국사학계를 장악한 경성제대 출신 제자들을 가르쳐왔다는 증언인 것이다. 해방 후에도 국내에 들어와 서울대 사학과 교수들을 출장 지도했던 인물이 스에마쓰 야스카즈라면 문제는 더욱 심각해진다. 스에마쓰 야스카즈는 패전으로 일본으로 쫓겨 간 후 1949년 『임나흥망사』를 썼는데, 그 책에 소개된 약력을 보면 "조선총독부 수사관, 경성대학 교수 등을 역임"[64]했다고 쓰고 있다. 『임나흥망사』는 일본 우익들의 정신적 부활을 알리는 선언문이라고 해도 과언이 아니다. 다른 일본인 학자들 사이에서 일본의 역사학이 제국주의 침략전쟁에 이용되었다면서 반성의 기운이 일고 있을 때 스에마쓰 야스카즈는 거꾸로 일본 제국주의 역사학은 그치지 않을 것이며, 앞으로 다시 한국을 점령할 것이라는 메시지를 던진 것이기 때문이다. '임나=가야설' 자체가 일본 극우파들이 만든 허황된 역사관이지만, 임나의 강역을 두고는 일본인 식민사학자들 사이에서도 생각이 달랐다. 쓰다 소키치가 지금의 김해

---

63 김용섭, 앞의 책 『역사의 오솔길을 가면서』, pp. 768~769.

64 末松保和, 『任那興亡史』, 吉川弘文館. 이 책은 쇼와 24년에 1쇄를 찍어 쇼와 52년에 6쇄를 찍었다고만 표기하고 있고 서기 연대는 쓰지 않고 있다. 쇼와 24년은 1949년, 쇼와 52년은 1977년이다.

일대를 임나 강역이라고 주장했다면, 이마니시 류(今西龍)는 김해를 남가라(南加羅)라고 한정하고 경북 고령에 임나일본부가 있었다면서 임나의 강역을 경북까지 확장했다.

스에마쓰 야스카즈는 이를 충청도와 전라도까지 확장했다. 그런데 스에마쓰는 『임나흥망사』에서 이른바 『일본서기』에만 나오는 임나 7국의 위치에 대해서 지명 비정을 했는데, 그 논리가 임나 연구사의 압권이다. 먼저 탁순(卓淳)이라는 지명이 나오는데, 스에마쓰는 대구로 비정한다. 대구의 옛 지명 달구벌의 '달'자와 탁순의 '탁'자가 발음이 비슷하기 때문이라는 것이다.[65] 침미다례(忱彌多禮)에 대한 지명 비정은 한술 더 뜬다. 스에마쓰는 침미다례는 전라도에 있어야 한다는 생각에서 그 비슷한 지명을 전라도에서 찾았지만 찾을 수 없었다. 그러자 침미다례를 일본어 발음으로 읽으면 'ㅏㅁㅅㄹ(토무다레)'가 된다면서 『삼국사기』 「지리지」 무진주에 속한 군현 중에 도무군이 있으니 도무군이 침미다례라고 우겼다. 도무군은 전남 강진이다. 이렇게 전남 강진까지 야마토왜의 강역, 즉 임나 강역이 되었다.

김현구 고려대 명예교수는 『임나일본부설은 허구인가』에서 "임나일본부설에 대해 고전적인 정의를 내린 사람은 일제강점기 경성제국대학에서 교편을 잡았던 스에마쓰 야스카즈였다."[66]고 높이면서 "특별한 경우가 아니면 지명 비정은 스에마쓰 설을 따랐다."[67]라고 추종했다.

김태식 홍익대 교수는 "그 후 말송보화(末松保和: 스에마쓰 야스카즈)

---

65 末松保和, 위의 책 『任那興亡史』, p. 47.
66 김현구, 『임나일본부설은 허구인가』, 창비, 2010, p. 16.
67 김현구, 위의 책 『임나일본부설은 허구인가』, p. 43.

는 기존의 지명 고증을 비롯한 문헌 고증 성과에 의존하면서 한국, 중국, 일본 등의 관계 사료를 시대 순에 따라 종합함으로써 고대 한·일 간 대외관계사의 틀을 마련하였다. 그리하여 최초로 학문적 체계를 갖춘 이른바 '남한경영론(南韓經營論)'을 완성시켰"[68]다고 극찬했다. 흡사 유치원생 장난 같은 스에마쓰의 악의적 지명 비정이 남한 강단사학자들에게는 '위대한 학문적 성취'로 추앙받는 것이다.

북한은 이미 1963년에 김석형이 『일본서기』에 나오는 고구려, 백제, 신라, 가라 등은 『삼국사기』에 나오는 고구려, 백제, 신라, 가야 등이 일본 열도에 진출해서 세운 분국(分國)이라는 분국설을 주장해[69] 일본인 식민사학자들의 임나일본부설을 초토화시켰다. 김석형은 스에마쓰 등의 임나 지명 비정에 대해서 이렇게 설명했다.

> 이와 같은 일본 학자들의 비정은 억지를 면치 못한다. 당시의 야마토 군대가 경상, 전라 두 도를 무인지경으로 돌아쳤다고 전제하고, 그 일대 고지명에 비슷한 글자가 여러 글자 중에서 하나라도 있으면 주어 맞춘 것에 불과하다.[70]

스에마쓰의 지명 비정을 '고전', '학문적 체계'라고 추앙하는 남한 강단사학자들과 "허황한 날조로 가득 차 있다."는 김석형의 비판[71] 중에

---

68 김태식, 「가야사 인식의 제문제」, 국사편찬위원회, 『한국사 7: 삼국의 정치와 사회 3—신라·가야』, 1997, p. 278.
69 김석형, 「삼한 삼국의 일본 열도 내 분국에 대하여」 『력사과학』, 1963년 1월호.
70 김석형, 『초기 조일 관계사(하)』, 평양, 사회과학출판사, 1988, p. 179.
71 김석형, 위의 책 『초기 조일 관계사(하)』, p. 180.

무엇이 진실인지는 굳이 설명할 필요도 없다. 그러나 남한은 아직도 스에마쓰 야스카즈의 망령이 학계를 지배하고 있다.

이병도가 해방 후 한국 국사학계의 태두였다면 김원룡은 한국 고고학계의 태두였다. 이병도가 해방 후에도 이나바 이와기치(稻葉岩吉)의 고조선 학설과 쓰다 소키치의 『삼국사기』 초기 기록 불신론'을 그대로 추종해 한국 주류 식민사학계의 하나뿐인 정설로 만들었다면 김원룡은 쓰다 소키치와 스에마쓰 야스카즈의 『삼국사기』 초기 기록 불신론'을 그대로 받아들인 이른바 '원삼국론(原三國論)'을 만들어서 한국 고고학계의 정설로 만들고, 국립 중앙박물관을 비롯해 전국 각지의 국립박물관에 원삼국실을 만들었다. 원삼국시기란 서기 전후 시기부터 서기 300년까지를 말하는데, 한마디로 서기 300년까지는 백제와 신라는 나라가 아니었다는 뜻이다. 이 시기를 이병도의 제자들이 주축인 문헌사학에서는 '삼한시기'라고 부르고 있다.

『삼국사기』에서는 서기전 1세기부터 신라, 백제가 있었고, 서기 1세기부터 가야가 있었다고 말하지만, 남한 강단사학자들은 그렇지 않다고 주장한다. 4세기경까지 신라, 백제, 가야는 없었거나 설혹 있었다고 해도 아주 작은 동네 국가 수준이었다는 것이다. 『삼국사기』 초기 기록을 부인하고 진(晉)나라의 학자 진수(陳壽: 233~297)의 『삼국지』 「동이열전」 〈삼한(三韓)〉조로 대체하면서 나온 것이 '삼한시기'라는 용어다. 『삼국지』 〈삼한〉조는 마한, 진한, 변한에 대해 설명하고 있는데, 마한은 54개 소국, 진한과 변한은 각각 12개 소국으로 구성되어 있었다는 것이다. 남한의 강단사학자들은 한반도 남부에는 신라, 백제, 가야가 없었고 대신 삼한이라는 78개 소국이 우글거리고 있었다고 주장하면서 '삼한시기'라는 용어를 만들어냈다. 그런데 정작 『삼국지』 「동이열전」 〈한(韓)〉

조에는 삼한의 강역이 사방 4천 리라고 기록하고 있다.[72] 한반도 남부는 기껏해야 사방 1천 리지 4천 리가 될 수는 없다. 그래서 청나라 때 편찬한『만주원류고(滿洲源流考)』는 삼한을 지금의 요동반도로 본다. 그러나 일제나 남한의 강단사학은 학문이 아니라 이미 만들어진 결론에 사료를 꿰맞추는 요식행위에 불과하다. 그래서 삼한은 무조건 한반도 남부에 있었다면서 '사방 4천 리'라는 구절은 잘못된 것이라고 부정하고 나서는 것이다.

그런데 일본이라고 패전 직후 황국사관 제거에 전혀 나서지 않은 것은 아니었다. 도쿄대학에서 황국사관을 주창하던 히라이즈미 기요시(平泉澄: 1895~1984)는 패전 후 학교를 자진해서 떠났다.[73] 일본 사학계는 종전의 금기에 도전하면서 근대주의 역사학과 마르크스주의 역사학이 자리를 잡아갔다. 그러나 이들은 대부분 일본사 연구에 치중했을 뿐 일제 황국사관이 외국사, 특히 한국사에 가했던 역사 왜곡에 대해서는 관심을 갖지 않았다. 이런 경로를 거쳐 외국에 적용되었던 일제 식민사관, 즉 황국사관은 해방 이후에도 극히 일부분의 수정만을 거친 채 일본 주류 사학의 고정 이론으로 자리 잡게 되었다. 문제는 일제 식민지 시대를 비판적으로 고찰하고 식민 통치를 합리화하기 위한 도구였던 식민사관, 즉 침략사관을 철저하게 극복해야 할 한국 역사학이 이른바 '실증'이라는 미명 아래 침략주의 역사관을 해방 후에도 한국의 주류 이론으로 그대로 존속시켰다는 점이다. 학자적 양식은 말할 것도 없이 보통 상식으

---

72 『삼국지』「위서」「오환선비동이열전(烏丸鮮卑東夷列傳)」〈한〉. "韓 …… 方可四千里. 有三種, 一曰馬韓, 二曰辰韓, 三曰弁韓."
73 나가하라 게이지, 앞의 책『20세기 일본의 역사학』, p. 160.

로도 도저히 이해할 수 없는 이런 현상에 대해서는 앞에 인용했던 김용섭의 회고록 내용에 일단의 답이 있다.

> 한번은 두계(斗溪: 이병도) 선생이 텐리대학(天理大學) 초청으로 일본에 다녀오셨는데 …… "(한우근 선생이 말하기를) 그런데 두계 선생이 텐리대학에 가시니, 그 대학이 텐리교(天理教)의 도복을 입히고, 예배에 참석토록 하였다는군."이라고도 덧붙이셨다. 나는 거기는 아직도 총독부 시대구나 생각하였다.[74]

이른바 국사학계의 태두로 불렸던 이병도에 대한 이 회고는 앞서 인용한 이른바 고고학계의 태두 김원룡의 사례와 함께 해방 후 한국 사학계가 걸었던 가치 전도적인 양상을 그대로 보여준다.

천리교(텐리교)는 일본의 국교인 신도(神道)의 일파이다. 그러나 천리교는 인간 생명의 발상지를 '지바'라고 주장해 일본의 보통 신도보다도 더욱 일본이 세계의 근본이라는 신앙을 고취하고 있는 신도 종파다. 천리교 본부가 있는 천리시(天理市)를 방문하는 것을 인류 원초의 고향에 돌아온 것으로 여겨 '잘 돌아오셨습니다(お帰りなさい)'라고 말하는 종파다. 일제강점기 때 신사 참배 거부로 투옥된 사람은 대략 2천여 명에 이르고, 조용학(趙鏞學), 주기철(朱基徹), 최봉석(崔鳳奭), 최상림(崔尙林), 김윤섭(金允燮), 박의흠(朴義欽) 등을 비롯해 50여 명이 순교했다. 일제시기도 아니고 해방된 나라에서, 그것도 국사학계의 태두로서 전국 국사학계를 손아귀에 쥐었던 이병도가 천리교 예배에 참석했다는 사실은

---

74 김용섭, 앞의 책 『역사의 오솔길을 가면서』, pp. 770~771.

그가 일본의 식민지 지배를 어떻게 생각하고 있었는지를 잘 말해준다.

이병도는 해방 후 한국 국사학계의 태두로 군림하면서 자신의 두 스승의 식민사관을 한국사의 주류 이론으로 만들었다. 이나바 이와기치의 '한사군 한반도설'과 '낙랑군 평양설'을 한국 고대사의 정설로 정착시켰으며, 쓰다 소키치의 『삼국사기』 초기 기록 불신론'을 따라서 고조선을 국가로 인정하지 않고, 『삼국사기』 초기 기록을 허위로 단정 지었다. 현재 일본의 모든 고대사 관련 저술들은 한사군이 한반도 내에 있었고, 『삼국사기』 초기 기록은 허위라는 전제 아래 쓰이고 있다. 그래서 일본의 역사서들은 "북조선에는 낙랑, 임둔, 현도, 진번의 4군이 있었다."[75]라거나 "낙랑군은 평양 부근을 중심으로 있던 나라"[76]라고 기술하고 있다.

주목할 것은 일본 극우파의 역사 침략이 한국인들을 통해 심화되고 있는 현 상황이다. 일본의 고고학자들은 김해 지역과 일본 규슈 지역의 고대 유적·유물을 조사한 결과, 고대 김해 지역의 가야 사람들이 일방적으로 규슈 지역으로 진출했다는 사실을 확인했다. 한반도 남부에 임나일본부가 있기는커녕 야마토왜 자체가 가야·백제계의 진출로 시작되었다는 사실을 확인한 것이다. 고고학자 안춘배 교수는 이런 상황에 대해 이렇게 설명하고 있다.

우리나라에는 아직도 임진왜란의 짧은 기간 동안 축성된 일본식 성이 도처에 남아 있고, 일제 36년간의 잔영 또한 우리 주변 곳곳에서 발견되고 있지만, 저들이 주장하는 것처럼 서기 4세기 후반에서 6세기 후반까지

---

75 坂本太郎, 『日本史槪說(上)』, 至文堂, 1962. 1980년 中版.
76 『新日本史: 古代, 中世, 近世編』, 數硏出版, 2004, p. 23.

2세기에 걸친 임나일본부의 흔적은 어디에서도 찾을 수 없다.[77]

임나일본부설의 존재가 고고학으로 완전히 부인되자 일본 극우파들은 전략을 수정했다. 전범이 만든 '사사카와 재단'이나 일본 문부성 장학금 등으로 한국의 젊은 학자들을 끌어들여 이들에게 장학금과 생활비까지 대주면서 일본 극우파 역사관을 연구하게 했다. 이미 박사학위가 있는 학자들에게도 막대한 연구비를 주면서 일본 대학에서 연구하게 했다. 이런 구조 속에서 박사학위를 따거나 일본 연수를 하고 돌아온 외형은 한국인인 학자들이 남한 학계를 장악하기 시작했다. 이들의 입을 통해 『삼국사기』 초기 기록 불신론'과 '임나=가야설'을 전파하고 일본 극우파 역사관이 마치 사실을 담고 있는 것처럼 진실을 호도하기 시작했다. 물론 일본 유학파 전부가 그런 것은 아니다. 일본 유학파 중에도 일본의 역사 침략에 분개하는 학자들도 많다. 문제는 『삼국사기』 초기 기록 불신론'과 '임나=가야설'을 조직적으로 유포하는 역사학자들의 행태다.

남한의 역사학자들이 일본 극우파의 역사관을 전파하는데 일본인들이 어찌 이를 부인할 수 있겠는가? 일본의 극우 역사 연구 단체인 '새로운 역사 교과서를 만드는 모임(새역모)'에 반대하는 활동을 하는 일본의 역사교육자협의회에서 편찬한 『동아시아 역사와 일본(東アジア世界と日本)』 같은 책에서도 "한반도에는 이미 중국 동북의 요령식 동검과 청동경이 유입되어 …… 기원전 108년 전한 무제에 의한 낙랑군의 설치로 조선은 전국시대 연나라를 경유한 금속문화에 새로운 요소를 더하여 동

---

77 안춘배, 「고고학상에서 본 임나일본부설」 『가라문화』 제8집, 경남대학교 가라문화연구소, 1990년 12월호.

아시아에서 매우 특색 있는 철기를 생산하였다."[78]라고 쓰고 있다. 한반도 북부에 한사군이 있었다고 전제하고 역사를 서술하는 것이다.

12. 나가는 글

전후 철저하게 청산되었어야 할 군국주의 세력이 화려하게 부활하면서 일본은 역사에서 교훈을 얻지 못한 나라가 되었다. 현재 일본 사회에서 진행되고 있는 극우적 역사 인식은 과거 일제의 침략을 받은 한국, 중국, 동남아는 물론 일본 자신으로서도 불행한 일이다. 일본의 극우적 역사 인식은 그 후속으로 일본군의 군사적 침략이 뒤따를 때 현실적 힘을 가질 수 있다. 그러나 이제 일본은 한국, 북한, 중국은 물론 그 어떤 동남아 국가들도 무력으로 쉽게 침략할 수 있는 상황이 아니다. 결국 일본의 극우적 사회 분위기는 일본 자체를 동아시아 전체에서 소외시키는 결과를 낳을 뿐이다.

문제는 일본뿐만 아니라 한국 사회에도 내재해 있다. 해방된 지 70년이 훨씬 지났음에도 조선총독부 역사관을 추종하는 식민사관이 버젓이 한국 사회 주류 사학으로 존재하는 현상이 이를 말해준다. 일제 식민사학이란 한마디로 일본 극우파의 시각으로 한국사를 바라보는 것이다. 조선총독부에서 집중적으로 왜곡한 한국사는 세 분야다. 단군을 부인함으로써 한국사의 뿌리부터 부인하고, 한국사의 강역을 한반도 내로 국

---

78 일본 역사교육자협의회, 『동아시아 역사와 일본』, 송완범·신현승·윤한용 옮김, 동아시아, 2005, p. 27.

한한 후 한반도 북부는 '낙랑군 평양설'을 중심으로 하는 '한사군 한반도설'로 중국사의 식민지로 만들고, '임나=가야설'로 한반도 남부를 고대 일본의 식민지로 만들었다. 북한은 1962~1963년경 이 세 가지 역사왜곡을 모두 극복했으나, 남한 강단사학은 아직도 이 세 가지 일제 식민사학을 이른바 정설이라며 추종하고 있다. 해방 후 철저하게 청산되었어야 할 식민사학이 그대로 존속해 있다는 사실은 한국이 영토는 해방되었어도 정신은 그대로 일제에 종속되어 있음을 말해준다. 이런 식민사학의 연장선상에서 일제 식민지시대 때 사회가 발전했다는 식민지 근대화론 따위가 횡행하고 있는 것이다. 문제는 남한 강단사학계에 만연한 이른바 분절적 역사관으로, 보수, 진보를 막론하고 조선총독부 역사관 유지를 위해 카르텔을 형성하고 있다는 점이다. 근현대사는 진보라고 자처하면서도 조선 후기사는 이완용(李完用)이 마지막 당수였던 노론의 관점으로 보고, 고대사는 조선총독부의 관점으로 보는 분절적 역사관이 통용되는 유일한 나라가 대한민국이다. 일본 극우파들과 중화패권주의자들이 식민사관과 식민지 근대화론 따위가 버젓이 판을 치는 한국 사회에 대해 속으로 코웃음 친 지는 오래되었다. 평생을 독립운동에 바쳤던 선조들에게 부끄럽지 않은 후손이 되어야 하는 것은 물론, 후손들에게도 부끄럽지 않은 선조가 되는 일을 이제 시작해야 할 것이다.

제1부

아나키즘
독립전쟁사

I. 우당 이회영의 아나키즘 수용 배경에 관한 연구

1. 들어가는 글

삼한갑족(三韓甲族)으로 불리는 우당 이회영이 개인의 자유와 개인 사이의 절대적 평등을 주창하는 아나키즘을 받아들인 것은 수수께끼로 여겨져왔다. 이회영과 함께 활동했던 이정규(李丁奎)는 "선생의 가문은 오랜 가통(家統)을 지닌 삼한고가(三韓古家)"[79]라고 말했고, 이관직(李觀 植)도 "호화명족(豪華名族)의 집안에서 생장"[80]했다고 기술했다. 이회영 의 집안 당파는 소론(少論)이었지만, 노론(老論) 일당독재 시절에도 몰 락하지 않았다. 선조 때의 명신(名臣) 백사(白沙) 이항복(李恒福)의 후손 인 데다 온건파인 소론 완론(緩論)에 속했기에 탕평책의 대상이 되어 노론 일당독재 시절에도 일정한 관직을 역임할 수 있었다.

---

79 이정규,『우당 이회영 선생 약전(略傳)』,『우관문존(又觀文存)』, 삼화인쇄출판부, 1974.
80 이관직,『우당 이회영 실기(實記)』, 을유문화사, 1985, p. 117.

이회영의 부친 이유승(李裕承)은 종1품 우찬성(右贊成)과 행이조판서를 역임했으며, 둘째 형 석영(石榮)이 양자로 들어갔던 이유원(李裕元)은 영의정을 역임했을 정도로 조선 후기까지 고위 벼슬아치를 많이 배출했다. 이런 명가 출신의 이회영 6형제는 1910년 나라가 망하자 전 재산을 팔아 만주로 망명하는 노블레스 오블리주를 실천했다. 그중에서도 이회영은 무정부주의로 불렸던 아나키즘을 받아들여 의외라는 인식을 주었다. 양반 사대부들이 포진한 기호파에 속하는 독립운동가들은 대부분 민족주의 노선을 선택했지만, 이회영은 사회주의 사상 중에서도 가장 급진적인 아나키즘을 선택했고, 이를 평생 유지했다. 이는 다른 형제들과도 다른 길이었다. 막내 이시영(李始榮)은 시종일관 민족주의자로서 임시정부와 독립전쟁 노선을 같이했지만, 이회영은 아나키즘이라는 제3의 급진적인 길을 걸었던 것이다.

이회영이 아나키즘을 받아들인 이유에 대해 천품을 거론하는 경우가 많다. 이정규도 이회영이 "자유 평등의 천품"[81]을 지니고 있었다면서 아나키즘을 받아들이기 전부터 인간을 속박하는 신분제 등에 대한 강한 저항 의식을 갖고 있었다고 기술했다. 이정규는 이회영이 "약관이 지나면서부터는 선생 스스로 솔선하여 불평등한 봉건적 인습과 계급적 구속을 타파"[82]하려 하였다면서 "이서(吏胥)와 노비에 대한 차별적인 언사부터 평등한 경어(敬語)로 개(改)하려 노력하였으며, 적서(嫡庶)의 차별을 폐하고 개가·재혼을 장려 단행"[83]했다고 전한다. 이러한 자유 평등의

81 이정규, 앞의 책 『우당 이회영 선생 약전』, p. 24.
82 위와 같음.
83 위와 같음.

천품이 이회영이 아나키즘을 수용한 배경이라는 것이다. 물론 선천적인 성향도 중요하겠지만, 이것만으로 삼한갑족 출신의 이회영이 아나키즘을 수용한 이유를 설명하기는 충분하지 않다. 운남(云南)군관학교를 졸업한 시야(是也) 김종진(金宗鎭)이 천진 우거(寓居)를 찾아와 '무정부주의로 전향한 동기'에 대해 물었을 때 이회영이 한 대답은 중요한 시사점을 준다.

> 내가 의식적으로 무정부주의자가 되었다거나 또는 전환하였다고 생각할 수는 없다. 다만 한국의 독립을 실현코자 노력하는 나의 생각과 그 방책이 현대의 사상적 견지에서 볼 때 무정부주의자들이 주장하는 그것과 서로 통하니까 그럴 뿐이지, '각금시이작비(覺今是而昨非)' 식으로 본래는 딴것이었던 내가 새로 그 방향을 바꾸어 무정부주의자가 된 것은 아니다.[84]

이회영이 '지금 깨달으니 과거가 잘못되었다'는 '각금시이작비'의 결과로 아나키즘을 받아들인 것이 아니라고 말한 것은 중요한 의미가 있다. 그가 과거의 사상과 노선이 잘못되었다고 인정하고 아나키스트로 전향한 것이 아니라 과거의 사상과 노선의 연장선상에서 아나키즘을 수용했다는 고백이기 때문이다.

이 문제를 해명하기 위해서는 이회영이 아나키즘을 수용하기 이전에 어떤 사상을 갖고 있었는지를 밝혀내야 할 것이다. 이에 대해서는 신학문을 공부했다는 정도만 알려졌을 뿐 구체적인 연구 결과는 전무하다고

---

84 이을규(李乙奎), 『시야 김종진 선생전』, 한흥인쇄소, 1963, p. 42.

조선의 명망가에서 아나키스트가 된 이회영.

볼 수 있다. 여러 요인이 있겠지만, 아나키즘에 대한 연구 자체가 절대적으로 부족했고, 또 사료도 부족했기 때문일 것이다. 사료의 부족이라는 한계 속에서 이회영의 아나키즘 수용 이전의 사상을 살펴보는 것이 이 글의 목적이다. 이를 말해주는 직접 사료가 없기 때문에 그가 교류했던 인물들의 사상과 행적을 살펴보는 간접적 방식이 유용할 수 있다. 특히 망국 당시 그와 함께 집단 기획 망명을 단행했던 양반 사대부 출신들의 사상을 살펴보는 것이 효과적일 것이다. 그의 평생 동지였던 이상설의 사상과 만주 망명 후 횡도촌(橫道村)에 집결했던 독립운동가들의 사상을 살펴보는 방식으로 이회영의 아나키즘 수용 이전의 사상을 추적하려 한다. 이 경우 양명학이 주목되는데, 이 글에서는 양명학과 아나키즘의 유사성에 대해서도 일부 살펴볼 것이다. 이 글은 사료 부족으로 한계를 가질 수밖에 없지만, 이회영이 아나키즘을 받아들이기 전부터 갖고 있던 사상의 결과물로 아나키즘을 수용했음을 유추하는 데는 일정 정도 유효성을 가질 것이다.

2. 이회영과 이상설의 사상적 동일성

이회영의 가문을 생각하면 그의 독립운동 노선은 복벽주의(復辟主義: 조선 왕조를 재건하는 것)여야 맞다. 그러나 이회영은 김종진에게 자신이 복벽주의자였던 적이 없다고 말했다.

> 또 일부 사람들의 말과 같이 내가 존왕파(尊王派: 왕정복고주의자)였다면 물론 180도의 사상 전환이라 하겠지만, 과거 한말 당시로부터 기미(己未: 3·1 운동) 직전까지 내가 고종(高宗)을 앞세우려고 한 것은 복벽적(復辟的) 봉건사상에서가 아니라 한국 독립을 촉성시키려면 그 문제를 세계적인 정치 문제로 제기하여야 하겠는데 그러자면 누구보다도 대내외적으로 영향력을 크게 미칠 수 있는 고종을 내세우는 것이 상책이라고 생각한 데서 취해진 하나의 방책에 불과했던 것이다. 대동단(大同團)의 전협(全協) 씨가 의친왕(義親王) 이강(李堈)을 상해로 모셔 가려던 생각과 다를 것이 없다.[85]

한말 당시부터 기미까지 고종을 앞세우려 한 것이 복벽사상이 아니라 독립운동을 활성화하려는 전략적 차원의 일이었다는 설명이다. 이는 다시 말해 구한말부터 전제정치(專制政治)를 배격하는 정치사상을 가지고 있었다는 설명이다. 이회영이 구한말에 전제정치를 배격하는 정치사상을 갖게 된 이유는 신학문의 영향 때문인 것으로 추측해왔다. 그러나 신학문을 받아들여 전제정치를 배격했다면 이 역시 '각금시이작비'의 범

---

85 이을규, 위의 책 『시야 김종진 선생전』, p. 43.

주에 든다는 점에서 모순이다. 그러나 이회영의 사상적 궤적을 추적하기에는 사료가 부족하기 때문에 그가 교제했던 동지들의 사상을 추적하는 방식으로 살펴보아야 할 것이다.

　이회영의 사상적 궤적을 추적하기 위해 가장 먼저 주목해야 할 인물은 보재(溥齋) 이상설(李相卨)이다. 이정규는 "(이회영) 선생의 친척인 보재 이상설은 이러한 자유·평등의 혁명적인 면에서 선생과 친근하게 되었고, 지기(志氣)가 서로 들어맞아 생사를 함께하는 동지가 되었다."[86]라고 말했다. 친척이자 지기가 들어맞는 동지 이상설의 사상을 연구하면 그와 같은 사상을 지녔던 이회영의 사상도 유추할 수 있을 것이다. 이정규는 "(이회영) 선생도 이상설과 사귀면서 세계에 대한 새로운 지식과 정치·사회의 분야에서 많은 계발을 받았다."라고 덧붙였다.[87] 그러나 이상설은 세상을 떠나면서 "내 몸과 유품·유고는 모두 불태우고 그 재마저 바다에 날린 후에 제사도 지내지 말라."[88]고 유언을 남겨 그의 사상을 알 수 있는 직접적인 사료가 거의 없다. 다만 이회영이 젊은 시절 이상설과 함께 공부했다는 일부 사료가 남아 있다.

　동생 이시영은 이상설이 서울의 장동과 저동(지금의 명동 성모병원 부근)에 살 때를 회상하며, "당시 보재의 학우는 자신(이시영)과 그의 백형(伯兄)인 우당 회영을 비롯하여 남촌(南村)의 3재동(才童)으로 일컬었던 치재(耻齋) 이범세(李範世), 서만순(徐晩淳)과 미남이요 주옥같은 글씨로써 명필로 이름을 남긴 조한평(趙漢平), 한학(漢學)의 석학인 여규형(呂

86　이정규, 앞의 책 『우당 이회영 선생 약전』, p. 23.
87　위와 같음.
88　이완희(李完熙), 「보재 이상설 선생 전기초(溥齋李相卨先生傳記抄)」. 여기에서는 윤병석, 『이상설전』, 일조각, 1984, pp. 171~172에서 재인용.

圭亨), 절재(絶才)로 칭송되던 시당(是堂) 여조현(呂祖鉉) 등이 죽마고
우"[89]라고 말했다. 또한 이시영은 "보재가 16세 되던 1885년 봄부터는
8개월 동안 학우들이 신흥사(新興寺)에 합숙하면서 매일 과정을 써 붙
이고 한문, 수학, 영어, 법학 등 신학문을 공부하였다."[90]고 회고했다. 이
관직도 "(이회영) 선생은 이상설과 숙의하여 이상설의 집에 서재를 설치
하였다. 그리고 여기에 모여 이상설, 여준(呂準), 이강연(李康演) 등과 함
께 담론하였다."[91]라고 전하고 있다. 이런 증언들을 통해 이회영은 이상
설과 함께 합숙까지 하면서 공부했다는 사실을 알 수 있다.

그럼 이상설의 사상은 어떠했을까?[92] 여기에서는 이상설의 사상에 대
한 전모보다는 그가 성리학에 대해 어떤 사상을 가졌는가에 한정해 살
펴보기로 한다. 그래야 신학문·신사상을 접하기 이전의 사상에 대해
유추할 수 있기 때문이다. 이상설의 유학 사상의 단초를 알 수 있는 글
이 유림 출신의 독립운동가 강재(剛齋) 이승희(李承熙)에게 보낸 「강재
선생을 전별하는 글(奉贐剛齋先生)」이다.[93] 이승희의 부친은 영남 유림
의 거두였던 한주(寒洲) 이진상(李震相)인데, 그는 남송(南宋)의 주희(朱
熹)나 조선의 퇴계(退溪) 이황(李滉) 같은 주자학자들이 심(心)과 리(理)
를 별개로 보는 것과 달리 심이 곧 리라는 심즉리설(心卽理說)[94]을 주장

---

89 강상원(姜相遠), 「이보재 선생 약사 초안(李溥齋先生略史草案)」; 윤병석, 위의 책 『이상
    설전』, p. 12.
90 윤병석, 위의 책 『이상설전』, p. 13.
91 이관직, 앞의 책 『우당 이회영 실기』, p. 120.
92 이상설의 구한말 사상에 대해서는 윤병석, 앞의 책 『이상설전』, pp. 14~24 참조.
93 「강재 선생을 전별하는 글」은 이승희의 후손인 이규석 교수가 소장하고 있는 것을 윤병
    석 교수가 『이상설전』(p. 15)에 전재했다.
94 이진상, 「답허퇴이(答許退而)」 『한주 선생 문집(寒洲先生文集)』 권15.

해서 큰 파문을 일으켰다. 심즉리설은 퇴계 이래 조선의 주자학자들이 이단으로 몰았던 왕양명(王陽明)의 주요 사상 중 하나였기 때문이다.[95] 이상설은 「강재 선생을 전별하는 글」에서 "마음은 능히 선(善)을 알 수 있고, 선을 좋아할 수 있고, 선을 행할 수 있습니다. 따라서 마음은 선을 아는 능력이 있고, 선을 좋아하는 능력이 있으며, 선을 행하는 능력이 있습니다."[96]라고 말했다. 이는 주희의 성즉리설(性卽理說)을 부인하고 왕양명의 심즉리설에 동조한 것이었다. 1896년 27세 때 성균관의 교수 겸 관장에 임명[97]되었던 저명한 유학자였던 이상설이 영남 유림의 거두이자 이진상의 아들인 이승희에게 심즉리설에 동조하는 편지를 보낸 것은 사실상 양명학을 지지한다는 의미였다.

그간 양명학이 독립운동에 끼친 영향에 대해서는 연구된 바가 거의 없다. 『한국민족문화대백과사전』에서 만주로 망명해 1914년 순국한 양명학자 홍승헌(洪承憲)의 몰년(沒年)을 물음표[98]로 적고 있을 정도이니 다른 것은 말할 것도 없다. 마지막 강화학파로 불리는 서여(西餘) 민영규(閔泳珪) 선생이 『강화학 최후의 광경』에서 독립운동에 나섰던 강화학파들, 즉 한말의 양명학자들에 대해 부분적으로 서술한 것이 연구의 거의 전부라고 해도 과언이 아니다.[99] 양명학이 독립운동에 끼친 영향은 우리 전통 사상의 바탕 위에서 독립운동이 전개되었음을 입증할 수 있

95 이덕일, 『이회영과 젊은 그들』, 역사의아침, 2009, p. 51.
96 「강재 선생을 전별하는 글」. "心 能知善 能好善 能行善 故 心 有知善之能 有好善之能 有行善之能."
97 이상설 연보는 윤병석, 앞의 책 『이상설전』, pp. 271~277 참조.
98 한국정신문화연구원, 『한국민족문화대백과사전』 25권, pp. 123~124.
99 민영규, 『강화학 최후의 광경』, 우반, 1994.

는 주요 고리라는 점에서 앞으로 더욱 깊은 연구가 이루어져야 할 부분이다. 민영규 교수는 "보재(이상설)와 치재(이범세)가 사랑채 뒷방에 몸을 숨기고 왕양명하며 하곡[霞谷: 정제두(鄭齊斗)] 등 강화소전(江華所傳)을 읽고 있었다는 이야기는 나도 어디에선가 글로 쓴 적이 있다."[100] 라고 기술했다.

이상설의 「강재 선생을 전별하는 글」은 민영규 교수의 이런 글이 사실임을 말해준다. 이상설이 양명학을 받아들였다면 이회영의 사상과도 무관할 수 없다. 이상설은 망명 당시 국내의 모든 일은 "오직 (이회영) 선생에게 부탁할 뿐이라는 당부의 말을 여러 차례"[101] 했으며, 망명하는 이상설을 성 모퉁이에서 전송한 인물도 이회영이었다.[102] 이런 절대적 동지 관계는 사상적 동일성 위에 인격이 보태져야 가능하다는 점에서 이회영과 이상설은 같은 사상적 배경을 갖고 있었다고 볼 수 있다. 유학자 김창숙(金昌淑)이 이을규, 이정규, 백정기(白貞基) 등의 아나키스트들과 북경 모아호동(帽兒胡同)의 한인(韓人) 친일파 집을 털었던 사건[103]도 마찬가지 배경에서 이해할 수 있다. 김창숙은 이승희의 제자였다.

100 민영규, 위의 책 『강화학 최후의 광경』, p. 51.
101 이정규, 앞의 책 『우당 이회영 선생 약전』, p. 28.
102 이관직, 앞의 책 『우당 이회영 실기』, p. 131.
103 정화암, 『어느 아나키스트의 몸으로 쓴 근세사』, 자유문고, 1992, pp. 54~56.

3. 집단 망명자들과 양명학

　1910년 일제가 대한제국을 점령했을 때 양반 사대부들의 반응을 연구할 필요가 있다. 이 부분에 대해서도 지금까지 연구가 이루어진 적이 거의 없다. 집단적 흐름으로 말하면 두 가지 기류가 나타났다. 하나는 일제의 대한제국 점령에 적극 가담한 수작자(授爵者) 집단이 있었다. 1910년 8월 22일 이른바 한일합방조약을 불법적으로 체결한 일제는 그해 10월 7일 76명의 조선인들에게 작위와 은사금을 내려주면서 일본 귀족과 유사한 공(公)·후(侯)·백(伯)·자(子)·남(男)작의 작위를 수여해 귀족으로 삼았다.[104] 이들 대부분은 왕족이나 양반 사대부들이었는데, 이들 중 왕족과 극소수 평민 출신을 제외하면 대부분 소속 당파를 분류할 수 있다. 소속 당파를 알 수 있는 인물은 64명 정도로서 북인 2명, 소론 6명, 노론 56명이다.[105] 노론 수작자들 중에는 수작 거부자들도 일부 포함되어 있지만, 대다수가 노론인 수작자 명단은 인조반정 이래 집권당이었던 서인·노론이 집단적으로 매국에 적극 가담했다는 사실을 말해준다. 당시 이완용의 비서였던 이인직(李人稙)은 통감부 외사국장 고마쓰(小松錄)와 합병 조건에 대해 비밀 협상하면서 "이런 역사적 사실로 보면 일한병합이라는 것은 결국 종주국이었던 중국으로부터 일전

---

104 「授爵, 敍任及辭令」『朝鮮總督府官報』第38號, 1910年 10月 12日.
105 수작자의 당파는 「조선 귀족 약력(朝鮮貴族略歷)」『재등실문서(齋藤實文書)』와 『조선 귀족 열전』(조선연구회, 1910)을 참조할 것. '친일반민족행위진상규명위원회'에서 발간한 『친일반민족행위관계사료집 Ⅳ: 조선 귀족과 중추원』에서도 확인할 수 있다. 보다 자세한 배경은 이덕일, 『한국사, 그들이 숨긴 진실』, 역사의아침, 2009를 참조할 것.

(一轉)하여 일본으로 옮기는 것이 되는 것입니다."[106]라고 말했는데, 이는 노론이 집단으로 망국에 가담했던 명분의 속내를 말해준다.

반면 집단 망명으로 일제 점령에 항거한 세력이 있었다. 이들의 당파적 배경은 대부분 소론 계열이며, 사상적 배경은 양명학이었다. 민영규 교수는 "나라를 빼앗긴 것은 노론이고, 빼앗긴 나라를 되찾겠다고 바위 위에 새우 뛰듯 그저 뛰어다닌 것은 소론이었다."[107]는 이야기도 기록했는데, 그간 독립운동에 투신한 소론 계열 양반 사대부들의 사상적 기반에 대해서는 연구된 바가 거의 없었다. 망국 당시 해외로 망명한 양반 사대부가 전국적으로 분포되어 있다는 사실이 주목된다. 서울의 우당 이회영, 경상도 안동의 백하(白下) 김대락(金大洛)·석주 이상룡, 충청도 진천의 홍승헌·정원하(鄭元夏), 강화도의 이건승(李建昇) 등이 그들이다. 서울의 우당 이회영, 강화도와 충북 진천의 이상설, 홍승헌, 정원하 등은 소론 계열로 볼 수 있고, 경상도의 김대락·이상룡은 남인 계열 사대부들로 볼 수 있다. 또한 망국에 책임을 지고 자결한 전라도 구례의 매천(梅泉) 황현(黃玹)이 홍승헌, 이건승 등과 깊은 관계가 있었던 인물이라는 점을 감안하면 전국적 규모로 고른 망명과 순국이 행해졌음을 알 수 있다. 홍승헌, 정원하, 이건승 등은 양명학자들이다. 석주 이상룡은 망명 일기인 「서사록(西徙錄)」에서 『왕양명 실기(王陽明實記)』를 읽은 소감을 적었다.

---

106 『혈의 누』의 작가 이인직과 통감부 외사국장 고마쓰 사이의 비밀 협상 과정은 조선총독부 기관지 『경성일보(京城日報)』가 1934년 11월 25~27일 '일한병합교섭(日韓倂合交涉)과 데라우치(寺內) 백작(伯爵)의 외교 수완'이라는 제목으로 연재했다.

107 민영규, 앞의 책『강화학 최후의 광경』, p. 49. 민 교수는 이 말의 출처를 해공(海公) 신익희(申翼熙)로 추측했다.

대개 양명학은 비록 퇴계 문도의 배척을 당했으나 그 법문(法門)이 직절하고 간요하여 속된 학자들이 감히 의논할 수 있는 바가 아니다. 또 그 평생의 지절은 빼어나고 정신은 강렬하였다. 본원을 꿰뚫어 보되 아무 거칠 것이 없었으며, 세상의 구제를 자임하였으되 아무 두려움이 없었으니 한대(漢代)와 송대(宋代)를 통틀어 찾는다 해도 대적할 만한 사람을 보기 드물다. 또 그의 독립과 모험의 기개는 더욱 오늘과 같은 시대에 절실하다 할 것이다.[108]

'송대를 통틀어 찾는다 해도 대적할 만한 사람을 찾기 어렵다'라는 말은 송나라 주희를 염두에 둔 것으로, 왕수인(王守仁: 왕양명)을 주희보다 상위의 인물로 평가하는 것이다. 이상룡은 나아가 "우리들 중 어떤 사람이 능히 의연하게 자임하여 300년간의 학설을 주창하는 세속된 무리와 도전하여 결투할 것인가?"[109]라고까지 말하고 있다. 300년간의 학설이란 퇴계 이래의 성리학을 뜻하는데, 이 학설과 '도전하여 결투'하자고까지 말하는 것은 양명학에 깊이 공감하고 있지 않으면 나올 수 없는 말이다. 이들의 망명은 사전에 국내에서 긴밀하게 협의한 끝에 이루어졌다는 점이 중요하다. 특히 그 중심부에 우당 일가가 있었다. 재종조부가 의병장 왕산(旺山) 허위(許蔿)이자 그 자신이 석주의 손부(孫婦)였던 허은(許銀) 여사는 두 집안의 망명 관계에 대해서 이렇게 회고했다.

---

108 이상룡, 「서사록」 『석주유고(石洲遺稿)(하)』, 안동독립운동기념관 편, 경인문화사, 2008, p. 19.
109 위와 같음.

이시영 씨 댁은 이 참판 댁이라 불렀다. 대대로 높은 벼슬을 많이 하여 지체 높은 집안이다. 여섯 형제분인데, 특히 이회영·이시영 씨는 관직에 있을 때도 배일사상이 강하여 비밀결사대의 동지들과 긴밀한 관계를 취하고 있었다. …… 그러다가 합방이 되자 이동녕(李東寧) 씨, 그리고 우리 시할아버님(이상룡)과 의논하여 만주로 망명하기로 했다.[110]

안동의 석주 이상룡이 서울의 우당 이회영 일가를 알게 된 것에 대해 허은은 "그 전에 의병 활동하면서 뜻 있는 사람들끼리 의기투합한 것"[111]이라고 전하고 있지만, 의병 활동이 아니라 신학문 교육 관계로 만났을 가능성이 크다. 이상룡은 1909년 3월 대한협회 안동지회장에 취임했으며, 이상룡의 처남 김대락은 자신의 가옥을 출연하여 협동학교를 만들었다.[112] 이회영은 1908년 블라디보스토크로 망명한 이상설을 만나 "지사들을 규합하여 국민교육을 장려할 것"을 결의했는데,[113] 교육운동을 장려하는 과정에서 양자가 만나 의기투합했을 가능성이 크다. 독립운동 가문의 속사정에 정통한 허은 여사는 "(이상룡이) 이회영·이시영 씨 형제분과 이동녕 씨와 의논해서 망명하기로 결정을 보았다."[114]고 거듭 전하고 있다. 허은 여사는 망명 과정에 대해 "우당 이회영 씨와 함께 미리 와 서간도에 자리 잡고 있던 유기호 씨, 하재우 씨 등이 며칠 뒤 왕산댁이 계시는 다황거우(大荒溝: 대황구)까지 안내해주었다. 그때는 잘

110 허은, 『아직도 내 귀엔 서간도 바람 소리가』, 정우사, 1995, pp. 68~69.
111 허은, 위의 책 『아직도 내 귀엔 서간도 바람 소리가』, p. 108.
112 『皇城新聞』, 1909. 5. 9.
113 이관직, 앞의 책 『우당 이회영 실기』, p. 135.
114 허은, 앞의 책 『아직도 내 귀엔 서간도 바람 소리가』, p. 108.

몰랐지만 나중에 보니 이분들이 이민 오는 동포들의 대책반이었다."[115]
라고 설명하고 있다. 우당 이회영의 부인 이은숙 여사는 압록강을 건너
안동현에 도착하면 "이동녕 씨 매부 이선구(李宣九) 씨가 마중 나와 처
소(處所)로 간다."고 역시 조직적인 과정을 거친 집단 망명임을 설명했
다. 이런 과정을 거쳐 이상룡 일가가 1911년 2월 7일 첫 번째로 정착한
곳이 유하현 횡도촌이다.[116] 이상룡은 당일 "오후에 김비서장(金費西長)
이 계신 곳을 찾아갔다."[117]라고 적고 있는데, 김비서장은 이상룡의 처남
백하 김대락이다. 김대락은 그보다 이른 1911년 1월 15일 횡도촌에 도
착했다.[118]

횡도촌에는 이미 자리 잡고 있는 양반 사대부들이 있었다. 정원하, 홍
승헌, 이건승 같은 강화학파, 즉 조선의 양명학자들이었다. 횡도촌이라
는 만주의 작은 마을에 서울의 이회영 일가와 안동의 김대락 · 이상룡
일가, 그리고 충청도 진천과 강화도의 양명학자들이 모였다는 것은 우
연의 일치일 수 없다. 이회영은 신민회원들과 함께 만주를 독립운동 근
거지로 만들기로 결정하고 사전 답사까지 다녀왔던 터였다.[119] 횡도촌도
이 과정에서 이회영 일행이 물색한 장소일 가능성이 높다. 횡도촌에 가
장 먼저 망명한 양명학자는 기당(綺堂) 정원하였다.[120] 정원하는 강화도

---

115 허은, 앞의 책 『아직도 내 귀엔 서간도 바람 소리가』, pp. 48~49.
116 이상룡, 앞의 글 「서사록」, p. 26. 이상룡은 항도천(恒道川)이라고 적고 있으나 같은 지
      역이다.
117 위와 같음.
118 김대락, 『백하일기(白下日記)』, 1911년 1월 15일.
119 이관직, 앞의 책 『우당 이회영 실기』, pp. 138~143.
120 조선 양명학자들의 집단 망명에 대해서는 민영규, 앞의 책 『강화학 최후의 광경』, pp.
      25~56; 이덕일, 『이회영과 젊은 그들』, 역사의아침, 2009, pp. 29~41을 참조할 것.

로 이주해 조선 양명학의 기틀을 놓은 하곡 정제두의 7대 장손이다. 정원하의 가문도 소론이었는데, 이회영 일가처럼 드물게 현달한 집안이었다. 정원하의 조부 정문승(鄭文升)은 고종 12년(1875) 종1품 숭정대부까지 올랐으며, 부친 정기석(鄭箕錫)은 지평현감, 안성군수를 역임했다.[121] 정기석은 충청도 진천에 터를 잡는데, 진천에는 역시 횡도촌으로 망명했던 양명학자 홍승헌의 조부 홍익주(洪翼周)가 진천현감을 역임하면서[122] 별업(別業)을 일으켜 자손들이 진천에 정착할 터를 잡게 되었다.[123] 홍승헌은 이계(耳溪) 홍양호(洪良浩)의 5대 종손인데, 홍익주와 정기석이 진천에 터를 잡음으로써 진천은 강화도와 함께 양명학의 주요한 근거지이자 소론 반향(班鄕)이 되었다. 역시 소론 가문이었던 이상설이 진천 출신인 것과 이건방(李建芳)의 문인 정인보(鄭寅普)가 한때 진천에 자리 잡은 이유도 이런 사정 때문이다. 이 또한 이상설이 양명학을 접할 수밖에 없는 환경에 있었음을 말해준다.

강화도에서 망명한 이건승은 영재(寧齋) 이건창(李建昌)의 아우이자 병인양요 때 자결 순국한 이시원(李是遠) 형제의 손자였다. 이건승이 강화도의 고향집을 나선 것은 1910년 9월 24일. 9월 26일에는 강화 승천포에서 개경으로 올라가 홍문관 시강(侍講)을 역임한 원초(原初) 왕성순(王性淳)의 집에 유숙한다. 왕성순은 이듬해(1911) 중국 상해에서 황현의 유고 문집 『매천집(梅泉集)』을 간행하는 양명학자 창강(滄江) 김택영(金澤榮)의 문인이므로 역시 양명학자였다. 왕성순의 집에서 홍승헌을

---

121 『고종실록』 5년 10월 15일.
122 『순조실록』 33년 6월 12일.
123 민영규, 앞의 책 『강화학 최후의 광경』, p. 39.

만난 이건승은 10월 3일 신의주에 도착했고, 12월 초하루 중국인이 끄는 썰매를 타고 압록강을 건너 안동현(현 단동)에 도착했다. 안동현 구련성(九連城)에서 망명객으로서 첫 밤을 보낸 이건승과 홍승헌은 아침 일찍 북상길에 올라 12월 7일 횡도촌에 도착했다.[124]

홍승헌과 정원하는 모두 고종 때 청요직(淸要職)을 역임한 인물들이었다. 홍승헌은 홍문관 교리와 수찬을 역임했고, 이조참판까지 지냈으며,[125] 정원하도 고종 19년(1882) 사간원 대사간을 역임하고 고종 23년(1886) 이조참의, 고종 30년(1893)에는 사헌부 대사헌을 역임했다.[126] 유하현 횡도촌이라는 작은 마을에 서울의 우당 이회영 일가, 안동의 백하 김대락·석주 이상룡 일가, 충청도 진천의 홍승헌, 강화도의 이건승 등 전국 각지의 사대부 출신 양명학자들이 집결했다. 횡도촌이라는 작은 마을에 우리 역사에서 드문 노블레스 오블리주가 실현된 것이다. 민영규 교수는 "이건승·홍문원(홍승헌)·정기당(정원하) 일행과 이회영 일곱 가족과는 얼기설기 세교가 얽혀 있는 가족들"[127]이라고 전하고 있는데, 이런 세교는 소론이라는 당파적 동일성과 양명학이라는 학문적 동질성이 바탕이 되었다고 말할 수 있을 것이다.

1909년 봄에 비밀결사 조직인 신민회(新民會)에서 해외에 '독립운동 기지 건설'과 '군관학교 설치'를 결의[128]하는데, 이런 해외 독립운동 기

---

124 민영규, 앞의 책 『강화학 최후의 광경』, pp. 32~34.
125 『고종실록』 28년 8월 30일.
126 『고종실록』 30년 8월 2일.
127 민영규, 앞의 책 『강화학 최후의 광경』, p. 34.
128 채근식(蔡根植), 『무장독립운동비사(武裝獨立運動秘史)』, 대한민국공보처, 1947, p. 47.

지 건설론에도 양명학의 영향이 있었다고 볼 수 있다.[129] 이정규는 1908
년에 이회영과 이상설이 이미 '만주에 광복군 양성 훈련 기지를 만들
것'에 대해 결의했다[130]고 전하면서 상동 기독교회가 신민회의 비밀 기
지가 되어 이회영, 전덕기(全德基), 이동녕, 양기탁(梁起鐸) 등이 조석으
로 밀의를 거듭했다고 기록했다.[131] 해외 독립운동 기지 건설론은 해외
에 이런 기지를 꾸릴 인적·물적 자원을 필요로 한다는 점에서 망국에
즈음해 전국 각지에서 망명한 양반 사대부들이 공통적으로 양명학적 소
양을 갖고 있었다는 것은 간과해서는 안 될 부분일 것이다.

4. 양명학과 아나키즘

   양명학은 양명(陽明) 왕수인(1471~1528)이 명대(明代)에 집대성한 유
학의 새 조류이다. 주희가 심(心)과 리(理)를 둘로 나누어 인식한 데 비
해 양명학은 상산(象山) 육구연(陸九淵: 1139~1192)의 심즉리설을 계승
해 심과 리를 하나로 보았다는 점이 다르다. 양명학이 조선에 전래된 시
기에 대해서는 여러 학설이 있었지만,[132] 근래에는 중종 16년(1521) 왕

---

129 왕양명은 군사적 능력도 뛰어났다. 왕양명의 군사적 활동에 대해서는 박연수, 「왕양명의
　　군사사상」『양명학의 이해』, 집문당, 1999를 참조할 것.
130 이정규, 앞의 책 『우당 이회영 선생 약전』, p. 30.
131 이정규, 앞의 책 『우당 이회영 선생 약전』, pp. 30~31.
132 양명학의 전래 시기에 대해서 이능화(李能和)는 명 가정[嘉靖: 조선 중종 17년(1522)] 이후
　　「「조선유계지양명학파(朝鮮儒界之陽明學派)」, 1937]로, 이병도는 조선 명종(1546~1567)
　　연간[「양명서지동래여퇴지변척(陽明書之東來與退溪之辨斥)」, 1955]으로 보아 대체로
　　중종 때 전래되었다는 주장과 명종 때 전래되었다는 양론이 있었다. 최근에는 중종 16
　　년(1521)에 박상(朴祥)과 김세필(金世弼)이 이미 양명의 『전습록』에 대해 논의했던 사

양명의 『전습록(傳習錄)』이 조선에 전해졌다고 보고 있다.[133] 왕양명은 주희가 심과 리를 둘로 나눈 것에 대해 "주자의 이른바 격물이라는 것은 사물에 나아가(卽物) 그 이치(理)를 궁구하는 데 있다. 사물에 나아가 이치를 궁구하는 것은 사사물물(事事物物)마다 그 이른바 일정한 이치(定理)를 구하는 것이다. 이것은 내 마음으로써 사사물물 가운데 이치를 구하는 것이니 심과 리를 둘로 나눈 것이다."[134]라고 비판했다. 왕양명은 "무릇 사사물물에서 그 이치를 구한다고 하는 것은 그 어버이에게서 효도의 이치를 구하는 것과 같다. 그 어버이에게서 효도의 이치를 구한다면 효도의 이치는 내 마음에 있는 것인가, 도리어 그 어버이의 몸에 있는 것인가? 가령 과연 어버이의 몸에 있다고 한다면 어버이가 돌아가신 후에는 내 마음에는 효도의 이치가 없다는 것인가?"[135]라면서 "마음이 곧 리(理)이다. 천하에 마음 밖의 일이 있고, 마음 밖의 리(理)가 있겠는가?"[136]라고 말했다.

왕양명은 심의 본체가 천리(天理)인데, 양지(良知)란 바로 마음의 본체이자 내적 천리이며, 인심에 선천적으로 부여된 지(知)라고 보았다. 그래서 양지는 경험을 통해 획득된 것이 아니라 선천적으로 부여된 것으로 보았다. 양명학이 성리학과 다른 점은 인간의 선천적 차별을 부인한다는 것이다. 왕양명은 "양지와 양능(良能)은 우부(愚夫), 우부(愚婦)

실을 근거로 중종 때 이미 전래되었다는 주장(오종일, 「양명 전습록 동래고(陽明傳習錄東來考)」 『철학연구』 5, 고려대학교 출판부, 1978)이 힘을 얻고 있다.

133 『눌재선생집(訥齋先生集)』 부록 권2; 오종일, 위의 글 「양명 전습록 동래고」.
134 왕양명, 『전습록(중)』 135조.
135 위와 같음.
136 왕양명, 『전습록(상)』 3조. "心卽理也. 天下又有心外之事, 心外之理乎."

와 성인(聖人)이 같다."¹³⁷라고 주장했다. 바로 이 대목이 조선의 주자학자들이 양명학을 이단으로 본 주요 이유였다. 성리학은 사대부의 계급적 우월을 절대시하는 이념 체계인 반면, 양명학은 이런 차별을 인정하지 않는 사상 체계였다. 양명학의 이런 세계관은 천지만물(天地萬物)을 하나로 보는 대동사회 건설로 이어질 수 있다.

> 무릇 성인(聖人)의 마음은 천지만물을 일체로 삼으니 천하 사람에 대해 안과 밖, 가깝고 먼 것이 없고, 무릇 혈기 있는 것은 모두 형제나 자식으로 여기어 그들을 안전하게 하고 가르치고 부양하여 만물일체의 생각을 이루고자 한다.¹³⁸

양명학은 사대부의 계급적 이익을 절대시하는 성리학과 달랐다. 명종 13년(1558) 유성룡은 『양명집(陽明集)』을 발견하고, "당시에는 아직 왕양명의 글은 우리나라에 들어오지 않았다."¹³⁹라고 말했는데, 그는 비록 양명학을 이단으로 배척한 이황의 제자였기에 양명학자가 아닌 것처럼 처신했지만, 그가 임란 때 추진한 면천법(免賤法), 작미법(作米法), 속오군(束伍軍), 중강개시(中江開市) 등의 정책들은 모두 양명학의 견지에서 바라보아야 이해할 수 있다.¹⁴⁰ 명(明)의 이탁오(李卓吾: 1527~1602)가

---

137 왕양명, 『전습록(중)』 139조. "良知, 良能, 愚夫, 愚婦與聖人同."
138 왕양명, 『전습록(중)』 142조. "夫聖人之心, 以天地萬物爲一體, 其視天下之人, 無外內遠近. 凡有血氣, 皆其昆弟赤子之親, 莫不欲安全而敎養之, 以邃其萬物一體之念."
139 유성룡, 「서양명집후(書陽明集後)」『서애집(西厓集)』 제18권, 발(跋).
140 유성룡의 양명학과 전시 개혁 정책에 대해서는 이덕일, 『설득과 통합의 리더, 유성룡』, 역사의아침, 2007, pp. 25~32, 229~310을 참조할 것.

"사람에는 남자와 여자가 있다고 하면 옳지만, 식견에 남자와 여자의 차이가 있다고 하는 것이 어찌 옳겠습니까?"[141]라고 말한 것처럼 남녀 차별도 거부했다. 양명학의 대동사회론은 아나키즘에서 그리는 이상사회론과 비슷하다. 크로포트킨은 아나키즘에 대해 "인간 사회의 각 단위에 대하여 최대량의 행복을 확보하기 위하여 자유, 평등, 우애로 향하여 나가는 인류의 걸음을 예지(豫知)하려는 기국(企國)이다."[142]라고 정의했다. 자유, 평등, 우애가 실현되는 대동의 사회를 실현하려고 하는 것이 아나키즘이라는 뜻이다. 김종진은 운남군관학교를 졸업하고 1927년 만주로 가던 도중 이회영을 방문했다. 이때 이회영은 김종진과 이런 대화를 나누었다.

> 자유 평등의 사회적 원리에 따라서 국가와 민족 간에 민족 자결의 원칙이 섰으면 그 원칙 아래서 독립된 민족 자체의 내부에서도 이 자유 평등의 원칙이 그대로 실현되어야 할 것이니까 국민 상호 간에도 일체의 불평등, 부자유의 관계가 있어서는 아니될 것이다.[143]

한 나라의 각 개인은 자유롭고 평등해야 하고, 이런 개인들이 모여 조직한 각 국가와 민족도 서로 평등한 관계 위에서 민족 자결의 원칙을 지켜 나가야 한다는 것이다. 이회영과 김종진은 토론에서 "결론으로서 무정부주의의 궁극의 목적은 대동의 세계, 즉 하나의 세계를 이상하는

---

141 李卓吾, 「答以女人學道爲見短書」『焚書』券2. 여기서는 신용철, 『공자의 천하, 중국을 뒤흔든 자유인, 이탁오』, 지식산업사, 2006, p. 287에서 인용.
142 크로포트킨, 『현대 과학과 아나키즘』, 이을규 옮김, 창문사, 1973, p. 143.
143 이을규, 앞의 책 『시야 김종진 선생전』, pp. 44~45.

것"[144]이라고 규정지었다. 대동의 세계란 "각 민족 및 공동생활 관계를 가지는 지역적으로 독립된 사회군(社會群: 국가군)이 한 자유 연합적 세계 연합으로 일원화"[145]되는 사회를 뜻한다. 즉 "각 민족적 단위의 독립된 사회나 지역적인 공동 생활권으로 독립된 단위 사회가 완전히 독립된 주권을 가지고 자체 내부의 독자적인 문제나 사건은 독자적으로 해결하고, 타와 관계된 것이나 공동적인 것은 연합적인 세계 기구에서 토의 결정"[146]하는 사회를 말하는 것이다.

그런데 대동은 서양에서 온 사상이 아니라 고대 동양의 전통 사상이었다. 조선의 율곡 이이를 비롯해 여러 정치가들도 대동사회에 대해서 역설했다.[147] 동양 전통의 대동사회는 '자·타의 구별을 넘어선 보편적 인류애'가 넘치는 사회이자 소외된 계급과 계층(矜寡孤獨廢疾者)이 없는 사회를 뜻한다.[148] 제(濟)나라 공양고(公羊高)가 『춘추공양전(春秋公羊傳)』을 지으면서 춘추를 난세(亂世)·소강(小康)·대동(大同)으로 나누어 해설한 삼세지학(三世之學)도 대동사회를 이상사회로 보고 있다. "대도(大道)가 행해질 때는 천하가 공공의 것이었다(大道之行天下爲公)."[149]는 대동사상은 동양 유교 사회의 모든 개혁적 정치가들이 공통으로 주창했던 이상사회의 모습이었다. 『예기(禮記)』「예운(禮運)」편은

---

144 이을규, 앞의 책 『시야 김종진 선생전』, p. 45.
145 이을규, 앞의 책 『시야 김종진 선생전』, pp. 45~46.
146 위와 같음.
147 율곡의 대동사상에 대해서는 강정인, 「율곡 이이의 정치사상에 나타난 대동(大同)·소강(小康)·소강(少康): 시론적 개념 분석」『한국정치학회보』제44집 제1호, 2010, pp. 5~29를 참조할 것.
148 강정인, 위의 글 「율곡 이이의 정치사상에 나타난 대동(大同)·소강(小康)·소강(少康): 시론적 개념 분석」.
149 『상서(尙書)』「우서(虞書)」'요전(堯典)'.

대동사회의 모습을 잘 표현하고 있다.

> 대도가 행해질 때는 천하가 공공의 것이었다. 어질고 능력 있는 사람을
> 발탁해서 신의를 가르치게 하고 화목을 닦게 했다. 그래서 사람들이 자
> 신의 어버이만 어버이로 여기거나 자신의 자식만 자식으로 여기지 않았
> 다. 노인은 편안히 인생을 마칠 수 있었고, 젊은이는 자신의 능력을 발휘
> 할 수 있었고, 어린이는 잘 자랄 수 있었다. 과부 · 고아 · 홀아비 · 병자
> 를 다 부양했으며, 남자는 직업이 있고 여자는 시집갈 곳이 있었다. 재물
> 이 낭비되는 것은 미워했지만, 반드시 자신이 소유하려고 하지는 않았
> 다. 자신이 일하지 않는 것을 미워했지만, 반드시 자기만을 위해 일하지
> 는 않았다. 그래서 음모가 생기지 못했고, 도둑질도 일어나지 않고 난리
> 도 일어나지 않았다. 따라서 바깥문을 잠그지도 않았는데, 이를 일러 '대
> 동'이라고 한다.[150]

이 대동의 '동(同)'에 대해 주석은 "동은 화해(和)와 평등(平)과 같
다."[151]라고 덧붙이고 있다. 이회영의 대동사상은 모든 개체의 독립과 자
유, 평등의 원칙에 기초를 두고 있다. 각 개인 사이는 완전한 자유와 평
등을 누리고, 각 개인이 소속되는 공동체도 마찬가지로 자유와 평등의
권리를 갖는다. 왕양명의 천지만물 일체론은 이회영의 대동사회론과 유
사하다.

이회영은 젊은 시절 이상설 등과 함께 수학하면서 양명학의 대동사회

---

150 『예기』「예운」.
151 『예기』「예운」 주석 『십삼경주소(十三經注疏)』(一八一五年阮元刻本). "同猶和也平也."

에 대한 공부를 했음에 틀림없다. 그가 "무정부주의의 궁극의 목적은 대동의 세계"[152]라고 규정지은 것은 대동사회를 몰랐다면 나오기 어려운 표현이다. 왕양명이 "세상의 모든 사람이 그 양지를 깨닫게 하고 그것으로써 서로 편안하게 해주고 서로 도와주며 사리사욕의 폐단을 제거하고 시기, 질투하는 습성을 일소하여 마침내 '대동'을 실현"[153]이라고 말한 것은 크로포트킨의 상호부조론(相互扶助論)을 설명한 듯하다.

이회영이 '약관이 지나면서부터 스스로 솔선하여 불평등한 봉건적 인습과 계급적 구속을 타파'[154]하려 했다는 말은 단순히 이회영의 인간적 성향을 말해주는 것이 아니라 양명학 학습의 결과일 수 있음을 뜻하는 것이다. 성리학은 사대부 계급의 우월을 선천의 것으로 규정짓지만, 왕양명은 "옛날 사민(四民)은 직업은 달랐지만 도는 같이 했으니, 그것은 마음을 다하는 점에서 동일하다. 선비는 마음을 다해 정치를 했고, 농부는 먹을 것을 갖추었고, 공인(工人)은 기구를 편리하게 하였으며, 상인은 재화를 유통시켰다."[155]라고 신분의 우월을 인정하지 않았다. 왕양명은 또 "각자 타고난 자질에 가깝고 힘쓰면 미칠 수 있는 것을 직업으로 삼아 그 마음을 다하기를 구했다. 이들은 생인지도(生人之道)에 유익함이 있기를 바라는 점에서 하나일 뿐"[156]이라고 직업이 타고난 신분에 의해 결정되는 것이 아니라고 보았다. 이회영이 아나키즘을 받아들이기

---

152 이을규, 앞의 책 『시야 김종진 선생전』, p. 45.
153 왕양명, 『전습록(중)』 「답섭문울(答聶文蔚)」 '서(書)'.
154 이정규, 앞의 책 『우당 이회영 선생 약전』, p. 24.
155 『왕양명 선생 전집』 25권 「절암방공묘표(節庵方公墓表)」, "古者四民異業而同道, 其盡心焉一也. 士以修治, 農以具養, 工以利器, 商以通貨."
156 『왕양명 선생 전집』 25권 「절암방공묘표」, "各就其資之所近, 力之所及者而業焉, 以求盡其心. 其歸要在於有益於生人之道, 則一而已."

전에 이미 "이서와 노비에 대한 차별적인 언사부터 평등한 경어로 개(改)하려 노력하였으며, 적서의 차별을 폐하고 개가 · 재혼을 장려 단행"[157]했다는 것도 양명학 학습의 결과일 가능성이 크다. 이회영이 양명학을 사상으로 깊이 받아들였는지는 분명하지 않지만, 적어도 양명학 이론에 대해서 공부했다는 사실은 의심의 여지가 없어 보인다. 양명학이 이회영이 속했던 소론 가문의 전습(傳習) 사상이었다는 점, 양명학을 공부한 이상설과 함께 공부했으며 평생지기였다는 점, 강화학파들과 사전 계획 끝에 만주 유하현 횡도촌으로 동시에 망명했다는 점 등이 이를 말해준다. 이회영은 아나키즘 이론이 양명학의 대동사회론과 비슷한 점이 많다는 것을 인지하고 아나키즘을 받아들였다. 이회영이 김종진에게 '각금시이작비'가 아니라고 말할 수 있었던 것은 바로 이런 부분을 뜻하는 것으로 받아들여야 할 것이다.

5. 나가는 글

그간 이회영이 어떤 사상적 배경에서 아나키즘을 수용했는지는 검토되지 않았다. 다만 "천품과 성격"[158]에 따라서 "자유 평등한 생활을 목적하고 그것의 실현을 위해 노력하는 것이 옳은 길"[159]이라고 생각했다는 정도로 이해되어 왔다. 그러나 천품과 성격만으로 삼한고가 사대부

---

157 이정규, 앞의 책 『우당 이회영 선생 약전』, p. 24.
158 이정규, 앞의 책 『우당 이회영 선생 약전』, p. 47.
159 위와 같음.

출신 이회영이 아나키즘이라는 급진 사상을 수용할 수 있었다고 보기에는 무리가 있다. 이회영이 아나키즘을 받아들이기 전에 양명학을 습득했다면 그가 김종진에게 '각금시이작비'라고 말한 이유가 충분히 설명된다. 이회영이 양명학을 습득했다는 직접 사료는 존재하지 않기 때문에 간접적인 유추 방식을 택할 수밖에 없었지만, 이런 방식으로 이회영이 양명학을 학습한 사실은 충분히 입증되었다고 볼 수 있다. 이회영의 가문이 소론 명가였는데, 양명학은 정제두를 시작으로 일부 소론 가문에서 전습된 사상이라는 공통점이 있다. 이상설이 양명학을 공부[160] 했는데 그와 함께 학습하고 평생 뜻과 행동을 같이한 이회영이 양명학을 공부하지 않았을 리 없다. 또한 망국 직후 만주 유하현 횡도촌으로 망명한 전국 각지의 양반 사대부 출신들 중 상당수는 양명학자였다. 이회영은 국내에서 그들과 깊은 관계를 맺고 망명을 기획했다. 이런 이회영이 양명학을 몰랐을 가능성은 없다. 이런 과정에서 이회영은 양명학의 대동 사회론에 대해 깊은 인식을 갖게 되었고, 김종진과 나눈 대화에서 '무정부주의의 궁극의 목적은 대동의 세계'라고 말했던 것이다. 이회영에게 아나키즘은 '각금시이작비'가 아니라 그 전부터 습득하고 있던 양명학적 요소의 발전적 수용이었다.

---

160 민영규, 앞의 책 『강화학 최후의 광경』, p. 51.

II. 석주 이상룡 사상과 아나키즘

1. 들어가는 글

석주(石洲) 이상룡(李相龍: 1858~1932)은 경상북도 안동 출신의 독립운동가로, 원명은 상희(象羲)다. 만약 대한민국이 해방 후 사회의 정의가 실현되는 방향으로 역사가 진행되었다면 석주 이상룡은 대한민국의 초등학생들도 다 아는 위인이었을 것이다. 다른 부분은 제외하더라도 그는 1925년 대한민국 임시정부가 일종의 내각책임제로 바뀌고 정부 수반을 국무령으로 개편한 후 초대 국무령으로 선임된 인물이기 때문이다. 우리 역사상 최초의 내각책임제의 책임총리였던 셈이다.

뿐만 아니라 그는 고성(固城) 이씨 종손인데, 그의 직계 선조 중에는 『단군세기』의 저자 행촌(杏村) 이시중(李侍中) 암(嵒), 즉 이암(李嵒: 1297~1364)이 있다. 이암의 저서로는 『단군세기』 외에 『태백진훈(太白眞訓)』, 『농상집요(農桑集要)』도 있다고 알려지고 있다. 『환단고기』가 진서인지 위서인지 여부는 여기에서 논하지 않겠지만, 그의 집안은 고려

1925년 임시정부 국무령 취임 당시의 이상룡.

때부터 사관의 핏줄을 이은 사관 가문이었다. 그가 망명 중에 쓴 일기인
「서사록」을 비롯한 여러 육필 기록에 역사 관련 서술이 많고 신흥무관
학교의 국사 교재 또한 그가 썼다는 점 등 역시 역사를 중시하는 집안
의 가풍 때문일 것이다. 1911년 초부터 작성한 「서사록」에 나타난 그의
역사관은 마치 일제가 한국 고대사를 왜곡할 줄 알았다는 듯이 일제의
반도사관을 미리 차단하고 있는데, 이는 그의 집안 대대로 내려온 역사
관이 재현되었기 때문일 것이다.

　이상룡은 서산(西山) 김흥락(金興洛) 문하에서 학문을 배웠는데, 김흥
락의 스승은 정제(定齋) 류치명(柳致明)으로, 영남 유림의 종주인 이황
의 퇴계학파와 김성일(金誠一)의 학봉학파의 학맥을 이은 인물이었다.
따라서 이상룡도 퇴계학파와 학봉학파의 정통을 이었다고 볼 수 있다.
그러나 이런 정통 유학의 학통을 이었음에도 그의 사상은 성리학을 추
종하던 당시의 유학자들과는 크게 달랐다. 또한 대한제국의 부활을 주

장하던 복벽주의자들과도 달랐다. 그는 당시로서는 획기적으로 군주제를 전면 부인하고 공화제를 주장했는데, 대한민국 임시정부가 1919년 공화제를 주창한 것에는 이상룡의 영향이 적지 않았을 것으로 생각된다. 또한 그의 사상에는 만민 평등을 주장하는 평등주의와 자치주의의 요소가 많이 드러나 있다. 그가 비록 아나키즘을 직접 언급하지는 않았다고 할지라도 그의 사상이나 대한협회 안동지회를 이끌 당시, 그리고 서간도에 망명해 독립운동을 전개하면서 실천에 옮겼던 사상과 조직했던 단체들에는 아나키즘적 요소가 적지 않다. 아직 이상룡의 사상을 아나키즘적 요소로 본 적은 없기 때문에 본고는 시론의 성격을 띠고 있다.[161]

2. 대한협회 안동지회 시절의 이상룡의 사상과 아나키즘적 요소

이상룡의 사상에서 아나키즘적 요소를 찾을 수 있는 때는 대한협회 안동지회 시절이다. 대한협회는 통감부에 의해 해산된 대한자강회(大韓自强會)의 후신으로 1907년 11월 서울에서 설립되었다. 대한협회는 국민을 개화교도(開化敎導)한다는 취지의 정치 단체였는데, 총재에 남궁억(南宮檍), 부회장에 오세창(吳世昌), 총무에 윤효정(尹孝定) 등이었고, 평

---

161 석주 이상룡에 대한 주요 저서와 논문들은 다음과 같다. 채영국, 『서간도 독립군의 개척자: 이상룡의 독립정신』, 역사공간, 2006; 김정미, 「석주 이상룡의 독립운동과 사상」, 경북대학교 대학원 박사학위 논문, 2001; 남인령, 「석주 이상룡의 국권회복론 연구」『이대사원』 26, 1992; 박환, 「서로군정서의 성립과 그 활동」『한국학보』 55, 1989; 윤병석, 「석주 이상룡 연구: 임정 국무령 선임 배경을 중심으로」『역사학보』 89, 1981.

의원으로 장지연(張志淵), 권동진(權東鎮), 유근(柳瑾), 정교(鄭喬), 이종일(李鍾一) 등이 있었다. 대한협회는 1908년 11월 지회를 설치하기 위해 각 지방의 유력 인사들에게 지회 설치를 요청하는 편지를 발송했는데, 안동에서 지회 설치를 요청받은 인사가 이상룡이었다. 이상룡은 곧 「대한협회에 답하다(答大韓協會)」라는 글을 써서 수락하는데, 이 글에서 아나키즘적 요소가 다수 발견된다.

> 국가는 국민의 공적 재산이요, 권리는 국민의 목숨입니다. 그 공적 재산을 빼앗겨도 애석하게 여기지 않고 목숨이 끊겨도 아프게 여기지 않으니, 이러고도 나라에 백성이 있다고 할 수 있겠습니까?[162]

이상룡이 국가를 "국민의 공적 재산"이라고 말한 때는 대한제국으로 명칭을 바꿨지만 조선 왕조가 계속 이어지던 전제군주국 시대였다. 500년 이상 전제왕조가 이어지던 나라에서 국가를 임금의 것으로 여기지 않고 "국민의 공적 재산"이라고 말한 것은 국가의 권리 주체를 군주가 아니라 국민으로 본 것이다. 마찬가지 견지에서 "권리는 국민의 목숨"이라고 말한 것이다. 국가를 군주의 것으로 보지 않고 국민의 공적 재산으로 보았다. 이상룡은 늘 단체를 만들어서 활동해야 한다는 사고를 갖고 있었다. 국민들이 자율적으로 결성한 단체들이 모여 나라를 이루어야 한다고 본 것이다.

> 나라를 다스리는 방도는 단체를 이루게 하는 것보다 좋은 것이 없으며,

---

162 이상룡, 「대한협회에 답하다」 『석주유고』 권2.

나 혼자보다 더 나쁜 것이 없습니다. 단체가 아니면 능히 내부 세계를 발달시킬 수 없으며, 단체가 아니면 능히 외부 세계와 경쟁할 수 없습니다.[163]

이런 사고 속에서 이상룡이 대한협회 안동지회 설립을 수락하자 유학적 사고가 짙은 안동 지역에서는 반발이 적지 않았다. 그래서 아들 이준형(李濬衡)은 이상룡의 사고와 행동에 대해서 이상룡의 일대기인 「선부군유사(先府君遺事)」에서 이렇게 평가했다.

이때 사우(士友)들 대다수가 융통성 없이 옛날 견해를 지키고 앉아 문을 닫고 들어앉아 비웃었으나 부군은 조금도 돌아보거나 꺼리지 않고 의연히 그 일을 맡아서 수레에 올라 말고삐를 잡고 나서는 기개가 있었다.[164]

이때까지 안동 지역의 유림들은 과거의 생각에 머물러 있었다. 그러나 이상룡은 새로운 세상을 만났으니 사고와 행동을 모두 바꿔야 한다고 생각했다. 그가 대한협회 안동지회 설립을 추진하자 1909년 2월 경찰이 나서서 의병과 관련 있다는 혐의로 구인(拘引)했다. 그는 여러 차례 고문을 당했지만 굴하지 않았고, "얼마 뒤에 시민이 물결처럼 동요하고 경찰서 문 앞에서 부르짖어 곡하는 사람이 있기에 이르렀다. 경찰서에 구류된 지 한 달 남짓 지나서 석방되었다."[165]고 한다. 이상룡이 구류

---

163 이상룡, 위의 글 「대한협회에 답하다」.
164 이준형, 「선부군유사」 『석주유고』 후집.
165 위와 같음.

되자 시민들이 경찰서에 몰려들어 곡했다는 것은 그가 지역민들에게 광범위한 지지를 받았음을 뜻한다.

이상룡은 석방 직후인 1909년 3월 대한협회 안동지회를 만들었다. 전후로 모두 86개가 설립된 대한협회 지회 중 60번째의 지회 설립이었다. 대한협회 지회 설립 규정에 따르면 50명 이상의 인사가 연서해 지회 설립을 요청하면 본회의 평의회에서 시찰위원 2명을 파견해 점검한 후 설립을 인가했다. 회원 중에 3명 이상의 명망 있는 지식 인사가 있어야 한다는 것이 조건이었다. 설립 인가가 나자 이상룡은 「대한협회 안동지회 취지서」를 작성해 발표했다. 이 취지서에는 이상룡이 그간 의병운동에서 시작해 개화사상을 받아들이면서 바뀐 사상의 변화가 역력하게 엿보인다.

> 대한협회라는 것은 대한 국민의 정당이 되는 모임이다. 오호라, 우리 한국도 또한 국민이 있는 것인가? 대개 나라는 백성들이 함께 만드는 것(公產)이니 백성은 나라의 주인이다. 저 문명국의 백성들은 사람마다 모두 이런 의리를 알아서 국사(國事)는 국민이 다스리고, 국법은 국민이 정하고, 국리(國利)는 국민이 일으키고, 국난(國難)은 국민이 방어한다. 그러므로 그 백성들은 업신여길 수 없고, 그 나라는 망하게 할 수 없으니, 이를 국민이라고 하는 것이다.[166]

이상룡은 나라의 주인을 군주가 아니라 국민으로 보았다. "나라는 백성들이 함께 만드는 것이니 백성은 나라의 주인"이라는 것이다. 그런데

166　이상룡, 「대한협회 안동지회 취지서」, 『석주유고』 권5.

이런 나라가 잘못된 것은 군주제의 압제(壓制) 때문이라는 것이다.

> 우리 한국은 펼쳐진 땅이 3천 리이니 강역이 작은 것이 아니며, 인구가 2천만이니 종족이 적은 것도 아니다. 그러나 압제에 시들어 자유를 누릴 힘이 없었고, 기대는 것에 익숙해져 독립할 의지가 없었다. 국가를 군주의 사유물로 여기고 조정의 정치를 관사(官司: 관청)의 독점물로 인식해서, 말이 공사(公事)에 관련되면 곧 '월권이 될까 혐의스럽다'라고 하고, 근심이 외환(外患)에 미치면 '문을 닫고 있는 것이 무방하다'라고 하다가 마침내 당당한 4천 년 조국을 팔짱 낀 채 이웃 나라의 보호 아래로 헌납하였다. 오호라, 슬프다. 백성들이 이와 같은데, 나라가 어찌 망하지 않겠는가?[167]

백성들이 약하게 된 이유가 군주의 압제 때문이고, 관청에서 정치를 독점했기 때문이라는 것이다. 그래서 백성들이 방관자가 되었고, 이것이 나라를 망하게 했다는 것이다. 그래서 이상룡은 군주의 나라를 백성들의 나라로 바꾸어야 한다고 생각했다.

> 삼가 듣건대, 나라라는 것은 백성들 무리의 단체이다. 백성들이 강하면 나라가 강해지고, 백성들이 약하면 나라가 약해지며, 백성들이 모이면 나라가 공고해지고, 백성들이 흩어지면 나라가 공허해진다. 그러므로 나라를 잘 다스리는 자는 반드시 무리를 모으는 것(合群)을 급선무로 삼는다.[168]

---

167 위와 같음.
168 위와 같음.

이상룡은 선언적인 차원에서 백성들이 나라의 주인이라고 주장하는 것이 아니었다. 이상룡은 나라의 주인은 백성 개개인이지만 그 백성 개개인은 각자의 특성에 맞는 조직을 결성해야 한다고 생각했다.

> 정사(政事)에는 의회(議會)가 있어야 하고, 선비들은 선비들이 모이는 교회(敎會)가 있어야 하고, 농민들은 농회(農會)가 있어야 하고, 상인들은 상회(商會)가 있어야 하고, 공인(工人)들은 공회(工會)가 있어야 한다. 그곳에서 시무를 강습하고 실업을 힘써 연구해서 백성들의 지혜가 날로 열리고 국력이 날로 증진되면 안으로는 부강한 권세가 확장되고 밖으로는 경쟁 세력에 저항할 수 있다.[169]

517년을 이어온 전제군주제 국가에서 이상룡은 정사는 의회가 해야한다고 주장했다. 또한 각 직역의 백성들은 각자 자신의 직역을 대표하는 조직을 만들어야 한다고 생각했다. 선비들은 교회, 농민들은 농회, 상인들은 상회, 공인들은 공회를 만들어야 한다는 것이다. 이런 자율자치적 조직들의 총합체로 정부를 결성하는 것이 아나키즘적 국가 건설론과 부합하는 것이다.

이상룡은 대한협회에 「대한협회 회관에 써서 게시함(書揭大韓協會會館)」이라는 장문의 취지문을 써서 내걸었다. 이 게시문에서 이상룡은 "우리 협회는 이미 국사(國事)를 자임하여 세상에 우뚝 섰"는데 부귀·영달이나 이해·고락 같은 것에 마음이 흔들리면 안 된다면서 '죽음에 이르더라도 변하지 않는' 지사불변(至死不變)이라는 네 글자를 굳게 마

---

169 위와 같음.

음에 붙들고 있어야 큰일을 이룰 수 있을 것이라고 말했다.[170]

이상룡은 이 게시문에서 대한협회 안동지회의 여섯 가지 목적(六的)을 들었다.

> 우리 협회는 가장 온화적이고자 한다.
> 우리 협회는 가장 공평적이고자 한다.
> 우리 협회는 가장 인내적이고자 한다.
> 우리 협회는 가장 광대적(廣大的)이고자 한다.
> 우리 협회는 가장 평등적이고자 한다.
> 우리 협회는 가장 정제되고 엄숙하며 조리적(條理的)이고자 한다.[171]

대한협회 안동지회의 여섯 가지 목적 중에서 둘째 '가장 공평적이고자 한다'와 다섯째 '가장 평등적이고자 한다'가 아나키즘 사상과 직접 맞닿는 부분이라고 볼 수 있다. 나머지 '온화', '인내', '광대', '정제, 엄숙, 조리' 등은 한 개인은 물론 단체의 수양과 직결되는 내용들이다. 아나키즘 사회의 성패는 제도 같은 외적 조건들뿐만 아니라 아나키즘 사회에 대한 각 개인의 이해나 수양 정도와도 큰 연관이 있다. 넷째 '광대' 항목에서 이상룡은 "무릇 국민 중에 우리 협회의 종지(宗旨)에 동정(同情)을 표하는 자가 있으면 어떤 사람인가를 막론하고 모두 입회를 허가한다."[172]라고 입회에 일체의 차별을 두지 않았다. 특히 다섯째 '평등' 항

---

170 이상룡, 「대한협회 회관에 써서 게시함」, 『석주유고』 권5.
171 위와 같음.
172 위와 같음.

목에서 이상룡은 "회원은 신사(紳士), 상업, 공업 등 어떤 직업인가를 막론하고 협회 내에서는 권리와 의무가 일체 평등하다."[173]라고 규정했다.

이상룡은 이 게시문에서 여덟 가지 의무(八義務)를 들었는데, 그중 둘째로 '국민을 교육한다'를 들었다. "우리 협회는 정당으로 자처하였으니 반드시 일국의 사람들을 가르쳐서 모두 참정국민(參政國民)의 자격을 지니게 해야 한다."는 것이다. 모든 국민에게 참정권이 있는 공화제의 이상을 천명한 것인데, 그를 위해서는 교육이 필수조건이라는 뜻이었다. 이상룡은 입회자의 자녀든 비입회자의 자녀든 구별하지 말고 협회에서 일체의 교육을 책임지고 수행해야 한다고 덧붙였다.[174]

여덟 가지 의무 중 셋째가 '공업과 상업을 진흥시킨다'이고, 넷째가 '국정을 조사한다'였다. '국정을 조사한다'에서 이상룡은 위원 약간 명을 두어서 위로는 도회(都會)부터 아래로는 촌락에 이르기까지 모두 찾아다니면서 국정을 조사하고 수시로 보고해 연구의 자료로 삼게 해야 한다고 설명했다.[175] 이상룡은 대한협회를 토대로 실력을 길러 나라를 되찾고, 또 경영할 수 있다고 기대하고 있었다.

다섯째 '정무(政務)를 연습한다'에서 이상룡은 이렇게 말했다.

> 무릇 정당이나 국민은 마땅히 모두 정치상의 지식과 경력이 있어야만 비로소 참정의 실익을 누릴 수 있다. 무릇 우리 협회는 의당 각자 그 향리(鄕里)를 정돈하여 지방자치제도의 기초를 만들어야 할 것이다. 서양에

---

173 위와 같음.
174 위와 같음.
175 위와 같음.

서 민권(民權)이 일어난 것을 보면 모두 자치권(自治權)이 선행되고 참
정권(參政權)이 뒤를 따랐다. 자치의 기초가 확립되고 나면 훗날 국회가
일단 열리게 되더라도 그것을 전개하고 확대한 것에 지나지 않는다.
…… 임시로 두 개의 정당을 만드는 것도 괜찮으니 서로 하나의 주의(主
義)를 주장하면서 논쟁하다 보면 진리가 절로 도출될 것이며, 훗날 국회
에 참여하게 되더라도 여유 있게 조치할 수 있을 것이다.[176]

이상룡은 1909년에 지방자치제도를 주장했다. 자치권이 선행되고 이
후 참정권이 뒤따랐다는 것이다. 이상룡이 구상하는 국회는 지금의 국
회와 달랐다. 일시에 선거로 국회의원을 뽑고 이후로는 정사를 맡겨 놓
고 방기하는 그런 국회가 아니었다. 자치권과 참정권의 기초 위에서 이
를 확대한 것이 국회였다. 또한 복수정당제의 실시를 통해 상호 견제하
고 경쟁하는 민주 정치를 주창했던 것이다.

3. 동양 철학의 토대 위에서 서양 정치사상 수용

당시 대한제국의 현실을 크게 앞서간 이상룡의 이런 사고는 모두 현
실에 대한 깊은 고민과 그 고민을 풀기 위해 동서양의 수많은 서적을
독서한 데서 나온 자각이었다. 이상룡은 동양 철학의 토대 위에서 서양
사상을 받아들였다. 서양 정치사상에 대한 그의 지식은 당시 대한제국
지식인들의 수준을 말해주는 것이어서 주목된다. 그는 사물의 이치를

---

176 위와 같음.

궁구하는 방법에 대해 영국 베이컨(Francis Bacon)의 실험주의적 방법론과 프랑스 데카르트(Descartes)의 경험주의 방법론을 들어 설명했다. 이상룡은 베이컨은 실험파(實驗派)로, '나는 생각한다. 그러므로 나는 존재한다'는 명제를 제시한 데카르트는 회의파(懷疑派)로 분류해 두 학파의 주장을 설명한 후, 양 파의 주장이 다르기 때문에 "조화롭고 완비된 의론은 부득이 점검파(點檢派)의 출현을 기다리지 않을 수 없다."[177] 라고 보았다. 점검파가 바로 비판철학의 창시자로 불리는 독일의 칸트(Immanuel Kant)였다. 이상룡은 베이컨과 데카르트, 그리고 칸트 학설의 요체를 자세하게 설명했다. 서양 철학의 요체를 이상룡처럼 설명할 수 있는 학자는 지금도 찾기 힘들 것이다. 그러면서 이상룡은 애국계몽운동가들에 대해 서양풍에 취해 외세의 노예가 되는 것을 달갑게 여긴다고 비판했다. 이상룡은 서양 사상을 받아들일지라도 동양 전통 사상의 토대 위에서 받아들였다. 장점은 흡수하되, 단점은 단점대로 인식하고 비판했다. 바로 이 점이 많은 애국계몽론자들이 결국 매국이나 식민지 순응의 논리로 간 반면 이상룡은 끝까지 항일의 자세를 견지하게 된 사상적 토대였다.

이상룡이 정통 유학자이면서도 서양 정치사상을 수용할 수 있었던 것은 양명학에 대한 이해가 있었기 때문일 것이다. 이상룡의 「서사록」에는 『왕양명 실기』 독서 기록이 있다. 『왕양명 실기』는 대한민국 임시정부 제2대 대통령을 역임하는 백암(白巖) 박은식(朴殷植: 1859~1925)의 1910년 저술이다.

양명학은 조선에 전래되자마자 사대부들에 의해 이단으로 취급되었

177　이상룡, 「격치집설(格致輯說)」 『석주유고』 권5.

지만, 성리학보다 백성들의 견지에서 세상을 바라본 학문이었다. 이상룡은 망명길에 서울의 한 여관에서 읽은 양명학에 대해 이렇게 평가하고 있다.

> 대개 양명학은 비록 퇴계 문도의 배척을 당했으나 그 법문이 직절하고 간요하여 속된 학자들이 감히 의논할 수 있는 바가 아니다. 또 그 평생의 지절은 빼어나고 정신은 강렬하였다. 본원을 꿰뚫어 보되 아무 거칠 것이 없었으며, 세상의 구제를 자임하였으되 아무 두려움이 없었으니 한대와 송대를 통틀어 찾는다 해도 대적할 만한 사람을 보기 드물다.[178]

조선 시대 내내 이단으로 몰렸던 왕양명에 대해 '한대와 송대를 통틀어 대적할 만한 사람을 보기 어렵다'라고 평가한 것은 유학자로서 획기적인 발언이다. 왕양명을 '한대와 송대를 통틀어 대적할 만한 사람을 찾기 어렵'고 높인 것은 주희가 남송 사람이라는 점을 감안하면 뜻이 있는 발언이다. 왕양명이 주희보다 낫다는 뜻이 담겨 있기 때문에 퇴계 학통을 이은 이상룡으로서는 획기적인 발언이었다. 이상룡은 이 글에서 "우리 동방의 풍조는 옛것을 믿는 풍조가 너무 지나쳐 무릇 선배가 논한 것이 있으면 하나라도 자신의 의사를 더하지 못하고, 조금이라도 합치하지 못한 점이 있으면 문득 이단사설(異端邪說)로 지목한다."[179]고 비판하면서 "우리들 중 어떤 사람이 능히 의연하게 자임하여 300년간

---

178 이상룡, 「서사록」 『석주유고』 권6.
179 위와 같음.

의 학설을 2천만의 세속된 무리와 도전하여 결투할 것인가?"[180] 라고 물었다. '300년간의 학설'이란 양명학을 이단으로 몰았던 퇴계 이래의 학설을 뜻하는 말로, 자신이 양명학에 깊게 공명하고 있음을 말해주는 것이다.

이상룡이 양명학에 깊게 공감한 이유는 집단 망명에 나선 인물들이 대부분 양명학자들이거나 양명학에 우호적인 인물들이라는 사실과도 관련이 있을 것이다. 이상설, 이건승, 정원하, 홍승헌 등 충청도 진천과 강화도 출신들은 모두 양명학자들이었다. 또한 우당 이회영이 아나키즘을 수용한 것도 이미 양명학을 받아들였기 때문일 가능성이 크다.[181]

양명학의 토대 위에서 이상룡은 서양 정치사상을 받아들였다. 이상룡은 「서사록」 1911년 2월 7일자에 "영국 학자 곽포사(霍布士: 토머스 홉스)의 학설을 읽었다."고 말하고 있다. 17세기 토머스 홉스는 『리바이어던(Leviathan)』을 저술하는데, '리바이어던'은 정부나 지배자의 뜻으로도 사용된다. 토머스 홉스의 '리바이어던'은 유럽 사회에서 제국주의 국가의 출현으로 현실화되었는데, 이상룡은 "곽 씨(토머스 홉스)는 이기심을 사람의 천성이라고 했다. 그의 주장은 치우치고 과격하여 그 말류의 폐단이 이루 말할 수 없다."[182] 라고 비판했다. 인간의 마음에는 이(理)뿐만 아니라 기(氣)도 있는데, "곽 씨는 그 외면을 보았으나 그 내면을 몰랐으니 기(氣)는 알았지만 이(理)는 알지 못한 것이다. 이것이 그의 학설이

---

180 위와 같음.
181 우당 이회영의 아나키즘 수용에 대해서는 이 책 제1부의 「우당 이회영의 아나키즘 수용 배경에 관한 연구」를 참조할 것.
182 이상룡, 「서사록」 『석주유고』 권6.

니 동방의 유학자에 훨씬 미치지 못하는 것이다."[183] 라는 것이다. 인간에게는 이(理)와 기(氣)가 있는데 토머스 홉스가 기만 보고 인간을 이기적인 존재라고 본 것은 인간의 외면만 보고 내면은 보지 못한 것이라는 비판이었다. 그래서 동양 유학자들보다도 못하다고 평가한 것이다. 그러나 그는 무조건적인 비판론자는 아니었다. 토머스 홉스가 사회계약론을 내세운 것은 높게 평가했다.

> 그러나 (토머스 홉스가) 계약을 정치의 근본으로 삼아 뭇 백성들이 공동으로 나라를 세운다는 이치를 확실히 알았으니 그 견해가 매우 탁월하다. 후대의 학자들, 예컨대 낙극(洛克: 존 로크), 로사(盧斯: 장 자크 루소) 같은 사람의 민약주의(民約主義: 사회계약설)와 달이문(達爾文: 찰스 다윈)의 생존 경쟁과 우승열패(優勝劣敗)의 이론은 모두 곽 씨를 조술(祖述)하여 19세기의 신세기를 열었던 것이다. 곽 씨는 또 "모든 사람이 서로 싸우는 것이 해가 있을 뿐 이익이 없음을 알면 화목하게 싸우지 않을 도리를 찾게 된다. 이에 서로 계약을 맺어 국가를 건설하게 되었다."고 하였으니 이것은 진실로 확실한 논리이다.[184]

이상룡은 존 로크나 장 자크 루소 등의 사회계약론은 물론 찰스 다윈의 진화론도 모두 토머스 홉스의 이론에서 나온 것으로 파악했다. 그러면서 국가 건설이 천명의 결과가 아니라 서로 싸우지 않는 것이 이익임을 안 백성들 사이의 계약의 결과라고 본 견해가 탁월하다고 보았다. 그

---

183 위와 같음.
184 위와 같음.

러나 이상룡은 토머스 홉스가 군주제로 귀착되었다고 강하게 비판했다.

그러나 (토머스 홉스는) "계약이 성립된 후에 사람들이 모두 자신의 권리를 군주의 위력에 위탁하여 자신을 보호하고 유지한다."고 말했으니 이 이론은 아마도 그가 제대로 이해하지 못한 때문인 것으로 생각된다. 그가 이미 '이기심은 인간의 천성'이라고 했는데, 군주 된 자가 반드시 유독 이러한 마음이 없지는 않을 것이다. 일국의 신민으로 하여금 자신의 손아귀 아래에서 속박을 모두 받아들이게 했다면 그와 같은 절대 권력이 무릇 자신에게 이익이 있을 것인데, 무엇을 꺼려서 그 욕망을 다 채우지 않겠는가? 그 신민 된 자 또한 오랜 속박을 즐겨 받아들이고 견마(犬馬)와 같은 노예 생활을 달갑게 여겨서 그 계약을 깨뜨리려 하지 않을 리 있겠는가? 곽 씨가 이를 모를 리 없었을 것이다. 그러나 그는 영국의 국왕 사리(査理) 제이(第二: 샤를르 2세)의 스승으로서 큰 존경과 총애를 입고 있었는데, 한 임금에 대한 아첨에서 벗어나지 못하고 군주 전제주의를 주장했으니 너무나 한스럽다.[185]

토머스 홉스는 '만인 대 만인의 투쟁'을 피하기 위해서 개인은 국가에 복종해야 한다고 주장했는데, 이상룡은 군주 역시 이기적인 존재에 불과하다면서 군주제도 자체를 부인하고 있는 것이다. 퇴계 이황과 학봉 김성일의 학맥을 이은 유학자 이상룡의 군주제 부정은 사고의 혁명적 전환이었다. 그의 출생이나 성장 배경을 보면 망한 왕실을 되살리자는 복벽주의로 가야 자연스러울 것 같지만, 이상룡은 과감하게 군주제를

---

185 위와 같음.

버렸다.

이상룡이 서양 정치철학자들의 저서를 탐독한 것은 새로 세울 나라의 정체(政體)를 무엇으로 해야 하는가에 대한 답을 찾기 위한 것이었다. 그래서 그는 스피노자(Spinoza: 1632~1677)의 사상을 높게 평가했다. 유대인 상인의 아들로 태어난 스피노자는 자유주의 사상 때문에 유대 교회에서 파문당할 정도로 기존 사상에 얽매이지 않았던 인물이었다. 그는 영국의 베이컨, 프랑스의 데카르트와 함께 신시대의 도래를 환영하는 사상을 갖고 있었는데, 이상룡이 스피노자를 높게 평가한 것은 스피노자의 사회관이 홉스의 사상을 계승하고 있지만, 홉스와는 달리 국가의 형태를 군주제가 아니라 공화제로 보았기 때문이다.

> 하란(何蘭)의 학자 사편나사(斯片挪莎: 스피노자) 씨의 학설을 읽었다. 살펴보건대 사 씨는 "사람의 자유는 처음부터 내가 원하는 것을 행하는 것이 아니라 다만 천리의 정해진 궤도를 따르는 것일 뿐이다. 그러므로 징치를 행하는 자는 평화를 지키는 것 외에도 반드시 자유를 수호하는 것을 목적으로 삼아야 한다."고 했으니 그 논리가 공평하며 정연하다. 또한 그 군주 전제의 폐단을 논한 것은 논리가 착착 맞아떨어지니, 만세 군주의 경계가 될 만하다. 거기에 이어 민주 정치가 가장 훌륭한 이론임을 주창함으로써 천하의 정신을 환기하고 각성시켰으니 정치학에 공적을 세웠다고 할 만하다. 이 논문을 읽는다면 곽포사의 지나치게 격렬하며 군주에 영합한 이론은 일일이 변증하지 않더라도 저절로 그릇된 사상에 귀착됨을 알 수 있을 것이다.[186]

---

186 위와 같음.

이상룡이 서양 정치철학서를 광범위하게 읽고 얻은 결론은 스피노자의 공화주의 사상이었다.

4. 만주 망명과 민단 자치 조직, 경학사 · 부민단

이상룡의 대한협회 안동지회 활동은 단기간으로 끝난다. 대한협회 본회가 이용구와 송병준이 이끄는 친일단체 일진회(一進會)와 합치자는 합회(合會)를 요구했기 때문이다. 『매천야록(梅泉野錄)』은 "대한협회가 일진회와 한 단체로 합치자는 성명서를 내려고 했는데, 일진회가 이에 불응하므로, 대한협회장 김가진(金嘉鎭)이 서신을 보내 일진회를 질책했다."[187]고 설명하고 있다. 이 소식을 들은 이상룡은 「대한협회 본회에 주다(與大韓協會本會)」라는 서한에서 "까마귀와 백로가 함께 어울릴 수 없는 것은 무엇 때문이겠습니까? 검은색과 흰색이 서로 현격하게 다르기 때문이 아니겠습니까?"[188] 라면서 항의했다. 또한 이상룡은 두 회의 합회 건에 대해서 "지회에 참여해 있는 사람으로서 본회가 지회의 의견을 수렴했다는 소식은 듣지 못했습니다."[189] 라고 항의했다. 지회는 중앙의 하수인이 아니라 대등한 인격체라는 것이었다. 일진회는 1909년 12월 4일 "100만 회원의 연명"이라면서 「한일합방 성명서」를 중외에 선포했는데, 이에 대해 『대한매일신보(大韓每日申報)』는 일진회의 합방 청원

---

187 황현, 『매천야록』 권6 「융희삼년기유(隆熙三年己酉)」.
188 이상룡, 「대한협회 본회에 주다」 『석주유고』 권2.
189 위와 같음.

성명에 대해 일반 인민들은 "일진회는 이미 일본인이지 한국인이 아니므로 어떤 악한 행동을 하더라도 한국민의 행위가 아닌 것으로 인정한다."[190]고 생각하고 있다고 보도했다. 실제로 일진회의 이런 매국 행위는 대한협회 고문이었던 '오가키 다케오(大垣丈夫) 같은 일본인들이 배후에 개입되어 있는 행위였다.[191] 그래서 이상룡은 양기탁에게 "경회(京會: 대한협회 서울 본회)는 경회 자신일 뿐이었습니다. 그 득실이 지방의 지회와 무슨 상관이 있겠습니까? 한스러운 것은 목적을 달성하기도 전에 갑작스럽게 강권을 가진 자에게 해산당한 것일 따름입니다."[192]라고 대한협회 본회의 중앙주의적 태도에 대해 문제를 제기했다.

일제가 나라를 완전히 빼앗자 이상룡은 만주로 망명할 것을 결심했다. 1911년 1월 5일 북상길에 오르는데, 망명 기록인 「서사록」에서 "저녁 무렵에 행장을 수습하여 호연히 문을 나서니, 여러 일족들이 모두 눈물을 뿌리며 전송하였다."라고 말했다. 이상룡은 "이 7척 단신을 돌아보니 다시 도모할 만한 일은 없으나 아직 결행하지 못한 것은 다만 한 번의 죽음일 뿐이다."[193]라는 결심을 전하고 있다. 이상룡은 만주를 선택한 이유가 우리 역사의 옛 강역이기 때문이라고 말한다.

> 하물며 만주는 우리 단군 성조의 옛터이며, 항도천은 고구려 국내성에서 가까운 땅임에랴? 요동은 또한 기씨(箕氏: 기자)가 봉해진 땅으로 한사군(漢四郡)과 이부(二府)의 역사가 분명하다. 그 땅에 거주하는 백성이 비

---

190 『대한매일신보』, 1909. 12. 7.
191 「憲機 第2362호」「大韓協會顧問 大垣丈夫에 대한 內探 件」, 1909년 12월 7일.
192 이상룡, 「서사록」, 『석주유고』 권6.
193 위와 같음.

록 복제가 다르고 언어가 다르다고는 하나 그 선조는 같은 종족이었고 같은 강의 남북에 서로 거주하면서 아무 장애 없이 지냈으니 어찌 이역(異域)으로 여길 수 있겠는가?[194]

이상룡의 망명도 우당 이회영과 마찬가지로 전 가족이 모두 이주한 집단 망명이었다. 일제의 감시를 피해 자신이 먼저 망명길에 오른 다음 나머지 가족들을 신의주에서 만나 만주로 간 것이다. 신의주 역사에서 가족을 기다리던 이상룡은 "맨 앞에 나선 것은 (맏아들) 준형인데, 부녀자 및 어린것들은 한가운데 있고, 덕초(德初: 동생 이봉희) 부자가 뒤를 따랐다. 2천 리의 험난한 길을 탈 없이 도착하니 기쁨을 알 만할 것이다."[195]라고 회고했다. 이상룡은 1월 27일 압록강을 건너면서 「27일 압록강을 건너다(二十七日渡江)」라는 시를 남겼다. "이 머리는 차라리 자를 수 있지만, 이 무릎을 꿇어 종이 될 수는 없도다. 집을 나선 지 한 달 채 못 되었는데, 이미 압록강을 건너는도다. 누구를 위해 머뭇거릴 것인가. 호연히 나는 가리라(此頭寧可斫 此膝不可奴 出門未一月 已過鴨江水 爲誰欲遲留 浩然我去矣)."라는 시다. 남의 종이 아니라 자유민으로 살겠다는 의지가 아나키즘의 가장 핵심적인 요소임은 물론이다.

이상룡 일가, 이회영 일가를 포함한 망명객들은 1911년 4월경 유하현 삼원보 서쪽 추가가 마을 뒷산 대고산에서 노천 군중대회를 개최했다. 이동녕을 임시 의장으로 추대한 노천 군중대회에서 경학사(耕學社)를 조직했는데, 이상룡이 사장(社長)에 추대되었다. 경학사는 누구나 농

---

194 위와 같음.
195 위와 같음.

사를 짓는 '개농주의(皆農主義)'와 낮에는 일하고 밤에는 공부하는 '주경야독(晝耕夜讀)'을 표방했다. 경학사는 백성 개개인이 주인이자 교포들이 자치적으로 운영하는 민단 자치 조직이었다. 이상룡은 나라에서 가장 중요한 것은 백성들의 호적이라고 말했다. 그래서 「서사록」에서 "선왕(先王)은 민적을 신중히 하고 공경히 하였으니, 『주례(周禮)』의 사구(司寇: 옛 형조판서)가 백성의 인구가 얼마나 되는지 임금에게 아뢰면 임금은 절하고 그것을 받았다."[196]고 설명했다. 임금이 백성들의 호적 문서를 절하고 받는 것은 백성을 주인으로 섬긴 것인데, "후세의 군주들이 모두 이 뜻을 몰랐다."[197]고 비판했다. 임금이 나라의 주인이 아니라 백성이 주인이라는 주권재민(主權在民) 사상이다. 그래서 이상룡은 "(임금은) 경성의 관부와 사방의 수령이 백성의 호적을 올릴 때에도 모두 절하고서 받는 것이 마땅하다."[198]고 주장했다. 임금이 절하고 백성들의 호적을 받아야 한다는 이상룡이 경학사의 교포들을 어떻게 대했는지는 충분히 상상할 수 있을 것이다. 경학사는 이상룡이 7간 동양 철학의 비탕 위에서 접맥한 서양의 정치사상들을 실천하는 조직이기도 했다. 경학사의 운영에 대해서 아들 이준형은 「선부군유사」에서 이렇게 말했다.

> (경학사에서) 자치제를 시행하여 민호(民戶)를 배정하고 구역을 획정하여 정치를 행하였다. 처결하는 것이 공명(公明)하니 청(淸)나라 백성도 문서를 가지고 와서 호소하는 자가 있었다.[199]

---

196 위와 같음.
197 위와 같음.
198 위와 같음.
199 이준형, 「선부군유사」, 『석주유고』 후집.

경학사는 주민들의 자치로 모든 현안을 처리하는 자치 조직이었다. 또한 이상룡은 노동을 중시해 먼저 솔선해서 노동했다. 경학사 소속의 콩밭에 매일같이 나가서 노동했는데, 그래서 이준형은 동포들이 서로 권면하면서 "사장 선생이 손수 호미로 밭에 가서 김을 매는데 우리들이 어찌 감히 놀며 게으름을 피울 수 있겠는가."[200]라면서 더 열심히 일했다고 전한다. 이상룡에게 경학사는 일종의 이상촌이었다. 이상촌이 성공하기 위해서는 경제적 기반이 튼튼해야 했다. 그래서 이상룡은 "교민의 생활 기반을 든든히 하기 위하여 대사탄(大沙灘)에 광업사(鑛業社)를 설립했다."[201] 항산(恒産)이 있는 이상촌을 만들기 위한 것이었다.

경학사뿐만 아니라 경학사에서 설립한 신흥무관학교도 병농일치의 이상을 실현하는 학교였다. 함께 만주로 일가 망명한 이상룡의 처남 김대락은 「서정록(西征錄)」에서 이렇게 설명했다.

> 조카 정식(正植)은 학교 밭에 콩을 심는 일 때문에 오후에 윤일(尹一)과 함께 추가가로 떠났다. 아마도 학교에서 농막 하나를 사서 사방에서 배우러 오는 사람들을 대접한다고 해서일 것이다. 이는 횡거(橫渠) 선생이 '농지를 구획해서 곡식을 모아 학문을 일으키고 예를 이루려 했던 유지가 담긴 것'이니 가상하고 가상하다.[202]

이상룡은 항산이 있어야 독립운동을 장기적으로 수행할 수 있다고 생

---

200 위와 같음.
201 위와 같음.
202 김대락, 「서정록」, 1911년 5월 10일.

각했다. 그래서 신흥무관학교에서 농토를 마련해 함께 농사짓고 군사교육을 받는 이상적인 체제를 만들었던 것이다. 김대락은 5월 11일자 「서정록」에도 "사위 이문형(李文衡: 이상룡의 조카)과 김정식·윤일이 실이(實伊)와 함께 학교 농장으로 가서 콩을 심고는 비에 젖는 것을 무릅쓰고 저녁에 돌아왔다."[203]고 기록하고 있다. 이는 김대락 일가의 경우만을 적었을 뿐이지만, 다른 집안들도 사정은 마찬가지여서 틈틈이 학교 농장에 가서 공동으로 일을 했을 것이다.

이상룡은 만주 교포들에게 각자 형편에 맞는 이상촌을 만들어야 한다고 역설했다. 이상룡은 1913년 「남만주에 거주하는 동포들에게 공경히 고하는 글(敬告南滿洲僑居同胞文)」을 발표하는데, 여기에서 봉천성(奉天省) 한인들의 실제 수효는 28만 6천여 인이라면서 서간도에 이주한 한인들이 공동체를 만들어 자립할 수 있는 방안을 제시했다.[204] 첫째는 '산업'이고, 둘째는 '교육'이고, 셋째는 '권리'라는 것이다. 이를 위해 이상룡은 단체를 조직해야 한다고 말했다. "단체가 이루어지지 않으면 산업이나 교육, 권리를 얻을 수 있는 날이 없게 되어 사람들은 모두 멸망으로 빠져들게 될 것"이라면서 "하물며 동포가 단합하는 데 무슨 어려운 일이 있다는 말입니까?"[205]라고 설득했다.

삼가 바라건대 제군께서는 당장 조금 편안하다고 해서 뜻을 이루었다고 여기지 마시고, 생리(生利)가 조금이라도 편할 만한 널찍한 구역을 하나

---

203 위와 같음.
204 이상룡, 「남만주에 거주하는 동포들에게 공경히 고하는 글」 『석주유고』 권5.
205 위와 같음.

점한 뒤, 각자 마음에 맞는 사람들을 끌어들여서 군거(群居: 여럿이 거주함)하는 촌락으로 만들어야 할 것입니다. 그리고 우리들에게 적합한 정도의 규약을 의정(議定)해서 공동으로 준수해 나간다면 자연히 마음이 서로 통하고, 뜻이 서로 맞아서 마침내 완전한 법적 단체를 이룰 수 있을 것입니다. 단체가 한번 이루어지면 능력이 절로 생겨나고 산업 · 교육이 장애가 없이 발전하여 장래의 행복이 차례로 손에 들어오게 될 것입니다.[206]

이상룡은 교포 조직에서 자치를 가장 중요시했다. "우리들에게 적합한 정도의 규약을 의정해서 공동으로 준수해" 나가는 것이야말로 아나키즘적 조직 요령이었다. 이상룡은 만주에 망명해서 조직한 경학사, 부민단 같은 조직들을 자치제에 삼권 분립으로 운영했다. 이상룡의 「만주기사(滿洲紀事: 만주에서 겪었던 중요한 사건들)」라는 한시는 이를 말해주고 있다.

정부의 규모는 자치가 명분이고, 삼권 분립은 문명을 본뜬 것일세(政府規模自治名 三權分立倣文明).[207]

3 · 1 운동 이전에 이상룡은 이미 자치제와 이런 자치제에 기초한 삼권 분립을 실시하는 민단 조직을 만들었다. 대한민국 임시정부가 수립된 후 내무총장 안창호(安昌浩)는 이상룡에게 편지를 보내 그의 견해를

---

206 위와 같음.
207 이상룡, 「만주기사」 『석주유고』.

묻는데, 그에 대한 답장에서 이상룡은 "압록강을 건너온 지 8~9년 동안에 줄곧 애써온 일은 결사자치(結社自治)와 상무교육(尙武教育) 두 가지에 있었습니다."[208]라고 답했다. 자치제에 근거해 교포 조직을 만들어 서로 간에 상호 부조하면서 생업을 꾀하고, 그를 토대로 군사를 길러 나라를 되찾으려는 계획이었다. 그렇게 되찾은 나라 역시 자치제에 근거해서 정부를 수립할 것이었다. 그가 만주에서 건설했던 민단 조직들이 그랬던 것처럼 그가 건설하려는 새 나라는 모든 국민이 자유롭고 평등하며, 스스로 자치 조직을 만들고 그런 자치 조직의 연합체로 국회와 정부를 구성하는 나라였다. 이상룡 스스로가 아나키즘에 대해 직접 언급하지는 않았지만, 그의 국가 건설론은 아나키즘과 상당 부분 일치하는 것이었다.

5. 나가는 글

이상룡은 퇴계 및 학봉의 학통을 이은 정통 유학자였지만, 나라가 도탄의 위기에 빠지자 그간의 의식을 과감하게 던져버렸다. 그는 동양 철학의 바탕 위에서 서양 정치사상을 수용했다. 그 결과, 대한제국을 대신해서 세우는 나라는 모든 국민이 평등한 가운데, 스스로 자치 조직을 만들고 그런 자치 조직의 자유로운 연합체로 정부를 수립하는 나라여야 한다고 인식했다. 그의 사상이 가치가 있는 것은 단순히 선언적인 의미의 사상이 아니라 실제로 만주에서 실험해봤던 사상이라는 점이다. 그

---

208 이상룡, 「안창호의 편지를 부치다(附原書)」『석주유고』.

는 망국 이듬해인 1911년 만주로 망명해 다른 망명객들과 함께 경학사를 만드는데, 경학사는 자치를 근본으로 만든 민단 조직이었다. 그리고 자치에 바탕을 둔 삼권 분립을 실시했다. 망국 이듬해에 우리 역사는 전제군주제에서 모든 백성이 평등한 가운데 자치에 의한 정부 조직이라는 획기적 전환을 갖게 된 것이다.

제2부

한국
독립전쟁사의
몇 장면

III. 고종은 왜 망국 군주가 되었는가?

1. 들어가는 글

고종을 재평가하려는 움직임은 끊임없이 있어왔다. 2017년에는 『중앙선데이』에서 '대한제국 120주년, 다시 쓰는 근대사'라는 제목으로 고종과 대한제국에 대한 재평가를 시도했다. 이는 황태연 교수의 최근의 연구 결과에 바탕을 둔 기획인데,[209] 과거와는 달리 대한제국 자체에 대한 심층적 분석을 토대로 시도되었다는 데 의의가 있다.

고종은 망국 군주이고 일제에 의해 지속적인 폄하가 이루어졌기 때문에 고종과 대한제국에 대한 지금의 낮은 평가가 일제 식민사관의 일환이라는 주장도 성립이 불가능한 것은 아니다. 그러나 고종에 대한 낮은

---

209 황태연 교수는 『갑오왜란과 아관망명』(청계, 2017), 『백성의 나라 대한제국』(청계, 2017), 『갑진왜란과 국민전쟁』(청계, 2017) 등의 굵직한 저서로 대한제국에 대한 재평가를 시도했다. 과거와 달리 고종과 이 시기에 대한 구체적인 재평가라는 점에서 주목된다.

평가는 단지 조선총독부에서만 시도한 것은 아니었다. 고종과 동시대에 함께 정치했던 사람들도 고종에 대해 낮게 평가하는 경우가 대부분이었다. 고종에 대한 평가 중에 동시대인이었던 매천 황현의 평가가 눈에 띈다. 황현은 『매천야록』에서 "고종은 자신의 웅대한 지략을 자부한 나머지 불세출의 자질을 가지고 있다고 판단하고, 정권을 다 거머쥐고 세상일에 분주한 나날을 보냈다."[210]면서 "고종은 모든 외교를 혼자서 다 했지만, 만일 하나라도 잘못이 생기면 무조건 아랫사람에게 죄를 돌리기 때문에 외교를 담당한 대신들은 쥐구멍을 찾으며 성의를 다하지 않았다."라고 쓰고 있다. 나라가 망하자 절명시를 쓰고 자진 순국한 황현은 그만큼 시대를 아파한 사람이기 때문에 망국에 이르게 한 책임자들에 대해 강하게 비판한 것은 사실이다. 그러나 사실 고종 시대의 핵심을 이렇게 잘 정리한 언명도 찾기 힘들다.

고종의 치세는 모순이 중첩되어 있기 때문에 모순 사이의 중심을 잡지 못하면 제대로 된 평가가 힘들다. 고종은 대원군의 정책과 달리 해외에 문호를 여는 개방 정책을 폈지만, 이런 개방 정책이 성공을 거두려면 국내 정치·사회 구조도 개편하는 개혁이 필요했다. 그러나 고종은 해외 문호 개방에는 적극적이었지만, 국내 정치·사회 구조 개혁에는 소극적이었다. 해외에 문호를 개방한 이상, 청나라도 양무운동(洋務運動)에서 변법자강운동(變法自彊運動)으로 전환할 수밖에 없었던 것처럼 국내 정치·사회 개혁은 선택이 아니라 필수였다. 그러나 고종은 위기 때마다 유리한 것만 취사선택하는 편의주의적 정치 행태를 반복했고, 이것이 국인들에게 고종의 정치가 지향하는 방향에 대한 의구심을 증폭시

---

210 황현, 『매천야록』 권1 「갑오이전(甲午以前)」 상.

켰다. 결국 이런 편의주의적 정치 행태는 고종이 개혁 군주가 되고, 조선이 위기를 극복하고 새로운 길로 나서기를 바라는 많은 사대부 및 백성들에게 큰 실망을 안겨주었다.

2. 대원군의 개혁 정책과 고종의 반발

고종의 부친 흥선군 이하응(李昰應)은 사도세자의 서자 은신군(恩信君) 이진(李禛)의 후사였다. 열여섯 살 때 죽은 은신군이 후사가 없어서 인조의 셋째 아들인 인평대군의 5대손 이병원(李秉源)의 아들을 양자로 입적했는데, 그가 대원군의 부친 남연군 이구(李球)였다. 왕위를 노릴 수 있는 촌수는 아니어서 부친 이하응이 없었다면 고종은 즉위할 수 있는 처지가 아니었다. 이하응은 안동 김씨와 풍양 조씨라는 두 외척 사이의 줄다리기를 통해 대왕대비 조씨로 하여금 "흥선군의 둘째 아들 이명복(李命福)으로 익종대왕의 대통(大統)을 잇게 하기로 작정했다."[211]는 지시를 내리게 했다. 명복이 만 열한 살의 미성년이었으므로 대왕대비 조씨의 수렴청정 절목(節目: 법령)이 반포되었다. 국법대로라면 대왕대비 조씨가 발을 드리우고 수렴청정을 해야 했다. 그러나 조씨는 "대원군이 대정(大政)을 협찬하고 …… 백관으로 하여금 대원군의 지휘를 청(聽)하라."[212]면서 대원군에게 섭정의 지위를 넘겼다. 고종이 즉위했지만 고종의 시대가 아니라 대원군의 시대가 열린 것이었다.

---

211 『고종실록』 즉위년 12월 8일.
212 현채(玄采), 『동국사략(東國史略)』.

대원군은 준비된 군주처럼 집권 후 과감한 개혁 정치를 실시했다. 대원군 개혁 정치의 큰 목표는 노론 벌열 가문의 약화와 왕권 강화였다. 이와 관련해 황현의『매천야록』에 재미있는 일화가 전한다. 대원군이 집권 초 어느 공회(公會)에서 재상들에게 "내가 천 리를 지척으로 압축시키고, 태산을 깎아 평지로 만들고, 남대문을 3층으로 높이려고 한다."고 말하자 아무도 대꾸를 못 했는데, 김병기(金炳冀)가 "대감의 지금 권세로 천 리를 지척으로 만들 수도 있고, 남대문을 3층으로 만들 수도 있겠지만, 태산은 태산인데 어찌 쉽게 평지를 만들 수 있겠습니까?"[213]라고 반발했다는 것이다. '천 리 지척'은 종친(宗親)을 높인다는 뜻이고, '남대문 3층'은 남인을 기용하겠다는 뜻이며, '태산 평지'는 노론을 억제하겠다는 뜻인데, 이는 쉽지 않으리라는 암시였다.

대원군은 고종 1년(1864) 6월 소론이었던 함경감사 이유원(李裕元)을 좌의정에, 북인이었던 홍문관 제학 임백경(任百經)을 우의정에 임명했고, 고종 3년(1866)에는 남인 유후조(柳厚祚)를 우의정에 임명해 노론을 계속 약화했다.

고종 2년(1865)에는 노론의 정신적 지주인 만동묘[萬東廟: 명나라 신종(神宗)·의종(毅宗)의 사당]를 철폐했고, 고종 8년(1871)에는 "백성을 해치는 자라면 공자가 다시 살아난다 해도 용서하지 않겠다."면서 47개소만 남기고 전국의 모든 서원을 철폐했다. 만동묘 곁 송시열을 제사지내는 화양동서원(華陽洞書院)에서 발행하는 '화양묵패(華陽墨牌)'는 서원의 폐단이 어느 정도인지를 말해주는데, 황현은『매천야록』에서 "묵패로 평민들을 붙잡아 껍질을 벗기고 뼈를 빨아 남쪽 지방의 좀이 된 지 100

---

213 황현,『매천야록』권1「갑오이전」상.

년이 되었다."[214]고 개탄하고 있다. 대원군은 또 군약신강(君弱臣强)의 본산인 비변사(備邊司) 개혁에 나섰다. 중종 5년(1510) 삼포왜란(三浦倭亂)을 계기로 임시로 설치된 비변사는 인조반정 이후 청(淸)과 항쟁한다는 명분으로 행정권과 군사권은 물론 비빈(妃嬪)의 간택까지 관장하는 국정 최고기관으로 변질되었다. 안동 김씨를 중심으로 풍양 조씨, 달성(대구) 서씨, 연안 이씨, 풍산 홍씨, 반남 박씨 등의 6대 가문이 제조당상을 독차지하는 벌열 통치 기관이 되었는데, 대원군은 고종 1년(1864) 2월 비변사와 의정부를 나누는 분장절목(分掌節目)을 반포해 의정부를 비변사에서 독립시켰다가 고종 2년(1865) 3월 "서울과 지방의 사무를 모두 비변사에 위임한 것이 언제 시작되었는지 모르겠지만 사체로 보아 그럴 수 없다."[215]는 대왕대비의 전교로 비변사를 의정부에 흡수시켰다. 또한 호포제(戶布制)를 실시해 그간 군포(軍布) 징수 대상에서 제외되었던 양반 사대부들도 군포 징수 대상에 포함했다. 대원군의 이런 내부 개혁은 조선이 정상적인 국가로 가기 위해서 반드시 필요한 일들이었다.

문제는 대원군이 세계사적인 흐름을 성리학적 사고로 대처하려 한 점이었다. 자본주의 체제를 앞세운 서양의 서세동점(西勢東漸)은 중화(中華)를 중심으로 하는 성리학적 세계가 수명을 다했음을 말해주는 것이었다. 세상을 중화와 이적으로 나누어 보는 화이관(華夷觀)으로 통치할 수는 없었다. 명나라는 망한 지 오래고, 청나라도 위기에 빠져 있었다.

청나라가 러시아와 천진조약(天津條約)을 맺어서 우수리강 동쪽 영토를 내줌에 따라 조선은 뜻하지 않게 러시아와 국경을 맞대야 했다. 대원

---

214 위와 같음.
215 『고종실록』 2년 3월 28일.

군은 러시아의 동방 진출을 세계사적 의미로 받아들이지 않고, 쇄국의 관점에서 자국민을 단속하면 방어할 수 있을 것으로 보았다. 그래서 러시아인들이 두만강 건너편에 나타나자 내통하는 조선인이 있기 때문이라면서 김홍순(金鴻順), 최수학(崔壽學) 등의 목을 벴지만, 이로써 문제가 해결될 수는 없었다. 또한 정조 사후 노론 벽파의 극심한 천주교 탄압에도 불구하고 파리 외방전교회 소속의 베르뇌(Siméon-François Berneux) 주교가 고종 1년(1864) 외방전교회에 편지를 보내 "임금의 어머니(부대부인 민씨)는 천주교를 알고 교리문답을 배웠으며 몇 가지 기도문을 매일 외웠는데, 아들(고종)이 왕위에 오른 것을 감사하는 미사를 드려 달라고 청했습니다."[216]라고 보고할 정도로 천주교는 대원군의 집안방 깊숙이 들어와 있었다.

대원군은 한때 천주교 세력을 이용해 러시아를 견제하려고 했다가 고종 3년(1866: 병인년) 거꾸로 천주교에 대한 대박해에 나섰다. 정조 사후 다시 정권을 장악한 노론 벽파는 정조 때 성장했던 이가환, 정약용 같은 남인들을 제거하기 위해 천주교를 박해했지만, 노론 약화를 중요한 개혁 목표로 삼았던 대원군으로서 천주교 박해는 자기부정이었다. 박제형(朴齊炯)은 "나라 안을 크게 수색하니 포승에 결박된 죄인이 길에서 서로 바라보일 정도였고 …… 시체를 수구문(水口門) 밖에다 버려서 산같이 쌓이니 백성들이 벌벌 떨며 위령(威令)을 더욱 두려워했다."[217]고 전하고 있다. 이때 조선 입국 21년째인 다블뤼(Marie Nicolas Antoine Daveluy) 주교가 유창한 조선어로 천주교 교리를 변호한 뒤 사형당한

216 샤를르 달레, 『한국 천주교회사』, 1874.
217 박제형, 『근세조선정감(近世朝鮮政鑑)』, 탐구당, 1981, p. 154.

것을 비롯해 프랑스 선교사 9명과 8천여 명에 달하는 조선인 신자들이 사형당했다. 이 때문에 발생한 국난이 프랑스 함대가 강화도와 문수산성에 쳐들어왔던 병인양요였다. 7척의 함선에 1,500여 명 규모의 프랑스 함대는 책임자 처벌을 요구했으나, 조선의 양헌수(梁憲洙)가 이끄는 결사대가 그믐밤에 강화도 정족산성을 장악하자 강화도의 외규장각 도서를 약탈해 퇴각했다.

고종 8년(1871: 신미년)에는 미국의 로저스(John Rodgers) 제독이 5척의 함선에 1,200여 명의 군사로 조선을 공격하는 신미양요가 발생했다. 미국이 소기의 목적을 달성하는 데는 실패했지만, 강화도 광성보(廣城堡) 전투에서 미군은 전사자 3명, 부상자 10명의 경미한 피해를 입은 데 비해 조선군은 350여 명이 전사했을 정도로 큰 피해를 보았다. 내용은 조선의 패전이지만 미국이 목적을 달성하지 못하고 물러갔기 때문에 형식은 승전이었다. 이때 대원군이 자주적 개국을 단행했다면 조선은 서구 열강과 평등한 조약을 맺는 최초의 동양 국가가 되었을 것이다.

그러나 대원군은 그해 8월 "화친을 주장하는 것은 나라를 팔아먹는 것(主和賣國)"이라는 내용의 척화비(斥和碑)를 전국 각지에 세웠다. 대원군은 군사력으로 쇄국을 유지할 수 있다는 망상 속에서 막대한 군사비를 조달하기 위해 각종 경제 정책을 왜곡해 문제를 야기했다. 호포제와 서원 철폐로 양반 사대부들의 지지를 잃은 데다 경복궁 중건, 환곡제 부활 등으로 상민들의 지지까지 상실하면서 대원군의 권력 기반은 크게 약화되었다.

드디어 고종 10년(1873) 10월 동부승지 면암(勉菴) 최익현(崔益鉉)이 "염치없는 사람은 때를 얻고, 지조 있는 사람은 죽게 됩니다."라면서 대원군 집권 기간의 정치 행위를 맹비난하는 상소를 올렸다. 대원군은 최익현의 상소에 격노했는데, 고종이 뜻밖에도 "매우 가상하다."면서 최익현에게 호조참판을 제수[218]하며 지지하고 나섰다. 황현이 "이때 대원군은 분통을 참지 못해 문을 닫고 앉아서 정사를 사절했지만, 고종은 거들떠보지도 않았다."[219]고 전할 정도로 부자 사이가 크게 악화되었다. 쇄국론자 대원군이 쇄국론자 최익현의 상소로 무너진 것은 대원군 정치의 모순을 극명하게 보여주는 것이었다. 이렇게 고종은 자신을 국왕으로 만들어준 부친을 버리는 것으로 즉위 10년 만의 친정(親政)으로 정치 전면에 비로소 등장했다.

3. 고종의 오판: 준비 안 된 개국

최익현의 스승이었던 화서(華西) 이항로(李恒老)는 대원군이 내린 벼슬을 사양하면서 '만동묘 복설(復設)'을 요구했는데, 최익현 역시 고종 10년(1873) 11월 재차 올린 상소에서 "황묘(皇廟: 만동묘)를 없애버리니 임금과 신하 사이의 윤리가 썩게 되었"[220]다면서 만동묘 복설과 서원 복구를 건의했다. 만동묘는 임란 때 군사를 보내준 명나라 신종과 명나라 마지막 임금 의종을 제사지내는 곳으로 우암 송시열이 세운 것이었다. 의종의 연호 숭정(崇禎: 1628~1644)을 끝으로 명나라는 망한 지 230여 년이 되었는데, 청나라도 아니고 망한 명나라를 사대하는 만동묘 복설을 요구

---

218 『고종실록』 10년 10월 25일.
219 황현, 『매천야록』 권1 「갑오이전」 상.
220 『승정원일기』, 고종 10년 11월 3일.

개화 군주를 꿈꿨지만 망국 군주가 된 고종.

할 정도로 이항로와 최익현의 현실 인식은 시대에 뒤떨어진 것이었다. 최익현은 또한 고종 1년(1864) 7월 북인 한효순(韓孝純), 남인 이현일(李玄逸)·목내선(睦來善) 등을 복권시킨 것을 두고는 '나라의 역적이 죄명을 벗으니 충신 도리의 구분이 혼란'되었다고 비판했다. 최익현의 인식은 250년 전 서인들이 인조반정이라는 이름의 쿠데타를 일으키며 주창한 숭명반청(崇明反淸)에서 한 치도 벗어나지 않는 것이었다.

최익현의 대원군 비판 상소를 계기로 고종의 친정이 시작되었지만, 황현이 "친정이 시작되었으나 안으로는 명성황후(明成皇后)가 주관하고 밖으로는 민승호(閔升鎬: 명성황후의 오빠)가 명을 받들어 시행했다."[221] 라고 비판한 것처럼 고종의 친정이 아니라 민씨 척족(戚族) 정권의 집권에 불과했다. 그래서 세상 사람들은 최익현이 갑자기 상소를 올린 후 발탁되는 것을 보고 민씨들의 사주를 받아 상소를 올렸다고 여길 정도였다.

최익현이 대원군을 실각시킨 데 대한 반발도 적지 않았다. 고종 12년(1875) 부호군(副護軍) 서석보(徐奭輔) 등이 '최익현이 골육을 이간시켰다'면서 "요순(堯舜)의 도리는 부모에게 효도하고 형제에게 우애하는 것뿐"[222] 이라고 상소한 것이 이를 말해준다. 고종은 부자간의 도리를 말한 이 상소의 당사자들을 직접 국문하면서 고문해 거의 죽게 만들었다가 임자도에 천극(栫棘: 집에 가시나무를 치는 유배)시켰다. 심지어 전 현감 유도석(柳道奭)과 조병만(曺秉萬) 등에 대해서는 '윗사람을 범한 부도(犯上不道)'라며 참형(斬刑)에 처하려고 하다가 '양주(楊州) 직동(直東)에 내려간 대원군이 대궐을 향해 격렬하게 항의하면서 자결하려고 하자 부득이 석방했다'(『매천야록』)고 전할 정도로 고종은 대원군과 그 지지 세력에 대해서 적대적인 행태를 보였다.

고종은 부친에 대한 증오로 대원군의 모든 노선과 정책을 뒤집었다. 심지어 대원군이 남인을 자처하자 고종은 노론을 자처했다. 고종은 "대과에 급제한 사람이 노론이면 '친구(親舊)'라고 부르고, 소론이면 '저쪽(彼邊)', 남인과 북인일 때는 '그놈(厥漢)'이라고 불렀"[223] 다고 할 정도로

221 황현, 『매천야록』 권1 「갑오이전」 상.
222 황현, 『매천야록』 권1 「갑오이전」 상; 『고종실록』 12년 2월 4·5일.
223 황현, 『매천야록』 권1 「갑오이전」 상.

노론을 친구로 여기고, 남인과 북인을 적으로 여겼다. 노론은 명나라 황제를 임금으로 여기고 조선 임금은 제후로 격하하는 당파이므로 왕권 강화를 추진하면서 노론을 친구로 여기는 것은 현실 인식의 큰 모순일 수밖에 없었다. 그래서 대원군의 인식을 지배하는 것은 일정한 철학이 아니라 명성왕후와 민씨 일파라는 인식이 파다했던 것이다. 이렇게 고종은 대원군이 등용한 남인과 북인을 모두 내쫓았다. 또 재위 11년(1874) 1월 청전(淸錢) 유통을 금지하고, 2월에는 만동묘를 부활시켜 자신을 250여 년 전에 망한 명나라 임금의 신하로 격하했다. 시대착오적 정치 행태의 극치였다.

부정부패는 더욱 극심해졌다. 황현은 "양전(兩殿: 고종과 왕후 민씨)이 하루에 천금을 소모하여 …… (친정 이후) 1년도 안 되어 대원군이 10년 동안 쌓아둔 저축미가 다 동났다. 이로부터 매관매직(賣官賣職)의 폐단이 발생하기 시작했다."며 "명성황후는 수령 자리를 팔기로 마음먹고 민규호(閔奎鎬)에게 그 정가(定價)를 적어 올리도록 했다."[224]고 전한다. 돈 주고 벼슬을 산 자들은 착취에 골몰할 수밖에 없었고, "백성은 더욱 난리가 일어나기를 바라서 한 사람이 분개해 소리 지르면 따르는 사람이 구름처럼 모여들었다."고도 기록했다. 이렇게 국가 기강은 무너져 내렸고, 백성들은 난리라도 일어나 세상이 뒤집히기를 바랐다.

고종의 대외 정책도 상호 모순이기는 마찬가지였다. 대마도주 소 요시아키라(宗義達)는 고종 5년 12월 히구치 데쓰시로(樋口鐵四郎)를 차사(差使)로 삼아 조선에 파견했는데, 조선의 왜학훈도(倭學訓導) 안동준(安東晙)은 일본이 보낸 서계(書契: 외교 문서) 중에 '황조(皇朝)', '봉칙

---

224 위와 같음.

(奉勅)'등의 용어가 있고, 조선 조정에서 대마도주에게 내려준 도서(圖書: 동으로 만든 도장)를 찍지 않았다는 이유로 접수를 거부했다. 그러자 고종은 친정 후 동래부사 정현덕(鄭顯德)과 왜학훈도 안동준을 대원군 일파로 지목해 유배 보내고, 안동준은 끝내 목을 베어 죽였다. 모리야마 시게루(森山茂)가 가져온 서계에 '황상(皇上)' 같은 문구가 있었음에도 고종은 "올라온 서계를 끝까지 받아 보지 않는다면 자못 성신(誠信)의 도리가 아닌 듯하다."[225]고 접수를 주장해 일본과 무조건 조약 체결의 의사를 내비쳤다. 만동묘를 복설시킨 중화사관에 의하면 일본이 황제를 자처하는 것은 군신 관계를 뒤집는 행위였다. 그러나 고종은 이런 모순을 따지지 않고 그때그때마다 편의주의적으로 대했다.

고종 13년(1876) 1월 특명전권대사 구로다 기요타카(黑田淸隆)가 3척의 군함을 이끌고 강화도에 상륙해 회담을 요구하자 최익현은 "저들이 왜인이라고 하나 실은 양적(洋賊)이니 화호(和好)하는 일이 한번 이루어지면 사학(邪學)이 전수되어 전국에 두루 찰 것입니다."[226]라고 척화를 주장했다. 화이론자(華夷論者)인 최익현으로서는 당연한 말이었다. 그러나 고종은 달랐다.

고종은 "왜인을 제어하는 일은 왜인을 제어하는 일이고, 양인(洋人)을 배척하는 일은 양인을 배척하는 일"이라면서 "본디 상형(常刑: 사형)으로 결단해야 하지만, 한 가닥 남은 목숨을 용서하여 흑산도에 위리안치(圍籬安置)하고 삼배도(三倍道: 사흘 길을 하루에 걷게 하는 것)로 당일 압

---

225 『승정원일기』, 고종 12년 2월 5일.
226 『승정원일기』, 고종 13년 1월 23일.

송하라."[227]고 명했다. 고종의 친정을 가져온 이른바 '최충신(崔忠臣: 대원군 반대편에서 최익현을 지칭한 별명)'은 거꾸로 역적으로 몰려 혹심한 곤욕을 당했다. 그나마 이것이 최익현에게는 다행인 측면도 있었다. "흑산도로 유배하라는 명령이 내려지자 그를 의심하는 마음이 모두 사라졌다."[228]는 기록처럼 이를 계기로 최익현이 민씨 척족의 사주를 받아 대원군의 치세를 비판하는 상소를 올렸다는 사주설이 사라졌기 때문이다.

고종은 판중추부사(判中樞府事) 신헌(申櫶)을 접견대관(接見大官)으로 삼아 일본과 조약 체결에 나서게 하면서 전권을 주었다. 고종 13년 (1876) 2월 3일 신헌과 구로다가 '조·일 수호조규(강화도조약)'를 체결했다. 12개 조관(條款) 중 제1관(款)이 '조선국은 자주국으로 일본국과 평등한 권리를 보유한다'는 것이었다. 그러나 이는 조선과 일본이 동등함을 나타내기 위한 것이 아니라 조선에 대한 청국의 종주권을 부인하기 위한 문구였다. 제9관은 '백성들이 각자 임의로 무역할 때 양국 관리들은 간섭·제한·금지할 수 없다'는 것으로 조선의 관세 자주권을 부인한 것이었다. 당시 조선의 사정으로 일본에 가서 무역할 수는 없었기 때문에 이는 일본 상인들이 마음대로 조선에 와서 무역하면서 관세도 내지 않도록 허용한 불평등 조약이었다.

제10관도 개항장 일본인들의 치외법권을 인정한 불평등 조항이었다. 이 무렵 조선이 일본과 문호를 열면서 불평등 조약을 맺어야 할 이유는 전혀 없었다. 더구나 조선과 일본은 기존에 이미 국교가 있었다. 신헌이 고종에게 "저들(일본)이 말하기를 지금 천하 각국이 군사를 쓰는 때를

---

227 위와 같음.
228 황현, 『매천야록』 권1 「갑오이전」 상.

당하여 귀국의 산천이 매우 험하기 때문에 싸우고 지키기에 넉넉하나 군비가 매우 허술하다면서 부국강병의 방법을 누누이 말했습니다."라고 보고하자 고종은 "그 말은 (일본의) 교린(交隣)하는 성심에서 나온 듯하다. 우리나라는 군사의 수효가 매우 모자란다."[229]고 화답했다. 조선의 군사력에 대한 일본의 관심을 '침략의 야욕'이 아니라 '교린하는 성심'으로 여긴 고종이 문호를 활짝 열었던 것이다. 그렇게 대원군과 모든 정책을 달리하는 것을 최우선의 정책 목표로 삼은 고종에 의해 조선은 일본과 불평등 조약을 체결했고, 이후 불평등 조약은 조선이 외국과 조약을 체결할 때 으레 그러한 것으로 치부되었다.

4. 외세를 끌어들이다

고종이 개화 정책을 선택한 자체를 비판할 수는 없을 것이다. 개화는 이미 선택 사항이 아니라 시기의 선후만 있을 뿐 기정사실이었기 때문이다. 개화 정책을 선택했으면 개화 정책을 수행할 관료들도 개화파로 구성해야 했지만, 고종은 그렇지 않았다. 정권은 여전히 민씨 척족이 중심이 된 친청 수구파에게 있었다. 개화파는 개화 정책을 시행하지 않으면 조선이 망할 수 있다고 여긴 정치 세력인 반면, 친청 수구파는 개인과 가문의 사익을 국익보다 앞세우는 세력으로서 노선 자체가 없었다.

개화파의 중심인물이었던 박규수(朴珪壽) 사망 후 조선의 개화파는 급진개화파와 온건개화파로 나뉘는데, 급진개화파는 김옥균(金玉均), 박

---

229 『승정원일기』, 고종 13년 2월 6일.

영효(朴泳孝), 홍영식(洪英植), 박영교(朴泳敎), 서재필(徐載弼), 서광범(徐光範) 등이었고, 온건개화파는 김홍집(金弘集), 김윤식(金允植), 어윤중(魚允中) 등이었다. 온건개화파는 동양의 정신세계에 서양의 과학 기술을 접목하자는 동도서기론(東道西器論)을 주장했다. 동도서기론은 중국의 양무운동과 같은 것이었다. 그러나 급진개화파는 동도서기론으로는 조선을 근본적으로 개혁할 수 없다고 생각했다. 서재필이 급진개화파 김옥균에 대해 "그는 늘 우리에게 일본이 동방의 영국 노릇을 하려하니 우리는 아시아의 불란서가 되어야 한다고 말했는데, 이것이 그의 꿈이었고 유일한 야심이었다."[230]라고 말한 것처럼 김옥균으로 대표되는 급진개화파는 전면적이고 근본적인 개혁을 통해 아시아에서 일본과 대등한 근대 국가가 되기를 바랐다.

급진개화파가 보기에 청나라는 더 이상 조선의 상국이 될 수 없었다. 청국 자신이 서양 국가들에게 시달리는 형편이었기 때문이다. 그러나 청나라는 조선에 대한 상국의 지위를 포기할 생각이 없었다. 그래서 청나라는 임오군란(壬午軍亂) 직후인 고종 19년(1882) 8월 조선과 '상민수륙무역장정(商民水陸貿易章程)'을 체결하면서 조선을 '속방(屬邦: 속국)'[231]이라고 명기했다. 그러나 청나라 군사를 끌어들여 임오군란을 진압하고 정권을 되찾은 고종과 민씨 척족 정권은 이런 횡포에 항의 한마디 하지 못했다.

고종 21년(1884) 5월 당초 개화파였던 민영익(閔泳翊)이 미국과 유럽을 순방하고 돌아온 뒤 친청 수구파로 전향하면서 개화당은 더욱 열세

---

230 서재필, 「회고 갑신정변(回顧甲申政變)」.
231 『윤치호 일기(尹致昊日記)』, 1883년 10월 5일.

에 놓이게 되었다. 왕후 민씨를 정점으로 민태호(閔台鎬), 민영목(閔泳穆), 민영익, 민영소(閔泳韶), 민응식(閔應植) 등 이른바 오민(五閔)이 정권을 독차지했다. 고종은 개화를 표방했으나, 정작 정권은 수구파의 손에 있었다. 김옥균은 박영효의 집에서 "우리들은 수년 동안 평화적 수단에 의하여 각고 진력해왔으나 그 공효가 없을 뿐 아니라 금일 이미 사지(死地)에 들어가게 되었다. 앉아서 죽음을 기다릴 것이 아니라 ……우리들의 결심에는 하나의 길이 있을 뿐이다."[232]라면서 정변을 각오했다. 김옥균과 미국 공사 사이의 통역을 맡았던 윤치호가 "고우(古愚: 김옥균)가 미국 공사를 방문해서 청불전쟁에 대해 이야기했는데, '우리나라가 독립할 기회가 어찌 이때에 있다고 하지 않겠는가'라는 등의 말을 하고 갔다."[233]고 적고 있는 것도 이를 말해준다. 김옥균이 말한 '독립할 기회'란 정변으로 친청 수구파를 제거하고 청나라로부터 독립하겠다는 뜻이었다.

개화당은 정변을 위해 무사들을 양성했는데, 무력을 사용하기 위해서는 고종의 밀지가 필요했다. 김옥균은 일본의 고토 쇼지로(後藤象二郞)에게 보낸 「조선 개혁 의견서」에도 '국왕의 밀지가 있어야 한다'고 말했다. 김옥균이 쓴 『갑신일록(甲申日錄)』에는 밀칙(密勅)을 내려달라고 간청했더니 "(고종이) 즉시 칙서를 쓰셔서 수결하시고 옥새를 찍어서 내려주셨다."[234]는 기록이 있다. 드디어 김옥균 등은 고종 21년(1884) 10월

---

232 『秘書類纂朝鮮交涉資料』 上卷 『對韓策 朴泳孝邸ニ洪英植·金玉均·徐光範卜島村久談話筆記要略』.

233 『윤치호 일기』, 1884년 8월 3일.

234 김옥균, 『갑신일록』. 『갑신일록』은 김옥균이 갑신정변(1884)을 일으키기 3년 전인 고종 18년(1881) 12월 일본으로 가서 느낀 국내외의 여러 정세와 임오군란의 경위, 우정총

17일 개화당 홍영식이 총판으로 있는 우정총국(郵政總局) 낙성식에서 갑신정변을 일으켰다. 우영사 민영익은 중상을 입었고, 한규직(韓圭稷), 이조연(李祖淵) 등 군권을 장악했던 수구파 영사(營使)들과 민태호, 민영목, 조영하(趙寧夏) 등 민씨·조씨 척족들은 제거되었다. 기세를 선점한 개화당이 미국·영국·독일 공사 등을 부르자 고종은 외교 사절들에게 신정부의 수립과 대개혁정치의 시작을 통지했다. 신정권은 수십 조의 개혁 정강을 발표했는데, 김옥균은 『갑신일록』에서 그중 14개 조에 대해서 적고 있다. '① 대원군을 귀국시키고 청국에 대한 조공을 폐지한다. ② 문벌을 폐지하여 인민 평등의 권리를 제정하고 재능에 의해 인재를 등용한다. …… ⑪ 사영(四營)을 일영(一營)으로 통합하고 왕세자를 육군 대장으로 정한다. ⑫ 일체의 국가 재정은 호조에서 관할한다' 등의 항목이었다. 신분제도를 폐지하고 인민 평등의 권리를 제창하고 재능에 의한 인재 발탁을 주창한 것은 가히 혁명적인 내용이자 조선이 나아가야 할 방향을 제대로 제시한 것이었다.

급진개화파가 추진하는 조선의 대개혁을 추인하는 듯했던 고종은 상황이 달라지자 태도를 바꾸었다. 청군의 원세개(袁世凱)가 우의정 심순택(沈舜澤)에게 청군 출동을 요청하라고 권고하자 심순택은 동조했고, 임오군란 때 청군을 끌어들였던 판서 김윤식도 청군의 출동을 요청했다. 고종은 10월 19일 오후 3시 '대정유신(大政維新)의 조서(詔書)'를 내려 신정부가 대개혁을 단행할 것이라고 발표했지만, 마음은 이미 신정권에서 떠나 있었다. 고종은 적은 병력의 신정권이 방어하기 곤란한 창덕궁으로 이어할 것을 거듭 요청해 관철시켰다. 청군 1,500명이 일제

국 낙성식으로 비롯된 갑신정변의 발단과 경과 등을 기록한 책이다.

히 돈화문과 선인문을 공격하면서 수세에 몰린 김옥균, 박영효, 서광범, 서재필 등이 일본으로 망명하는 것으로 개화파의 갑신정변 '3일 천하'는 끝나고 말았다. 고종은 자신을 호위해 청군에 넘긴 홍영식, 박영교, 신복모(申福模) 등과 사관생도들을 모두 사형하고, 청군을 끌어들인 심순택을 영의정으로 임명하고, 신정권에서 발표한 일체의 개혁 정령은 모두 폐지하고, 김옥균, 박영효, 홍영식, 서광범, 서재필을 5적(賊)으로 규정했다. 이로써 고종 개화 정책의 가장 큰 우익이었던 급진개화파는 고종에 의해 제거되었다. 개화를 추진한다면서 정권은 수구 세력에게 주고, 부국강병한 근대 국가 건설에 목숨을 걸었던 개화당을 제거했다. 개화당 제거는 고종의 '말 따로 행동 따로' 정치의 본질을 말해주는 현상이었다.

5. 일본과 손잡고 동학농민혁명을 진압하다

갑신정변으로 급진개화파를 제거한 고종은 일본군과 손잡고 동학농민혁명군을 진압했다. 동학 교주 최제우(崔濟愚)는 고종 1년(1864) 체포되어 사형당했지만, 신도 수는 더욱 늘어났고, 2대 교주 최시형(崔時亨)은 '사람이 본래 하늘이니 사람 섬기기를 하늘 섬기듯 하라(人是天事人如天)'는 교리로 신분제를 부인했다. 백성들은 더 이상 무능하고 부패한 정치 체제를 숙명으로 받아들이지 않았다. 고종 29년(1892) 무렵부터 동학은 본격적으로 '교조신원운동(教祖伸冤運動)'을 전개했는데, 단순한 종교 자유 획득 운동이 아니었다. 고종 30년(1893) 3월 열린 충청도 보은 집회에서 교조 신원 요구 대신 "왜양(倭洋)을 소파(掃破: 부수어 청소

함)하여 대의를 이루고자 한다."고 천명한 것처럼 이미 동학은 포교의 자유를 넘어 사회 개혁을 주장하는 운동으로 성장해 있었다. 이는 조선 농민들이 더 이상 사대부 지배 체제를 인정하지 않고 스스로 개혁의 주체로 성장했음을 말해주는 것이었다.

그러나 고종과 친청 수구파들은 이런 사회 변화 움직임을 인지하지 못하고 백성들을 여전히 수탈의 대상으로만 여겼다. 이렇게 상반된 양자의 의식이 서로 충돌한 것이 동학농민혁명이다. 전봉준(全琫準)은 고종 30년(1893) 11월 조병갑(趙秉甲)에게 두 차례 수세(水稅) 경감을 요구했다가 거절당하자 각 마을 집강(執綱)들에게 사발통문을 보냈다. 이 사발통문에 "고부성을 격파하고 군수 조병갑을 효수할 것 …… 전주영을 함락하고 경사(京師: 서울)로 바로 향할 것"이라고 쓴 것은[235] 동학농민군이 이미 '서울 진격'을 공언할 정도로 분노와 자신감에 차 있었다는 뜻이었다.

고종 31년(1894) 1월 동학농민군이 고부 관아를 습격하자 크게 놀란 고종은 조병갑을 파면하고 박원명(朴源明)을 군수로 임명하는 한편, 안핵사(按覈使) 이용태(李容泰)를 파견해 진압하려 했지만, 이용태는 "그 무리가 많은 것을 꺼려 병을 칭탁하고 머뭇거리다가 도리어 기회를 타서 백성의 재물을 약탈하니 민심이 더욱 격화되었다."[236]는 기록처럼 거대한 혁명의 물결을 전혀 감지하지 못하고 백성을 수탈의 대상으로 보는 구태를 반복했다.

그해 3월 다시 봉기한 동학농민군은 "우리가 의(義)를 들어 이에 이

---

235 『동학농민혁명사 일지』, 1893년 11월(음력).
236 『고종실록』 31년 2월 15일.

름은 그 본의가 다른 데 있지 아니하고 창생(蒼生: 백성)을 도탄에서 건지고 국가를 반석 위에 두고자 함이다."라고 선언했다. 고종이 진정 나라의 운명을 생각하는 군주였다면 동학농민군이 요구하는 폐정 개혁을 실천하면서 이들을 우익으로 삼을 수도 있었다.

동학농민군의 기세에 놀란 고종은 동학농민군과 '전주화약(全州和約)'을 맺게 해서 북상을 저지했다. 부국강병을 꿈꾸던 개화당을 제거한 고종과 친청 수구파에게는 국내 문제를 무력으로 해결할 군사가 이미 존재하지 않았다. 고종과 친청 수구파는 임오군란 때 그랬던 것처럼 청나라 군사를 끌어들여 동학농민군을 진압하려 했다.

동학농민군은 그해 5월 8일 전주화약을 체결하고 전주에 대도소(大都所), 호남 53개 읍에 집강소(執綱所)를 설치해 폐정 개혁에 나섰다. 오지영의 『동학사(東學史)』(1940)에는 "불량한 유림과 양반을 징계할 것, 노비 문서를 불태울 것, 토지는 평균하게 나누어 경작하게 할 것" 등으로 구성된 12개 조의 폐정 개혁안이 실려 있다. 이는 신분제 해체와 경제적 평등을 요구한 것으로 백성들 스스로 근대 국가를 지향하고 있었음을 말해주는 것이었다.

그러나 고종은 이미 1년 전 보은 집회 당시 "청나라 군사를 사용하는 것은 가하다(淸兵可用)."[237]며 청군을 불러 진압하겠다는 뜻을 밝혔다. 농민군이 주장하는 폐정 개혁은 민씨 척족 정권의 몰락을 의미했기에 척족의 대표 민영준(閔泳駿)[238]도 청군 차병(借兵)을 적극 주장했다. 황

---

237 『승정원일기』, 고종 30년 3월 25일.
238 민영준은 뒤에 영휘(泳徽)로 개명하는데, 1910년 한일합방공로작 때 자작의 지위를 받는 대표적인 친일파 중 한 명이다.

현은 『매천야록』에서 "동비(東匪: 동학교도)가 홍계훈(洪啓薰)에게 보낸 글에 '국태공(國太公: 대원군)을 받들어 모실 것'이라는 구절이 있어 크게 노한 양전(고종과 민비)은 동비를 속히 평정하지 않으면 점차 말로 표현하기 어려운 걱정이 있을 것이라고 생각해 청나라에 원병을 청했다."고 전한다. 대원군 집권에 대한 두려움 때문에 청군 파병을 요청했다는 것이다. 일본은 청나라 군사의 파견을 지지하며, 청군이 출병하더라도 군사를 조선으로 보내지 않을 것이라고 청나라를 설득했다. 그러나 고종의 요청에 따라 청에서 군사를 파병했다는 소식을 들은 일본군은 곧바로 조선으로 향했고, 청나라 군사보다 먼저 조선에 도착했다. 이는 고종 22년(1885) 청과 일본이 맺은 천진조약에 의한 것이었다. 임오군란과 갑신정변 이후 청·일 양국의 군사 충돌 가능성이 커지자 일본의 전권대사 이토 히로부미와 청의 직례총독(直隷總督) 이홍장(李鴻章)이 천진조약을 맺었는데, 그 제3조는 "앞으로 조선에서 어떤 변란이나 중요 사건이 발생하여 청·일 두 나라 또는 어느 한 나라가 파병할 필요가 있을 때는 먼저 문서로 연락하고 사태가 가라앉으면 다시 철병할 것"이라는 것이었다. 청나라에서 출병하면 일본도 자동적으로 출병하게 되어 있었다. 결국 대한제국을 점령한 일본군을 끌어들인 것도 고종과 친청 수구파 정부였다.

오토리 게이스케(大鳥圭介) 공사는 6월 21일 일본군 2개 대대를 이끌고 경복궁에 난입했는데, 『고종실록』은 "시위군이 발포하며 저지하자 임금이 중지하라고 명했다."[239]고 기록하고 있다. 『매천야록』은 "오토리 공사가 고종을 협박하여 함부로 요동(搖動)하는 자는 머리를 베겠다는 교

---

239 『고종실록』 31년 6월 21일.

지를 내리게 하자 병사들이 모두 통곡하며 총을 내리고 군복을 찢은 후 도주했다."고 전한다. 일본의 위협에 굴복한 고종이 조선군을 무장 해제한 것이다. 고종이 호위 군사에게 일본군과 맞서면 목을 베겠다는 교지를 내린 상황에서 민씨 척족은 이미 도주했고, 일본에 맞서 봉기한 것은 동학농민군이었다.

그해 9월 양호창의영수(兩湖倡義領袖) 전봉준은 충청도 관찰사 박제순(朴齊純)에게 "일본이 군대를 동원해 우리 임금을 핍박하고 우리 국민을 어지럽게 하는 것을 어찌 그대로 참을 수 있겠는가?"라며 동참을 요구했다.[240] 그러나 훗날 을사오적(乙巳五賊)이 되는 박제순은 동학농민군의 봉기에 대해 "비적(匪賊)이 날뛰고 있다."고 보고했고, 고종과 의정부는 순무사(巡撫使) 신정희(申正熙)를 보내 일본군과 함께 농민을 진압했다. 그해 10월 동학농민군 주력은 충청도 공주의 우금치(牛禁峙) 전투에서 패전했고, 정읍을 거쳐 순창으로 잠입해 재기를 모색하던 전봉준은 그해 12월 말경 체포돼 이듬해(1895년) 4월 손화중(孫華仲), 김덕명(金德明) 등과 함께 사형당했다.

위로부터의 개혁 운동인 갑신정변이 진압된 지 10년 만에 아래로부터의 개혁 운동인 동학농민혁명도 진압되었다. 청군을 시켜 진압하려던 고종의 계획이 일본군에 의한 진압으로 바뀐 것뿐이었다. 말로는 개혁을 추구한다면서도 결정적 순간에는 항상 개혁의 반대편에 섰던 고종의 행태는 반복되었고, 개혁을 희구하는 민중 세력은 계속 탄압받았다.

---

240 「선유방문병동도상서소지등서(宣諭榜文竝東徒上書所志謄書)」『동학농민혁명 사료 총서』 10, pp. 337~338.

6. 계속되는 외세 의존과 망국

동학농민군을 일본이 진압하자 고종은 이제 일본의 의중을 따르는 군주로 변했다. 동학농민혁명 당시 남원에 거주하던 김재홍(金在洪)이 고종 32년(1895) 쓴 『영상일기(嶺上日記)』의 을미년(1895) 정월 조의 내용은 의미심장하다.

> 국가에서 새 달력을 반포하였는데, 청나라 연호를 삭제하고 '대조선(大朝鮮) 개국(開國) 504년'이라고 칭했다. 이는 왜인(倭人)의 달력을 따른 것이다. 왜인의 달력은 제일 먼저 '대일본 개국 몇 년'이라고 적었다. 나라의 제도가 혹 일본 법을 따른 것이 있었는데, 의복제도 역시 저들의 제도를 따랐다. 그렇지만 사민(士民)들은 대부분 따르지 않았다.[241]

고종이 '대조선 개국' 운운한 것은 자의에 의한 것이 아니었다. 조선을 청과 분리하기 위해 일본이 획책한 것에 불과했다. 동학농민혁명군을 진압하기 위해 청군 파병을 요청한 것은 일본군의 파병으로 이어졌고, 두 나라가 이 땅에서 전쟁을 치르는 청일전쟁으로 연결되었다. 고종과 친청 수구파들이 굳게 믿었던 청나라는 이미 일본의 상대가 아니어서 청일전쟁은 일본의 일방적 승리로 끝났다. 그 결과 고종 32년(1895) 4월 17일 이토 히로부미와 이홍장 사이에 '시모노세키 조약(下關條約)'이 체결되었다. 시모노세키 조약의 핵심은 청나라가 요동반도 등을 일본에 할양한다는 것이었다. 그러나 시모노세키 조약의 제1조는 '조선국

---

241 김재홍, 『영상일기』 〈을미 정월〉.

이 완전무결한 독립 자주국임을 승인할 것'으로서 청의 종주권을 부인하기 위한 조항이었다.

청일전쟁에서 승세를 잡은 일본은 조선 내정의 폐단 때문에 동학 같은 내란이 일어나는 것이라며 고종 31년 6월 25일 김홍집 내각에게 군국기무처를 구성해 내정 개혁에 나서게 했다. 김홍집 내각이 수행한 개혁 정책이 갑오경장(甲午更張) 또는 갑오개혁(甲午改革)이다. 황현은 『매천야록』에서 "일본이 조선에 '문벌 타파, 정권의 정부 이양, 학교 설립' 등의 내용을 담은 '5강(綱) 16조(條)'를 보내 시행하라고 권했다."고 전한다. 그러면서 "이 조약이 반드시 우리를 진정으로 위한 것도 아니지만, 병에 쓰는 약이 아니라고 말할 수도 없다."고 평가했다. 기회도 되고 위기도 될 수 있었던 갑오개혁의 이중성을 잘 말해주는 대목이다. 같은 책에서 황현은 "개정된 신법이 반포되자 백성들은 모두 발을 구르고 손뼉을 치고 기뻐하면서, 서양 법을 따르든 일본 법을 따르든 다시 태어난 것처럼 희색을 감추지 못했다."[242]고 전한다.

군국기무처는 개국 연호 사용, 문벌과 양반·상민의 계급 타파, 연좌제 폐지, 공사(公私) 노비제 폐지 등의 대개혁을 단행했다. 그러나 고종은 이런 갑오개혁에 큰 불만을 품고 있었다. 고종은 개화 군주라는 칭호는 듣고 싶어 했지만, 정작 개화는 하고 싶어 하지 않았다. 이런 상황에서 러시아, 독일, 프랑스가 일본에 요동반도 반환을 요구해 관철시킨 삼국간섭(三國干涉)이 일어나자 이를 주도한 것이 러시아라는 사실을 안 고종은 러시아에 기울었다.

고종 17년(1880) 수신사 김홍집이 청국 외교관 황준헌(黃遵憲)의 『조

---

242 황현, 『매천야록』 권2 「고종 31년 갑오」.

선책략(朝鮮策略)』을 갖고 들어와 "러시아 세력을 막기 위해서는 조선이 중국과 친하게 지내고, 일본과 결합하고, 미국과 연합해야 한다."고 주장했을 때 고종이 이 논리에 동조해 큰 논란이 일어났다. 러시아나 일본이나 미국이나 모두 외국은 마찬가지인데, 왜 러시아를 막기 위해 다른 나라들을 끌어들여야 하느냐는 논란이었다. 그러나 고종은 이제 180도 태도를 바꿔 러시아에 기울었다.

청일전쟁 승전에도 불구하고 고종 부부가 러시아로 기울면서 일본의 입지가 약해지자 육군 중장 출신 신임 공사 미우라 고로(三浦梧樓)는 극단적인 방법을 선택했다. 고종 32년(1895) 8월 20일 일본 낭인들을 궁궐에 난입하게 해 명성황후를 시해하는 을미사변(乙未事變)을 일으켰던 것이다.[243] 사건 가담자 고바야카와 히데오(小早川秀雄)는 "궁중의 중심인물인 민후(閔后)를 제거해 러시아로 하여금 그 결탁할 당사자를 잃게 하는 것 외에 다른 양책(良策)이 없다."[244]고 말해 고종 부부가 친러 정책으로 전환하는 것을 막기 위한 만행임을 시인했다. 드디어 고종은 재위 33년(1896) 2월 11일 새벽 세자, 왕비 민씨 사후 들인 후궁 엄씨 등과 함께 궁녀의 가마를 타고 러시아 공사관에 피신하는 아관파천(俄館播遷)을 단행했다. 그 직후 고종은 러시아 공사관으로 경무관 안환(安桓)을 불러 김홍집 내각의 대신들을 역적으로 규정하고 포살령(捕殺令)을 내렸다. 김홍집과 정병하(鄭秉夏), 어윤중 등은 군중에게 살

---

243 명성황후 시해에 가담했던 일본인 낭인 중에 특기할 만한 인물이 아유카이 후사노신(鮎貝房之進: 1864~1946)이다. 아유카이는 일본군 참모본부의 '임나=가야설'에 따라 『일본서기』에 나오는 임나의 위치를 한반도 내로 비정했는데, 이 논리가 스에마쓰 야스카즈의 지지를 얻어 현재 남한 강단사학계의 정설로 유지되고 있다.
244 고바야카와 히데오, 「민후조락사건(閔后殂落事件)」.

해되었고, 유길준(兪吉濬), 장박(張博), 조희연(趙羲淵) 등은 일본으로 망명했다.

고종은 갑신정변으로 급진개화파를 제거한 데 이어 아관파천으로 온건개화파도 제거했다. 고종이 아관파천을 단행한 이유에 대해 황현이 "헌정에 속박되는 것을 싫어했기 때문"[245]이라고 말한 것처럼 고종은 입헌 정치 체제 수립을 막기 위해 아관파천을 단행한 것이었다. 당시 고종 자신도 살고 나라도 살릴 수 있는 최선의 방법이 바로 헌법에 의해 나라를 다스리는 헌정 체제 수립이었다. 그러나 고종은 군주가 헌법 아래 있을 수 없다는 시대착오적인 사고에 집착했다. 삼국간섭에 이어 아관파천까지 일어나자 일본은 전쟁으로 러시아를 격퇴하고 조선을 차지하기로 결의하고 1904년 러일전쟁을 일으켰다. 고종은 외교력으로 왕권을 유지할 수 있다고 보았지만, 일본은 청일전쟁과 러일전쟁 두 차례에 걸쳐 외교력은 군사력의 한 부분에 불과함을 보여준 것이다.

7. 나가는 글

러일전쟁 직후인 1905년 9월 러시아와 일본이 체결한 포츠머드 강화 조약의 제1조는 "일본이 한국에서 정치·군사·경제상의 특별 권리를 갖는 것을 승인한다."는 것이었다. 미국은 1905년 7월의 '가쓰라 태프트 밀약'으로, 영국은 8월의 '제2차 영일동맹'으로 이미 일본의 한국 지배에 동의했다. 러시아까지 일본의 한국 점령을 받아들인 것이므로 일본

---

245 황현, 『매천야록』 권2 「고종 32년 을미(1895)」.

의 대한제국 점령은 결정된 것이었다. 그해 11월 일본은 이른바 을사조약을 강제로 체결해 외교권을 빼앗고, 5년 후에는 대한제국을 완전히 점령했다. 영조(52년)와 숙종(46년)에 이어 세 번째로 긴 44년 동안 왕위에 있었던 고종은 망국 군주가 된 것이다. 그 이유는 무엇일까?

첫째, 자질이 부족했다. 고종의 시종 출신 정환덕(鄭煥德)은 『남가몽(南柯夢)』에서 "고종이 침소에서 낮 12시 전후에 나오니 백관의 조회는 하지 않아도 저절로 끝나버린다."고 전한다. 황현은 『매천야록』에서 '고종은 등불을 환히 밝히고 새벽까지 놀다가 새벽 4~7시경이 되면 비로소 잠이 들어 오후 3~4시에 일어났다'면서 그래서 세자는 아침 햇살이 창가에 비치면 "마마, 잠자러 가요."라고 말했다고 전한다. 수신(修身) 실패가 제가(齊家) 실패로 이어진 것은 당연했고, 치국(治國), 평천하(平天下)는 무망했다. 고종의 친정은 말만 친정이지 사실상 민씨 척족 정권 친정이었다.

둘째, 고종은 시대 변화를 거부했다. 강국이 되려면 일본의 메이지 유신 같은 헌정 체제의 수립이 필요했다. 그러나 고종은 말로는 개화를 추진한다면서도 개화의 상징인 헌정 체제 수립을 거부했다. 개혁 시도가 전제왕권에 조금이라도 저해되면 하루아침에 돌변해 모두 제거했다. 갑신정변으로 급진개화파를 죽이고, 아관파천으로 온건개화파를 죽였다. 또 외국군을 끌어들여 동학 농민들을 죽였다.

셋째, 편의주의적 정치 행태를 반복했다. 대세에 순응하는 척하다가 틈을 보아 뒤집는 것이 고종 정치 행태의 특징이었다. 갑신정변이 그랬고, 동학농민군과 맺은 전주화약이 그랬으며, 갑오개혁이 그랬고, 독립협회 해산이 그랬다. 1905년의 을사늑약에는 목숨 걸고 저항하지 않다가 2년 후에 헤이그에 밀사를 파견한 것도 편의주의적 정치 스타일의

1919년 3월 고종 황제의 장례 때 상여가 종로를 통과하고 있는 모습. 고종 황제의 붕어(崩御)를 계기로 전국 방방곡곡에서는 일제의 무단통치에 항거하는 3·1 독립운동이 일어났다.

한 단면이었다. 그러다 보니 항상 강자에 약했다. 고종이 강제 양위당한 1907년 분노한 백성들이 이완용, 이지용(李址鎔), 이근택(李根澤) 등의 집을 불태웠다. 그러나 고종은 되레 신화(新貨) 2만 환을 하사해 새집을 짓게 하고, 정치자금 3천 환을 더 하사했다. 심지어 망국 20일 전에도 이완용에게 1천 원을 하사했다. 그러나 이완용은 고종의 이런 지극정성을 비웃기라도 하듯 8월 4일 『혈의 누』의 저자이기도 한 비서 이인직을 통감부 외사국장 고마쓰에게 몰래 보내 망국 조건을 협상하게 했다.[246] 부국강병과 민생 안정에 힘쓰는 애국자들은 다 죽여버리고 이완용 같은 매국적(賣國賊)에게는 지극정성을 쏟은 이유는 그가 일본의 신임을 받

---

246 『京城日報』, 1934. 11. 25.

는 강자였기 때문이다.

고종이 이회영 등과 몰래 접촉하면서 망명을 준비한 것이 마지막 승부수였다. 그러나 고종의 마지막 역전극은 수포로 돌아갔다. 이완용이 고종의 행보를 다 읽고 있었기 때문이다. 『순종실록』 부록은 1919년 1월 20일 고종이 병이 깊었다고 전하는데, 그날 밤 숙직한 인물은 이완용과 이기용(李埼鎔)이었다. 다음 날 묘시(오전 6시경)에 고종은 이 두 매국노만 지켜보는 가운데 덕수궁 함녕전에서 승하했다. 이완용 등의 사주를 받은 이왕직(李王職) 장시(掌侍)국장인 남작 한창수(韓昌洙)와 시종관 한상학(韓相鶴)이 독약 식혜를 올려 살해했다는 독살설이 들끓었다. 고종 독살설이 망국 군주에 대한 민중의 동정을 사서 그의 인산일에 3·1 운동이 일어난 것 정도가 고종이 국가에 기여한 점이었다. 왕비 민씨의 시해 사건이 을미의병(1895)의 도화선이 되었던 상황의 반복이었다. 그렇게 조선은 일제에 강점당했고, 고종은 망국 군주라는 오명을 벗어날 길이 없었다.

Ⅳ. 조선의 운명을 결정지은 청일전쟁과 아산만

1. 들어가는 글

청일전쟁은 청나라와 일본 사이의 전쟁이지만 그 전쟁터는 한국이었다. 조신의 종주권과 이를 둘러싼 동아시아의 패권을 놓고 다투었기 때문이다. 청일전쟁은 고종 31년(1894) 7월 25일(양력) 시작해 고종 32년(1895) 4월 시모노세키 조약으로 끝났다. 청일전쟁은 국제적 성격의 전쟁이기 때문에 관련국들은 각자 자신들의 관점에서 호칭하는데, 중국에서는 갑오년(1894)에 일어났다는 이유로 '중일갑오전쟁(中日甲午戰爭)', 일본에서는 '일청전쟁(日淸戰爭)'이라고 부르고, 서양에서는 '제1차 중일전쟁(First Sino-Japanese War)'이라고 부른다. 한국은 청일전쟁이라는 호칭이 일반화되어 있다.

한국은 전장 무대였지만 전쟁의 당사자는 아니었고, 그래서 '청일전쟁과 조선'이라는 관점에서 보는 연구는 제한적이었다.[247] 청일전쟁 그 자체보다 전쟁의 결과나 전쟁 이후의 한일 관계사에 대한 연구가 훨씬 많았다.[248] 이런 상황에서 '청일전쟁과 아산만'이라는 더 좁은 주제로 바라보는 것은 일부 무리가 있을 수밖에 없다. 청일전쟁 당시 아산만은 청군의 주둔지이자 첫 격전지로서 국제적인 주목을 받았다. 아산 전투에서 사실상 청일전쟁의 승패가 결정되었다고 해도 좋을 정도로 이 지역에서 벌어진 전투는 매우 중요했다. 그럼에도 이 부분에 주목한 연구가 거의 없었다.

이 글에서는 당시 조선을 둘러싸고 청·일 양국이 갈등을 겪다가 전쟁으로 치닫는 과정을 살펴보고, 그 첫 격전이었던 아산 전투에 대해 살펴보려고 한다. 청일전쟁은 동학농민혁명을 진압하기 위해 조선 정부가 청군의 출병을 요구한 데서 시작했으므로 이 부분도 청일전쟁의 동인 (動因)으로서 함께 살펴볼 것이다. 청일전쟁이 아산에서 시작되었다고 하지만, 구체적으로는 현재의 아산 지역에서 벌어진 전투가 아니다. 아산 전투는 둘로 나누어 볼 수 있는데, 1894년 6월 23일(양력 7월 25일) 아산만 서북쪽의 풍도(豊島)에서 발생했던 풍도 해전과 이틀 후 성환에서 발생했던 성환 전투이다. 이 두 전투는 모두 아산에 진주하던 청군과 직접적 관련이 있는 전투일 뿐만 아니라 아산만 인근에서 발생했으므로 포괄적으로 아산 전투라고 부를 수 있을 것이다.

---

247 은정태, 「청일전쟁 전후 조선의 대청 정책과 조청 관계의 변화」, 『청일전쟁기 한·중·일 삼국의 상호 전략』, 동북아역사재단, 2009, p. 81.
248 청일전쟁에 대한 국내의 연구 동향에 대해서는 한림대학교 아시아문화연구소, 『청일전쟁의 재조명』, 한림대학교 출판부, 1996을 참조할 것.

2. 동학의 확산과 조선 정부의 대응

1894년 조선 왕조 남부에서는 동학농민혁명의 불길이 거세게 타올랐다. 동학농민혁명은 대체적으로 네 단계로 이루어졌다고 보는 것이 일반적이다. 1894년 1월 고부의 농민이 관아를 습격하는 고부민란이 1단계, 전주성을 점령하고 정부와 전주화약을 맺는 것이 2단계, 농민군이 전라도 각지에 집강소를 설치해 운영하는 것이 3단계이고, 일본군과 합세한 관군에 의해 강제 진압되는 것이 4단계이다.[249] 물론 동학농민혁명이 전라도에서만 발생한 것은 아니다. 경상도 김해에서 부사(府使)의 침탈을 받은 농민들이 봉기하여 관아를 습격해 관인을 탈취하고 부사와 그 가족을 축출한 사건도 있었고,[250] 충청도 금산에서는 동학도 수천 명이 몽둥이를 들고 흰 수건을 쓰고 관아로 몰려들어 아전의 집을 불태운 사건도 있었다.[251]

이런 전국적 분위기 속에서 1894년 1월 11일(양력 2월 17일) 전봉준이 주도하는 1천여 명의 농민군이 고부 관아를 점령했다. 동학농민혁명의 본격적인 시작이었다. 군수 조병갑을 쫓아내고 원성의 표적이던 만석보를 무너뜨린 농민군은 태인 관아로 들어가 군기를 탈취해 무장을 갖추었다.[252] 동학농민군은 부안을 점령하고 전주로 향해 4월 7일 황토현에서 전라 감영군을 맞아 대승을 거두었으며, 이후 고창, 무장, 영광,

---

249 『한국사 40: 청일전쟁과 갑오개혁』, 국사편찬위원회, 1999, p. 309.
250 한국역사연구회, 『1894년 농민전쟁 연구 5』, 역사비평사, 1997, p. 272.
251 한국역사연구회, 위의 책 『1894년 농민전쟁 연구 5』, p. 271.
252 한국역사연구회, 위의 책 『1894년 농민전쟁 연구 5』, p. 272.

함평 등지를 공격했다.[253] 동학농민군은 백산에서 집결했을 때 "우리가 의(義)를 들어 이에 이름은 그 본의가 다른 데 있지 아니하고 창생(백성)을 도탄에서 건지고 국가를 반석 위에 두고자 함이다."라는 격문[254]을 발표했다. 사형당한 교조 최제우 신원이라는 종교의 자유 획득을 넘어 폐정 개혁을 통한 국가 체제의 대변혁을 요구한 것이었다. 조정에서 내려 보낸 양호초토사(兩湖招討使) 홍계훈에게 군전, 환전, 세미 등 8개 조항을 내걸고 폐정 개혁을 요구[255]한 것도 이를 말해준다. 동학농민군은 드디어 4월 27일 전주성을 함락하고 입성하는 데 성공한다.[256]

동학농민군의 기세에 놀란 고종과 친청 수구 정권은 동학농민군의 요구를 받아들여 폐정 개혁을 단행하는 대신 청국군을 끌어들여 농민들을 진압할 구상을 한다. 이것이 결과적으로 청국군은 물론 일본군까지 불러들여 조선 농민들을 학살하고 청일전쟁까지 불러오게 된다. 친청 수구 정권은 1년 전인 고종 30년(1893) 충청도 보은에서 열린 동학 집회 때 이미 청국군을 차병하는 문제를 논의한 적이 있었다. 영의정 심순택이 동학을 진압하기 위해 중앙군을 투입하자고 주장하자 고종은 중앙군은 수도 방위에 전념하게 하고 동학농민군은 청국군을 빌려서 진압하자는 방안을 구상했다. 이때 심순택과 우의정 정범조(鄭範朝) 등이 군량미 조달의 문제점과 외국군 차병의 위험성을 주장하면서 무산되었지만, 청국군 차병은 같은 상황이 발생하면 재론될 소지가 있었다.[257]

---

253 위와 같음.
254 오지영, 앞의 책 『동학사』, p. 112.
255 한국역사연구회, 앞의 책 『1894년 농민전쟁 연구 5』, p. 272.
256 한국역사연구회, 앞의 책 『1894년 농민전쟁 연구 5』, p. 273.
257 『일성록(日省錄)』, 고종 30년 3월 25일.

동학농민군이 확산되는 원인에 대해 조정은 정확하게 인지하지 못하고 있었다. 좌의정 조병세(趙秉世)나 우의정 정범조는 모두 지방관의 탐학이라는 좁은 문제에 그 원인을 돌리고 있었다.[258] 당시 조선 지배 체제가 한계에 봉착한 지 오래고 농민층이 정치·사회적으로 크게 성장했음을 간과하고 단순히 지방관의 침탈 문제로 사건을 축소해 파악한 것이다. 동학농민군은 탐학한 지방관의 처벌도 요구했지만 폐정 개혁을 더 중요한 요구사항으로 내걸었다는 사실 자체에 대한 인식이 부족했다. 양측의 인식 차이는 컸다.[259] 고부 관아 습격 이전의 삼례 집회에서도 이미 폐정 개혁에 관해 요구했다는 사실은 동학농민군 봉기의 가장 중요한 이유가 조선 지배 체제의 모순 타개와 농민층의 성장임을 말해 주는 것이었지만, 고종과 친청 수구 정권에게 농민들은 여전히 수탈의 대상일 뿐이었다.

동학농민혁명 당시 조정에서 동학농민군에 대한 무력 진압 방침을 주도한 인물은 민씨 척족 정권의 대표 격인 민영준(영휘)이었는데,[260] 그는 그해 4월 2일 고종을 설득해 홍계훈을 양호초토사로 임명해 파견하면서 서울을 지키는 장위영(壯衛營) 병력을 주어 보낸 인물이었다.[261] 1894년 4월

---

258 위와 같음.

259 동학농민군의 폐정 개혁에 관한 요구가 담겨 있는 당시의 사료로는 필사본 『동비토록(東匪討錄)』, 『취어(聚語)』 등이 있다. 단순히 지방관의 탐학과 관련한 문제뿐만 아니라 폐정 개혁 일반과 척왜양(斥倭洋) 등의 요구가 광범위하게 실려 있다.

260 민영준은 친청 수구파였다가 청일전쟁 이후 친일파로 변신했다. 민두호(閔斗鎬)의 아들로서 대한제국 멸망 직후인 1910년 일제에 의해 자작 작위를 수여받았고, 그 전에도 일진회의 「합방 성명서」에 찬성하는 국민동지찬성회 고문 등을 역임한 매국 친일파이다. 일제강점기 조선의 3대 부자 중 한 명으로 휘문의숙을 설립하기도 했다.

261 『일성록』, 고종 31년 4월 2일; 『양호초토등록(兩湖招討謄錄)』, 『동학농민전쟁 사료 총서』 6, 사운연구소, 1996, p. 3.

6~7일 벌어진 황토현 전투에서 전라감영군이 패전하자 민영준은 청나라에 원병을 요청하기로 계획했다. 동학농민군의 봉기는 과거의 민란과는 전혀 다른 형태의 봉기였다. 과거에는 지방관의 탐학에 분노한 민중들의 우발적 봉기였다면 동학농민군은 사전에 준비된 전국적 조직이었으며, 산적한 사회 문제에 대한 대안도 제시하고 있었다. 이런 동학농민군의 봉기에 대해 조정에서는 두 가지 입장이 대두하고 있었다. 첫째는 동학농민군의 주장처럼 폐정을 개혁함으로써 문제를 해결하자는 방안이었고, 둘째는 군사를 빌려 진압하자는 방안으로서 왕비 민씨를 정점으로 한 민씨 척족 정권의 입장이었다.[262] 민영준은 황토현 전투에서 정부군이 패전한 후인 4월 13일 고종에게 "적의 기세가 갈수록 확대되어 창궐하지만 그들을 초멸하거나 체포하는 것이 불가하므로 (청나라에) 전보로 군사를 요청해 돕도록 하는 것이 사리에 맞을 것 같습니다."[263]라고 주장했다.

대대적인 폐정 개혁은 민씨 척족 정권의 퇴진을 의미하기 때문에 민영준은 민씨 척족 정권의 유지를 위해 청병 차용에 적극적으로 나섰던 것이다.[264] 양호초토사 홍계훈도 4월 19일 청군의 파병을 요청하는 장계를 올렸는데, "초토사는 출병하지 않고 전투도 하지 않았으며 토병(土

---

262 日本外務省 編, 『日本外交文書』 27-2, 東京, 日本國際連合協會, 1936, pp. 152~153. "賊勢去益猖獗莫可剿滅捕捉請電達要求請兵來助恐合事宜." 그간 최초의 청병 요구를 홍계훈의 전보라고 이해해왔으나 홍계훈의 전보에는 청병을 요청하는 구절이 없다. 민영준의 이 주청이 기록상 최초의 청병 요청이다. 이 부분에 대해서는 왕현종, 「조선 갑오 개혁 정권의 대일 정략과 종속의 심화」, 앞의 책 『청일전쟁기 한·중·일 삼국의 상호 전략』, pp. 23~25를 참조할 것.

263 日本外務省 編, 위의 책 『日本外交文書』 27-2, p. 153.

264 청국군 차병 문제에 대한 조선 조정의 논의에 대해서는 앞의 책 『한국사 40: 청일전쟁 과 갑오개혁』, pp. 36~40을 참조할 것.

兵)만 앞세웠기 때문에 불평이 많았다."라는 기록처럼 전의(戰意)를 상실한 용장(庸將)의 보신책에 불과했다. 민씨 정권의 실권자와 초토사가 모두 청군 차병을 요구하면서 조정은 다시 이 문제를 심도 있게 논의했다. 당시 조정은 이미 국제 질서가 크게 변화했다는 사실을 망각하고 과거의 사대(事大)의 관점으로 청국을 바라보았다. 동학농민군이 전주성을 점령한 지 이틀 후인 4월 29일 민영준은 민씨 척족 정권의 유지를 위해 청국 군대를 끌어들이기로 결정했고, 4월 30일 밤 조정은 원세개에게 파병 요청 공문을 보냈다.[265]

이는 일본군을 조선에 끌어들이는 악수로 이어지게 되어 있었다. 1884년의 갑신정변이 청의 군사 개입으로 실패로 돌아간 후 일본군이 증파되어 무력 충돌의 위험이 커지자 청·일 양국은 1885년 천진조약을 맺었는데, 그 3항에 조선에 변란이 있어 청·일 양국 중에 파병을 하게 되면 반드시 먼저 공문을 보내 상대방에게 알려줄 것을 명시했기 때문이다.[266] 천진조약이 청군의 출병과 동시에 일본군의 출병을 합리화하는 조항은 아니었지만, 힘이 지배하는 국제 관계에서 일본이 출병의 명분으로 삼을 것은 분명했다. 민씨 척족 정권은 이런 국제 관계를 간과하고 오직 정권 유지를 위해 자국의 농민들을 외국군에 내주고, 자국을 열강들의 전쟁터로 내줄 결정을 한 것이었다.

---

265 『駐韓日本公使館記錄(1)』「朝鮮政府ガ淸兵借用ニ至リタル顚末探聞」(제77호).
266 천진조약의 해당 조항은 "만약 조선에 변란이나 중대 사건이 있어서 양국이나 혹 한 나라가 파병을 요할 경우에는 당연히 먼저 서로 문서로 알리고 확인한다."는 내용이다.

3. 군사 파견을 둘러싼 청·일 양국의 신경전

청나라 조정은 조선 파병에 신중한 입장이었다. 물론 천진조약 때문이었다. 청나라 조정의 파병 결정에 가장 큰 영향을 끼칠 수 있는 인물은 주조선총리교섭통상사의(駐朝鮮總理交涉通商事宜) 원세개였다. 원세개는 조선에서 파병 논의가 시작될 무렵 조선 정부에 정세 변화를 지켜보라고 권하기도 했다.[267] 이홍장이 이끄는 청나라 북양(北洋)함대의 평원함(平遠艦)이 마침 인천항에 정박해 있었는데, 원세개는 이홍장의 지지하에 이 함선으로 청병(淸兵)을 수송하려고 했으나 "조선 왕이 아직 파병 요청을 하지 않았고, 일본 역시 파병한다는 소식을 듣지 못했다."면서 신중한 태도를 취했다. 청의 입장에서 중요한 것은 일본의 동태였다. 청나라는 청군의 파병이 일본군의 파병을 불러올 것을 우려했다. 그러나 이때 원세개는 "일본 또한 파병하려는 움직임이 없다."고 계속 보고했다.[268] 원세개의 이런 판단에는 일본 측의 공작이 크게 작용했다. 일본이 파병하지 않겠다는 구두 약속을 믿었던 것이다.[269] 일본은 청군이 파병하더라도 자신들은 파병하지 않겠다고 거듭 말했는데, 물론 사실이 아니었다. 일본은 청군이 파병하면 자신들도 파병할 수 있다는 생각에서 청군의 파병을 부추긴 것이다. 일본 외무대신 무쓰 무네미쓰(陸奧宗光)는 일본의 조선 주재 대리공사 스기무라 후카시(杉村濬)에게 조선 정

---

267 林明德, 『袁世凱與朝鮮』, 臺北, 中央研究院近代史研究所, 1970, pp. 338~346.

268 청군 파병에 대한 청 조정의 움직임에 대해서는 戴東陽, 「中日甲午戰爭開戰前夕淸政府的對日政策」, 앞의 책 『청일전쟁기 한·중·일 삼국의 상호 전략』, pp. 357~358을 참조할 것.

269 戴東陽, 위의 글 「中日甲午戰爭開戰前夕淸政府的對日政策」, p. 358.

부가 청에 군사 지원 요청을 하는지 조사하라는 비밀 지령을 내렸다. 스기무라 후카시는 일본이 청의 출병을 희망하는 것처럼 원세개의 의중을 떠보았다.[270] 스기무라 후카시는 원세개에게 '청이 조선의 혼란에 신속하게 대처하기 바라며, 일본 정부는 다른 뜻이 없다'면서 청군의 출병을 종용했는데, 원세개는 이것이 일본의 계략인 것을 알아차리지 못했다. 원세개는 '일본이 상민(商民)을 중시할 뿐 별다른 뜻은 없는 것 같다'면서 출병을 지지했다.[271] 스기무라 후카시는 서기생(書記生) 정영방(鄭永邦)을 또 원세개에게 보내 일본은 "청국 정부가 신속하게 조선의 난을 대신해서 평정해주길 바란다."는 뜻을 전하게 했다. 원세개의 관심은 일본이 천진조약에 의거해 동시 출병할 것인가의 여부였는데, 이 질문에 대해 정영방은 "일본 정부는 다른 의견이 없다."고 대답했다.[272] 사전 정지 작업을 한 스기무라 후카시가 원세개를 방문해 "청이 신속히 대신해서 난을 평정해주기를 바란다."고 말한 것을 원세개는 일본 정부의 진심이라고 착각한 것이다.[273]

청나라 북양대신 이홍장은 원세개 외에 일본에 가 있는 청국 특명전권공사 왕봉조(汪鳳藻)에게도 이 문제를 조사해 보고하게 했다. 왕봉조는 일본이 메이지 23년(1890) 헌법 시행 이후 정부와 의회가 항상 충돌했는데, 근래에는 이런 충돌이 더욱 격렬해서 국외의 일에 관심을 쏟을

---

270 杉村濬, 『明治二十七八年在韓苦心錄』, 東京, 勇喜社, 1932, p. 5; 戴東陽, 위의 글 「中日甲午戰爭開戰前夕淸政府的對日政策」, p. 358.

271 「北洋大臣來電」, 光緒二十年五月初一日, 『淸光緒朝中日交涉史料』卷13, 第6~8頁; 앞의 책 『한국사 40: 청일전쟁과 갑오개혁』, p. 39.

272 「北洋大臣來電」, 光緒二十年五月初一日, 『淸光緒朝中日交涉史料』卷13, 第6~7頁; 戴東陽, 앞의 글 「中日甲午戰爭開戰前夕淸政府的對日政策」, pp. 358~359.

273 「北洋大臣來電」, 光緒二十年五月初一日巳刻, 『淸光緒朝中日交涉史料』卷13, 第8 頁.

여유가 없다고 보고했다.[274] 원세개와 왕봉조의 이런 보고는 이홍장에게 파병 결심을 굳히게 했다. 이홍장은 조선이 파병을 요청하면 받아들인다는 방침을 굳혔다. 이홍장은 청군이 출병하더라도 일본이 출병하지 않으리라는 사실만 믿은 것은 아니었다. 청나라는 고종 19년(1882)의 임오군란과 고종 21년(1884)의 갑신정변 등 조선에서 발생한 두 차례의 군사 충돌에서 일본군에 압도적으로 승리한 적이 있었으므로 다시 충돌이 발생해도 승리할 자신이 있었다.

드디어 4월 30일 민영준(영휘)이 주도하는 민씨 척족 정권은 원세개에게 출병을 요청했다. 요청 문서는 임오군란·갑신정변을 청군의 힘으로 진압한 사실을 언급하면서 "총리께서 신속히 북양대신에게 전보를 보내 군대를 속히 파견해 대신 진압하고 아울러 우리 병사들로 하여금 군무를 배워 이후 방어의 계책을 세울 수 있도록 해주시길 바랍니다."라고 말했다.[275] 조선 정부가 민영준의 주도로 4월 14일 최초로 청병 출병 요청을 둘러싼 회의를 했을 때 대신들 사이에서는 부정적인 견해가 더 많았다. 외국군을 끌어들여 자국의 백성들 죽이는 데 대한 부담감도 있었고, 외국군이 국내에 들어오면 그 폐단이 미치지 않을 곳이 없을 것이며, 각국 공사들이 자국의 공사관 보호 명목으로 군대를 출동시킬 것이라는 우려도 있었다. 그래서 4월 14일 회의에서는 민영준의 제의를 받아들이지 않기로 결정했던 것이다.[276]

이런 우려는 여전히 남아 있었으므로 4월 30일 원세개에게 보낸 원

---

274 戴東陽, 앞의 글 「中日甲午戰爭開戰前夕淸政府的對日政策」, p. 359.
275 『寄譯署』, 光緒二十年五月初一日辰刻, 『李文忠功全書』 卷15, 第33~34頁.
276 『駐韓日本公使館記錄(1)』 「淸國에의 援兵要請論議中止件」(제61호).

군 출병 요청 문서에 "비적들이 근절되기를 기다렸다가 즉시 철군을 요청할 것인데, 병사들이 외지에서 오랫동안 피곤할 것이므로 감히 계속 남아서 방어해달라고 할 수는 없습니다."[277]라는 내용을 첨가했다. 동학 농민군을 진압한 후 즉시 철병시켜 달라는 요구였다. 그러나 폐정 개혁을 요구하는 자국의 농민들을 학살하기 위해 청군을 끌어들인 이 결정이 가져올 후과(後果)가 청군의 잔류가 아니라는 사실은 전혀 예상하지 못했다. 민씨 척족 정권이 더욱 걱정해야 했던 것은 청군의 잔류가 아니라 일본군의 출병이었고, 그로 인한 왕국의 멸망이었다.

4. 청 · 일 양국의 출병과 전주화약

청 정부는 군사 파견을 결정하면서 "중국이 조선에 파병해 진압을 돕는데, 지세나 적정(賊情)이 모두 익숙하지 않으므로 반드시 만전을 기하고 출병해야 승리를 거둘 수 있을 것이고, 경시하거나 소홀히 해서는 안 될 것이다."라면서 '일단 1,500명을 출병하는데, 추가 병력을 보내더라도 초반에 난을 평정해야 한다'고 지적했다.[278] 이홍장은 청 정부의 방침에 따라 해군 제독 정여창(丁汝昌)에게 제원함(濟遠艦)과 양위함(揚威艦)을 파견해 인천과 서울의 상인을 보호하라고 명하고, 직예제독(直隷提督) 섭지초(葉志超)와 태원진(太原鎭) 총병(總兵) 섭사성(聶士成)에게

---

277 『寄譯署』, 光緖二十年五月初一日辰刻, 『李文忠功全書』卷15, 第34頁.
278 『光緖朝東華續錄』, 第6冊, 第3390頁. 여기서는 戴東陽, 앞의 글「中日甲午戰爭開戰前夕淸政府的對日政策」, p. 361에서 재인용.

회군(淮軍) 연경려(練勁旅) 1,500명을 선발해 조선으로 파견하게 했다. 5월 3일(양력 6월 6일) 섭사성은 먼저 910명을 이끌고 조선으로 출발했는데, 1929년에 발행한 『아산군지』에는 아산만 전투 상황에 대한 일본 측 사료가 실려 있다. 『아산군지』의 「아산전(牙山戰)과 백석포(白石浦)」가 그것인데, 인천은 '펄이 많아 상륙이 불편하고 변란의 땅이 멀다'는 이유로, 이호포(귀암포 · 이도포 · 귀용해라고도 불린다)는 '펄이 멀고 풍랑이 심해 불편하다'는 이유로 배제하고 아산만에 상륙했다고 전하고 있다.[279] 청 정부는 파병 후 왕봉조를 통해 일본 정부에 파병 사실을 통보하게 했다. 청나라는 천진조약에 따른 의례적 통보로 생각했다.

> 유지를 받들어 직예제독 섭지초에게 정예부대를 선발해 속히 조선의 전라 · 충청 일대의 비적을 토벌해 속방(屬邦)을 안정되게 하고, 각국의 통상인들이 모두 안정적으로 생업에 종사하게 하며, 일이 끝나기를 기다려 철수하고 다시 남아 방위하지 말기로 했다. 응당 조약에 따라 문서를 통해 통지한다.[280]

일본 외무대신 무쓰 무네미쓰는 '속방'이라는 표현이 있는데 일본은 조선을 청의 속국으로 인정하지 않기 때문에 이 문구를 수정해야 한다고 요구했다. 왕봉조는 일단 거절한 후 이홍장에게 보고했는데, 이홍장

---

279 『온양 · 아산 근대 사료집: 옛 일본어판 아산군지(1929)』, 온양문화원 · 아산향토사연구소, 2008, p. 103. 이 사료는 아산만 전투에 대한 일본 측의 시각을 그대로 보여주는 사료로서 아산만 전투의 실상을 이해하는 데 도움이 된다.
280 日本外務省 編, 앞의 책 『日本外交文書』 27-2, p. 168.

역시 수정하기 곤란하다고 밝혔다.[281] 그러나 이는 주의를 다른 곳으로 돌리기 위한 일본 측의 눈속임에 불과했다.[282] 일본은 조선 정부가 청국에 정식으로 파병을 요청하기 하루 전에 이미 파병 결의를 한 상태였기 때문이다. 일본 외무성은 4월 29일 조선 주재 대리공사 스기무라 후카시의 급전을 통해 조선 정부가 원세개에게 청의 파병을 요구했다는 사실을 보고받았다. 수상 이토 히로부미는 바로 관저에서 내각회의를 소집했다. 참모총장 로센 다루히토 신노(樓川熾仁親王)와 참모차장 가와카미 소로쿠(川上操六)도 참석시켰는데, 물론 조선 파병을 결정하기 위해서였다. 이 회의에서 조선 출병을 결정하고 일왕 메이지에게 상주해 허락을 얻었다. 일본은 5월 2일 「전시대본영조례(戰時大本營條例)」에 근거해 참모본부에 대본영을 설치했다. 이때가 청국군 출병 하루 전이었다. 이때 전시 대본영을 설치했다는 것은 여차할 경우 청나라와 결전하겠다는 뜻이었다. 일본은 히로시마(廣島)에 있는 5사단에 1차 충원을 명령했는데, 5사단의 오시마 요시마사(大島義昌) 소장은 5월 2일 순양함 아에야마(八重山)호에 순사 20명과 해군육전대 488명을 태우고 요코스카(橫須賀)항을 출발했다. 여기에는 조선 주재 공사 오토리 게이스케와 외무성 참사관 모토노 이치로(本野一郎), 해군 군령부 제2국원(局員)인 해군 소좌 야스하라 긴지(安原金次) 등이 함께 타고 있었다. 일본군은 청군의 출병에 따른 피동적 행위로 출병한 것이 아니었다.[283] 처음부터 조선을 장악하기 위한 적극적 의도가 있었고, 그래서 청군의 파병을 요청했다.

281　日本外務省 編, 앞의 책 『日本外交文書』, 27-2, p. 169.
282　戴東陽, 앞의 글 「中日甲午戰爭開戰前夕淸政府的對日政策」, p. 364.
283　戴東陽, 앞의 글 「中日甲午戰爭開戰前夕淸政府的對日政策」, p. 365.

이때 출병한 일본군은 청군과 결전할 의도가 있었다. 5월 9일(양력 6월 12일) 인천에 상륙한 일본군은 10일 곧바로 서울로 북상해 진주했다.

그러나 수상 이토 히로부미와 외상 무쓰는 겉으로는 '청나라가 주동자적인 위치를 고수하게 하고 일본은 피동자적인 위치를 고수해야 하며, 일본과 청, 두 나라 외에 다른 나라와 분쟁이 발생하지 않도록 해야한다'는 방침을 정해 놓았지만, 내부적으로는 선제공격을 기정사실화하고 있었다.[284]

청의 이홍장은 5월 3일 왕봉조의 보고를 통해 일본의 파병 사실을 알게 되었다. 그러나 왕봉조의 보고는 일본의 오토리 게이스케가 함선 1척에 20여 명을 이끌고 조선으로 갔는데 상민을 보호하기 위한 것이라는 내용이었다.[285] 이홍장은 5월 4일 일본의 천진 영사 아라카와 미노지(荒川巳次)를 만나 일본군 파병에 반대 입장을 표명했다. 그는 청의 파병은 오직 토비 토벌을 위해서이며, 서울과 각 개항장으로 청군이 가지는 않을 것이라고 말했다. 그러나 그는 일본에서 파병한 병사 수가 적다고 생각하고, 또 이들이 내지로 들어가지 않는다는 조건으로 일본의 파병 자체를 반대하지는 않았다. 아라카와는 즉시 이 사실을 외무성과 수상 이토 히로부미에게 보고했다.[286] 청은 5월 6일(양력 6월 9일) 일본 대리공사 고무라 주타로(小村壽太郎)에게 "조선에 내란이 있어 병사를 파병하려 하는데, 조약에 따라 통지한다."고 알려주었다.[287] 그러나 당일

284 陸奧宗光, 『蹇蹇錄』, 東京, 岩波書店, 1940, pp. 54~55.
285 『寄譯署』, 光緒二十年五月初三日辰刻, 『李文忠公全書』 卷15, 第34頁.
286 『寄譯署』, 光緒二十年五月初四日未刻.
287 「發北洋大臣」, 光緒二十年五月初六日. 여기서는 戴東陽, 앞의 글 「中日甲午戰爭開戰前夕淸政府的對日政策」, p. 367에서 재인용.

오후 3시경 일본군은 이미 인천항에 도착해 있었다. 이홍장도 5월 5일 왕봉조의 보고를 통해 일본이 3천여 명의 군대를 이미 출발시켰다는 사실을 알고 있었다.[288] 일본 수상 이토 히로부미는 의회와의 불편한 관계를 전쟁 국면으로 돌리려고 구상했는데, 이홍장은 거꾸로 의회와의 불편한 관계 때문에 전쟁을 일으킬 수 없으리라고 착각한 것이다. 인천에 상륙한 일본군은 곧바로 서울로 입경했다. 이때 조선의 중앙군은 상당수가 동학농민군 토벌에 동원되었기 때문에 사실상 무방비 상태였다.[289] 일본군은 계속 증파해 5월 12일(양력 6월 16일)이 되면 약 4,500명으로 늘어나는데, 이 숫자만으로도 이미 청군의 두 배가 넘고 있었다.

　동학농민군 진압을 명분으로 청·일 양국 군이 들어오자 동학농민군 총대장 전봉준은 관군과 화약을 모색하게 되었다.[290] 동학농민군은 4월 28일부터 5월 3일까지 치러진 완산 전투에서 관군에게 패전하면서 전열을 재정비할 필요도 있었다.[291] 전봉준은 5월 4일 양호초토사 홍계훈에게 폐정 개혁안이 포함된 소지(所志)를 제출했다. 5월 6일에도 전봉준은 사자(使者) 두 명을 홍계훈에게 보내 일전에 제시한 요구사항을 들어주면 해산하겠다는 공문을 제출했다. 고종도 조선에 진주한 청·일 양국 군을 철수시켜야 할 필요성이 있었으므로 홍계훈에게 농민군의 요구 조건을 수락하라고 지시했다. 그래서 5월 7일 조선 조정과 농민군 사이에 전주화약이 맺어지고, 27개 조의 폐정 개혁안이 수락되었다. 농

288　『奇譯署』, 光緒二十年五月初六日申刻.
289　박종근, 『청일전쟁과 조선』, 일조각, 1989, pp. 16~17.
290　『한국사 39: 제국주의의 침투와 동학농민전쟁』, 국사편찬위원회, 1999, p. 350.
291　완산 전투에 대해서는 위의 책, 『한국사 39: 제국주의의 침투와 동학농민전쟁』, pp. 347~349를 참조할 것.

민군은 서울로 진격하려던 당초 계획을 중지하고 전주성에서 철수하고 각지에 집강소를 설치해 폐정 개혁에 나섰다.[292] 동학농민군이 전주성에서 자진 철수함으로써 청·일 양국 군의 출병 목적은 소멸된 것이다. 그러나 일본군은 되돌아갈 생각이 없었다.

5. 일본군의 철군 거부와 아산(풍도 · 성환) 전투

고종은 청나라에 전주 탈환 소식을 전했다. 원세개는 고종이 청군 철병을 공개적으로 요구하지는 않았지만, 청군이 조속히 철병해서 일본군도 물러가게 해달라는 요구로 이해했다.[293] 청 정부는 동시 철병을 단행해도 과거처럼 조선에서 자국의 우위 상태가 유지될 것이라는 계산에서 일본과 철병 교섭에 나섰다. 공동 철병하자는 교섭에 적극적으로 나선 것이다.[294] 5월 9일부터 13일까지 원세개와 오토리 게이스케 사이에 철병 교섭이 전개되었는데, 처음에는 오토리 게이스케도 동시 철병 협상에 그리 부정적이지 않았다. 동학농민군이 전주에서 철군한 마당에 대군을 계속 주둔시킬 명분이 없다고 생각했을 것이다. 원세개는 오토리 게이스케에게 일본이 계속해서 파병하면 청도 상당한 병력을 증강할 것

---

292 농민군이 제출한 폐정 개혁안은 조세 수취에 관한 사항, 전정(田政)에 관한 사항, 군정(軍政)에 관한 사항, 환곡에 관한 사항, 전운영(轉運營)에 관한 사항, 탐관오리에 관한 사항, 무역·상업에 관한 사항 등이다. 위의 책,『한국사 39: 제국주의의 침투와 동학농민전쟁』, pp. 354~375 참조.

293 「北洋大臣來電五」, 光緖二十年五月初一九夜醜刻,『淸光緖朝中日交涉史料』卷13, 第14頁.

294 戴東陽, 앞의 글「中日甲午戰爭開戰前夕淸政府的對日政策」, p. 374.

이라면서 오토리가 일본군의 증파를 막을 수 있으면 자신도 증파를 저지하겠다고 말했다. 오토리도 일본군의 주둔에 대한 여러 열강의 반응이 걱정되었기 때문에 이미 인천에 도착한 800명 이외에는 더 이상 증파하지 못하게 하겠다고 약속했다.[295] 5월 10일(양력 6월 13일) 원세개는 오토리를 방문해 전날 약속한 공동 철병 약속을 재차 확인했는데, 이는 공동 철병안이 이때까지도 긍정적으로 진행되고 있었다는 뜻이다.[296] 이홍장은 본래 군사를 더 파병할 생각이었지만, 원세개의 긍정적인 전보를 받은 후 파병 계획을 중단하고 섭지초에게 전보를 보내 공주, 아산에 잠시 주둔하면서 전주 일대의 동태를 잘 주시한 후 계속 진공할지 여부를 심사숙고하라고 명했다.[297]

조선 정부도 원세개에게 청군도 증파하지 말고 일본군 철병을 독촉해 달라고 요청했다. 조선 정부는 "비적은 흩어져 숨어 있다가 깊은 곳에서 모이기 때문에 오직 저의 병사들만이 잡을 수 있고, 청의 병사는 그 일을 하기가 어려울 것"이리고 말했고, 원세개의 보고를 받은 이홍장도 "그 말에 일리가 있다."면서 섭지초에게 전보를 보내 "만약 더 진군할 생각이 아니라면 조속히 군대를 아산으로 돌리고 군대를 정비해 기한 내에 건너오도록 하라."고 명했다.[298] 이홍장은 원세개에게도 일본군과 동시 철병을 상의하라고 명했다. 이홍장은 청과 일본의 동시 철병이 가능할 것으로 생각했다.

---

295 日本外務省 編, 앞의 책 『日本外交文書』 27-2, pp. 200~202.
296 日本外務省 編, 앞의 책 『日本外交文書』 27-2, pp. 202~204; 戴東陽, 앞의 글 「中日甲午戰爭開戰前夕淸政府的對日政策」, p. 374.
297 『寄譯署』, 光緒二十年五月初十日五刻, 『李文忠功全書』 卷15, 第39~40頁.
298 戴東陽, 앞의 글 「中日甲午戰爭開戰前夕淸政府的對日政策」, pp. 374~375.

그러나 일본 정부는 철병할 생각이 없었다. 일본은 청국과 사정이 달랐다. 수상 이토 히로부미는 이번 파병을 전쟁으로 연결시켜 국내 문제에 대한 시선을 밖으로 돌릴 필요가 있었다. 그래서 일본은 엉뚱한 조건을 들고 나왔다. 동학농민운동의 원인이 조선 정부 내의 폐정에 있는 이상, 조선의 내정을 근본적으로 개혁하지 않으면 소요를 근절시킬 수 없다면서 철군에 반대한 것이다. 조선이 일본에 파병 요청을 한 적이 없다는 점에서 이는 억지에 불과했으나, 일본은 조선에 내정 개혁을 요구하는 한편, 6월 21일(양력 7월 23일)에는 일본군을 경복궁에 난입시켜 대원군을 섭정으로 추대해 새로운 정부를 구성했다. 일본은 민씨 척족 정권을 무너뜨리고 김홍집을 총리대신으로 하는 친일 내각을 탄생시켰는데,[299] 민씨 척족 정권으로서는 정권 유지를 위해 청군의 출병을 요청했다가 생각과 달리 정권을 빼앗기게 된 것이다. 김홍집 친일 내각은 6월 25일(양력 7월 27일) 군국기무처를 구성했는데, 김홍집이 총재, 박정양(朴定陽)이 부총재가 되고, 민영달(閔泳達), 김윤식 등 16명의 의원으로 구성했다.[300] 김홍집 친일 내각이 군국기무처를 통해 추진한 정책들을 이른바 갑오개혁, 또는 갑오경장이라고 한다. 갑신정변이 급진개화파가 주도한 정변이라면 갑오경장은 온건개화파가 주도한 정치·사회 개혁이었다. 일본의 정치·군사적 간섭을 받기는 했지만, 김홍집 중심의 온건개화파도 나름의 진정성을 가지고 개혁에 나섰다.[301] 군사제도의 개혁에

---

299 앞의 책 『한국사 40: 청일전쟁과 갑오개혁』, pp. 166~167.
300 군국기무처의 구성원과 핵심 인물에 대해서는 앞의 책 『한국사 40: 청일전쟁과 갑오개혁』, pp. 167~175를 참조할 것.
301 갑오개혁의 자율성을 강조하는 이런 관점으로는 유영익, 「갑오경장을 위요(圍繞)한 일본의 대한(對韓) 정책」 『역사학보』 65, 1975를 참조할 것. 왕현종의 『한국 근대 국가의

매진하지 못하고 되레 동학농민군 진압에 전력을 기울인 것 등은 부정적인 평가를 받을 수밖에 없지만, "공사 노비의 전(典)을 일체 혁파하며 인구의 판매를 금할 것" 등을 비롯해 역인(驛人), 창우(倡優) 등의 면천을 허락하고, 연좌제를 폐지하는 등 신분제 개혁에 나선 것 등은 당시 민중들이 요구한 사회 개혁을 수행한 것으로 평가받아야 할 것이다.

일본이 조선의 내정 개혁을 요구하면서 철군을 거부한 것은 전쟁으로 청을 구축(驅逐)하고 조선에서 종주권을 장악하겠다는 뜻이었다. 6월 14일(양력 7월 16일) 밤 외상 무쓰는 서울의 일본 공사에게 "단호히 조치해 나갈 필요가 있으니 어떤 구실을 붙여서라도 행동하라."고 지령했고, 6월 17일(양력 7월 19일)에 대본영은 조선 파견 사령관에게 선전포고 없이 군사 행동을 할 수 있는 권한을 부여했다.[302] 사실상 전쟁을 지시한 것이다.

일본은 지속적으로 육·해군을 증파했다. 이미 츠쿠시(筑紫), 치요다(千代田), 야마토(大和), 아카기(赤城)를 파견한 데 이어 상비함대 사령관 이토 스케유키(伊東祐亨) 중장의 지휘하에 기함 마츠시마(松島)호를 파견해 인천에 집결시키고 부산에도 군함 타가오(高雄)를 파견했다. 이 중 먼저 파견한 아에야마는 요코스카 함대 소속이고, 츠쿠시·치요다·야마토·아카기는 쿠제 함대 소속이며, 마츠시마는 사세보 함대 소속으로,[303] 주로 쿠제 함대 소속 기함들이 전쟁에 동원되었음을 알 수 있다.

형성과 갑오개혁』(역사비평사, 2003)도 일본의 작용이라는 한계를 인정하면서도 갑오개혁 정부에 자율성과 가능성이 있었다고 평가했다.

302 陸奧宗光, 앞의 책『蹇蹇錄』, pp. 139~144.
303 제노네 볼피첼리, 『구한말 러시아 외교관의 눈으로 본 청일전쟁』, 유영분 옮김, 살림, 2009, pp. 114~115.

메이지 유신 이후 건조된 이런 함선들이 위협적이긴 했지만, 수치상 비교에서 청나라 함대를 능가한다고 볼 수는 없었다. 청나라 해군은 북양함대, 남양함대, 복건(福建)함대, 광동(廣東)함대의 네 함대로 구성되어 있는데,[304] 이 중 가장 강력했던 북양함대 하나가 일본 전체 함대와 비교해도 뒤지지 않을 정도의 화력을 갖고 있었다. 객관적으로 북양함대가 일본 함대보다 상위에 있다고 보는 것이 상식적이었다. 대한제국 주재 러시아 대사관의 외교관이었던 제노네 볼피첼리(Zenone Volpicelli)가 "일본 육군이 규율과 군사과학 면에서 매우 탁월했고 실제 수적으로도 중국군에 비해 우세했던 반면, 일본 해군은 열세였고 북양함대의 거대한 철갑선인 진원(鎭遠)과 정원(定遠)에 필적할 만한 강력한 전함은 한 척도 보유하지 못했다."[305]라고 평가한 것이 이를 말해준다. 실제로 진원함과 정원함의 용적 톤수가 모두 7,430톤인 데 비해 일본에서 가장 큰 마츠시마호는 4,277톤이었다.

그러나 전쟁은 단순히 군사력이나 화력의 크기만으로 승패가 갈리는 것이 아니었다. 일본군이 서울의 경복궁을 점령했는데도 청국은 이것이 무엇을 뜻하는지 정확하게 인지하지 못했다. 경복궁 점령 이틀 후인 1894년 6월 23일(양력 7월 25일) 일본군은 아산만 부근에서 선전포고도 없이 선제공격에 나섰다. 청일전쟁의 막이 오른 것이다. 청일전쟁은 먼저 아산만 서북쪽 풍도 부근에서 시작되었다.[306] 요시노(吉野)·나니와

304 청나라 4개 함대의 구성과 보유 함선, 톤수에 대해서는 제노네 볼피첼리, 위의 책『구한말 러시아 외교관의 눈으로 본 청일전쟁』, pp. 100~103을 참조할 것.
305 제노네 볼피첼리, 위의 책『구한말 러시아 외교관의 눈으로 본 청일전쟁』, p. 112.
306 풍도 해전의 상황은「日艦擊沈高陞號實況文件三種」『中日戰爭文獻彙編』6, pp. 19~29 참조.

(浪速)·아키츠시마(秋津洲)로 구성된 일본 함대가 북양함대의 제원(濟遠)함과 광을(廣乙)함을 막아섰다. 제원함과 광을함은 아산만으로 물자를 나르는 조강(操江)호와 만나기 위해 아산만을 떠나 있었는데, 아산에 주둔하는 청나라 군대가 지원군을 받지 못하게 막는 것이 일본 함대의 당면 목표였다.[307] 요시노함은 4,150톤, 나니와함은 3,650톤, 아키츠시마함은 3,150톤이었는데, 청나라 북양함대의 제원함은 2,355톤이었고 광을함은 600톤에 불과했으니 풍도 전투에서는 일본군 전력의 우위가 확연했다. 일본은 청나라 군함이 먼저 발포했다고 주장했지만,[308] 청나라는 일본군이 먼저 발포했다고 주장했다.[309] 청나라는 이때까지도 개전의 의지가 없었다는 점에서 일본군이 먼저 발포했다는 청나라의 주장이 맞을 것이다. 1시간여의 전투 끝에 광을함은 망가져 좁은 수로 안으로 도망쳤고, 제원함은 함수포가 망가지고 선원 20명이 전사한 채 산동반도의 위해위(威海衛)까지 도망쳐야 했다.[310]

요시노함이 제원함을 쫓는 와중에 조강함과 고승(高陞)호가 나타났다. 조강함과 고승호를 상대한 것은 나니와함이었는데, 그 함장이 훗날 러일전쟁에서 러시아 발틱 함대를 꺾어 영웅이 되는 도고 헤이하치로(東鄕平八郞: 1848~1934) 대좌였다.[311] 572톤에 불과한 조강함은 포획

---

307 제노네 볼피첼리, 앞의 책『구한말 러시아 외교관의 눈으로 본 청일전쟁』, p. 125.
308 앞의 책『온양·아산 근대 사료집: 옛 일본어판 아산군지(1929)』, pp. 105~106.
309 제노네 볼피첼리, 앞의 책『구한말 러시아 외교관의 눈으로 본 청일전쟁』, p. 127.
310 위와 같음.
311 도고 헤이하치로는 군신으로까지 추앙받는 해군 제독이다. 가고시마(鹿兒島)현 출생으로 메이지 유신 후에 해군사관이 되어 1871~1878년 영국에 유학했다. 청일전쟁 때 나니와함의 함장이었고, 러일전쟁에서는 일본 연합함대사령관으로서 러시아의 발틱 함대를 동해에서 적전회두작전(敵前回頭作戰)이라고도 불리는 정자전법(丁字戰法)으로 격파해 전 세계를 놀라게 했다. 후일 군령부장(軍令部長)을 거쳐 1913년 원수에 올랐

되었으나, 고승호는 투항을 거부했다. 고승호는 청나라 북양함대 소속의 함선이 아니라 런던의 인도차이나 증기 선박회사(Indo-china Steam Navigation Company) 소유의 수송선으로서 청나라가 대여한 것이어서 일본이 함부로 공격하지 못할 것이라고 믿었기 때문이다. 1,353톤의 고승호에는 선장 골즈워디(T. R. Golsworthy)를 비롯한 승무원 64명과 청나라 군사 1,200명, 그리고 각종 보급품이 실려 있었고, 청나라 군사고문으로 알려진 독일의 퇴역 소령 폰 한네켄(Von Hanneken)도 타고 있었다. 골즈워디 선장의 보고서에 따르면 고승호는 6월 15일(양력 7월 17일) 상해를 출발해 대고(大沽)로 향했고, 대고에서 아산까지 중국군을 수송하는 용선 계약을 맺은 상태였다. 골즈워디는 6월 21일(양력 7월 23일) 오후 9시 50분 중국의 대고를 출발했는데, 그날 두 명의 청국 장군과 수많은 장교와 1,100명의 병사가 승선했고, 일반 승객 신분으로 승선한 한네켄이라는 독일 퇴역 장교가 포함되어 있었다.[312] 골즈워디 선장뿐만 아니라 고승호에 승선했던 다양한 사람들이 고승호가 격침된 후에도 살아서 증언을 남겼다. 청나라로 귀환해 청나라 정부에게 한 보고와 일본으로 끌려가 일본에서 조사받은 내용이 모두 남아 있어 양측의 증언을 합하면 객관적 상황을 이해할 수 있다. 청나라로 귀환해 진술한 인물들은 마닐라 태생의 승무원 페드로 오리아테(Pedro Oriate)와 광동성 출신의 고승호 화부 동아신(董阿新), 안휘성 출신의 장교인 천총(千

으며, 동궁학문소(東宮學問所) 총재로도 있었다. 평소 이순신 장군을 존경해 발틱 함대와 싸우러 갈 때도 군신 이순신에게 제사를 지내고 갔다고 전해지고 있다.

312 제노네 볼피첼리, 앞의 책『구한말 러시아 외교관의 눈으로 본 청일전쟁』, pp. 426~427. 이 책의 부록에는 격침당한 고승호에 승선했다가 생존한 여러 명의 증언이 실려 있어서 아산만 풍도 전투의 실상을 이해하는 데 큰 도움을 준다.

撼) 장옥림(張玉林)과 병사 모경신(牟慶新), 왕계분(王桂芬) 등이다. 폰 한네켄과 1등 항해사 루이스 헨리 템플린(Lewes Henry Templin)과 골 즈워디 선장은 일본의 나니와함에 구조되어 일본으로 끌려가 진술했 다.[313]

골즈워디는 도고 헤이하치로가 지휘하는 나니와함이 고승호 쪽으로 전진하면서 멈추라는 신호를 보냈다고 진술했다. 그가 항해해도 되는지 묻자 나니와함은 "멈춰라! 아니면 그 결과를 감수하라."고 응답했다. 나 니와함에서 보트 한 척이 내려왔고, 장교 한 명이 배 위로 올라와 서류 제출을 요구했는데, 장교의 관심은 고승호가 영국 선적이라는 데 있었 다. 일본 장교는 "고승호는 나니와함을 따라오겠는가?"라고 물었는데, 골즈워디 선장은 수송선으로서 전함에 맞설 수는 없었기 때문에 "명령 이라면 따르겠다."고 말했다. 그러나 중국군 장군들은 격렬하게 반대하 면서 일본군의 명령에 복종하느니 차라리 죽겠다고 말했다.[314] 선장 골 즈워디가 청군이 일본과 싸우기로 결심했다면 외국인 선원들은 배를 떠 나겠다고 말하자 중국군 장군은 그럴 경우 죽여버리라고 병사들에게 지 시했다. 선장이 나니와함에 신호를 보내 다시 보트 한 척이 왔는데, 골 즈워디는 중국군이 대고로 되돌아가기를 원한다는 내용을 전달하면서 고승호가 영국 선박이라는 사실을 강조했다.[315] 독일 퇴역 장교 한네켄 은 일본으로 끌려가 증언할 때 자신이 당시 일본군 장교에게 "중국군

---

313 제노네 볼피첼리, 앞의 책『구한말 러시아 외교관의 눈으로 본 청일전쟁』, pp. 399~431.
314 이때 청국 제원함의 함장이 방백겸(方伯謙: 1854~1894)인데, 풍도 해전의 책임을 지고 참수되었다. 일본군은 방백겸이 참수되었다는 소식을 듣고 "그렇게 잘 싸운 방백겸이 왜 참수되었는가?"라고 물었다고 한다.
315 제노네 볼피첼리, 앞의 책『구한말 러시아 외교관의 눈으로 본 청일전쟁』, pp. 427~429.

지휘관과 병사들은 자신들이 출발했던 항구로 되돌아가야 한다고 주장한다. 선장과 나는 우리가 평화 시에 출발했음을 고려할 때 전쟁이 이미 선포되었다 해도 이는 정당하고 타당한 요구라고 생각한다."[316]고 말했다고 밝혔다. 이때는 일본이 아직 선전포고도 하지 않았을 때이므로 고승호는 일본으로부터 자신들의 진로를 방해받을 하등의 이유가 없었다. 도고 헤이하치로는 국제법을 무시하고 고승호를 격침하기로 결정하고 '가능한 한 빨리 배를 떠나라'는 신호를 보냈는데, 한네켄은 "이것은 유럽인과 간부 선원에게만 해당되는 말이었을 것이다."[317]라고 해석했다. 처음부터 중국인들의 목숨은 안중에 없었던 것이다. 한네켄은 도고 헤이하치로가 고승호를 포격하는 장면을 이렇게 묘사했다.

(일본군) 전함은 다가와서 약 150미터 거리에 도달하자 정확히 좌현과 나란히 멈춰 섰다. 나는 전함의 어뢰 배출구에서 어뢰 한 발이 발사되는 것을 보았다. 곧이어 6대의 포가 일제히 불을 뿜었다. 그들은 어뢰가 목표물에 도달하기 전에 포를 두 차례 발사했다. 어뢰는 선체 중앙을 때렸는데, 아마 정확히 배의 석탄 저장고를 맞힌 것 같다. 낮이 밤으로 변했고, 석탄과 파편, 물이 대기를 가득 채웠다. 그러자 모두들 뛰어들어 헤엄을 치기 시작했다. …… 나는 병사들로 가득한 일본군 보트가 한 척 내려지는 것을 보고 남아 있는 사람을 구출하러 오는 것이라고 생각했다. 하지만 슬프게도 그건 나의 착각이었다. 그들은 침몰하는 배 위에 있는 사람들에게 사격을 가했다. 그렇게까지 하는 의도를 도저히 알 수 없었다.

---

316 제노네 볼피첼리, 앞의 책 『구한말 러시아 외교관의 눈으로 본 청일전쟁』, pp. 411~412.
317 제노네 볼피첼리, 앞의 책 『구한말 러시아 외교관의 눈으로 본 청일전쟁』, p. 412.

분명한 것은 헤엄치던 사람들이 일본군 전함과 침몰하는 배로부터 사격을 당했다는 사실이다. 배 위에 있던 사람들은 자신들이 어차피 죽어야 한다면 동료들도 살아서는 안 된다는 야만적인 생각을 했음이 분명하다. 고승호는 어뢰 발사 시점으로부터 약 30분 만에 완전히 가라앉았다.[318]

일본군은 상선에 어뢰를 발사하고 물에 뛰어든 중국군 병사들에게까지 총격을 가했다. 나가사키로 끌려가 증언을 남긴 일등 항해사 루이스 헨리 템플린도 "익사하려는 중국군 병사를 구출하려는 시도는 전혀 없었다."[319]라고 증언했다. 일부 유럽인들만 구조되었는데, 한네켄은 "내가 아는 한 약 170명만이 헤엄쳐 목숨을 구했다."[320]라고 전했다. 1천여 명의 사람들이 수장되었던 것이다.

풍도 해전의 결과는 중요했다. 러시아 외교관 제노네 볼피첼리가 "아산 주둔 부대의 운명과 중국의 전투 계획의 방향이 이날 결정되었다고 할 수 있다."[321]고 본 것은 정확한 지적이었다. 고승호가 아산에 도착했다면 1,200명에 달하는 병력이 가세하게 되는 데다 폰 한네켄 같은 용감하고 노련한 장교가 지휘하게 될 것이었고, 언제든지 지원군을 받을 수 있다는 확신으로 고양된 중국군의 사기가 첫 육상 전투에 실질적인 영향을 끼쳤을 것이라는 관측이었다. 그래서 대담하면서도 늘 신중하게 행동하는 일본군은 아마 지원군이 오기 전까지 아산 진지에 대한 공격

---

318 제노네 볼피첼리, 앞의 책 『구한말 러시아 외교관의 눈으로 본 청일전쟁』, pp. 412~413.
319 제노네 볼피첼리, 앞의 책 『구한말 러시아 외교관의 눈으로 본 청일전쟁』, p. 420.
320 제노네 볼피첼리, 앞의 책 『구한말 러시아 외교관의 눈으로 본 청일전쟁』, p. 414.
321 제노네 볼피첼리, 앞의 책 『구한말 러시아 외교관의 눈으로 본 청일전쟁』, p. 134.

을 주저했을 것이란 뜻이다.[322] 선전포고도 없는 상태에서 자국 함대가 궤멸되었는데도 청국은 일본군과 전면전을 주저하고 있었다. 이홍장은 즉각 선전포고를 하는 대신에 고승호가 영국 선적이기 때문에 영국이 이 사건에 간여할 수밖에 없을 것이라는 외교적 전망에 매달렸다.[323] 외교적 전망이야말로 청국과 조선을 멸망으로 이끈 주범의 하나였다. 일본은 신속하게 고승호 사건에 대한 사과와 배상을 약속함으로써 청국 정부의 희망을 물거품으로 만들었다.[324]

서울에 진주했던 일본 육군은 풍도 해전이 있던 6월 23일(양력 7월 25일) 아산 주둔 청국군과 일전을 벌일 목적으로 남하했다. 오시마 요시마사 장군은 수도 경비에 필요한 소규모 병력만 남겨 놓은 채 아산으로 출발해 26일에는 수원, 27일에는 진위(振威), 28일에는 소사장(素沙場)에 도착했다. 그런데 아산에 주둔한 청군은 결전 장소를 성환으로 결정했다. 아산에는 바다가 있어서 청군의 퇴로가 차단될 수 있다는 이유에서였다. 그러나 청군은 배수진을 칠 생각이 애당초 없었다. 청군은 성환 근처에 방어 요새를 구축했다. 6월 27일(양력 7월 29일) 새벽에 양군은 안성천 부근에서 격돌했다. 중국군도 저항했으나, 일본군의 강력한 공격 앞에 무너지고 오전 5시 30분 모두 요새를 버리고 퇴각했다. 다케다 중좌는 21연대를 거느리고 아산으로 향했다. 일본군은 아산에서 청국군이 필사적으로 저항하리라고 예상했으나, 청군은 아산을 포기하고 우회로를 통해 북쪽으로 달아나 평양에 진주한 청국군에 합류했다. 일본군은

---

322 제노네 볼피첼리, 앞의 책 『구한말 러시아 외교관의 눈으로 본 청일전쟁』, pp. 134~135.
323 『李文忠功全書』 卷16, 第32頁.
324 앞의 책 『한국사 40: 청일전쟁과 갑오개혁』, p. 48.

해전과 육전 모두에서 승리를 거두었다. 성환 전투 때까지도 청은 일본에 선전포고를 하지 않다가 8월 1일(양력)에야 마지못해 선전포고를 했고, 일본도 일왕의 조서 형식으로 청국에 전쟁을 선포했다. 그러나 선전포고가 있기 전에 전개된 풍도 해전과 성환 전투의 결과는 이미 이 전쟁이 어떻게 끝날 것인지를 말해주는 것이었다.

6. 나가는 글

청 · 일 양 국민이 전쟁에 임하는 자세도 사뭇 달랐다. 제노네 볼피첼리는 이런 사정을 잘 보여주고 있다.

> 공식적인 전쟁 선포에 양국은 전혀 다른 반응을 보였다. 항상 국가의 영광에 민감했고 전쟁을 갈망해온 일본인들은 이 소식을 듣고 기쁨에 넘쳐 환호했으며, 조국의 영광된 승리를 위해 스스로 커다란 희생을 감내할 준비를 했다. …… 병사들이 전장으로 출발하기 위해 기차로 이동할 때면 역마다 군중들이 몰려나와 맛있는 음식을 제공하며 작별 인사를 외쳤다. 승전 소식이 전해질 때마다 각 가정에서 국기를 내걸고 경건하게 경축해 거리를 걷기만 해도 언제 일본군이 승리를 쟁취했는지 알 수 있었다.[325]

이토 히로부미 내각은 청일전쟁을 통해 여러 가지를 획득할 수 있었

---

325 제노네 볼피첼리, 앞의 책 『구한말 러시아 외교관의 눈으로 본 청일전쟁』, pp. 145~146.

다. 국민 여론이 승전에 열광적으로 환호하면서 1890년 의회 개설 이래 자주 정부와 대립적이었던 의회를 장악할 수 있었다. 일본 국민에게 막대한 영향력이 있던 후쿠자와 유키치(福澤諭吉)는 "일청(日淸)의 전쟁은 문야(文野)의 전쟁이다."[326]라고 말했다. 일본이 대표하는 문명과 청나라가 대표하는 야만의 전쟁이라는 뜻이다. 러일전쟁 이후 비전론(非戰論)을 주장하던 무교회주의자 우치무라 간조(內村鑑三)도 이때는 "진보주의의 전사(戰士)인 일본이 진보의 적인 중국을 타도하기 위해 전개한 문명의 의로운 전쟁"[327]이라고 극찬했다. 청일전쟁을 계기로 메이지 일왕의 권위는 절대적 수준으로 끌어올려져 '신성한 천황'이라는 신권적 천황관이 일반화되는 계기가 되었다.[328] 청일전쟁은 일본 군부가 국민적 지지를 획득함으로써 군국주의로 나가는 중요한 이정표가 되었다. 야스다 히로시(安田浩)는 "이 전쟁을 통해 군대의 권위가 국민 속에 확립되었다. 초기 의회에서는 그렇게 혹독하게 비판받았던 군대였지만, 제7·8차 의회에서는 '국민을 대표하여 원정 군대의 공로에 감사'하는 데 대해 만장일치의 결의가 이루어질 정도였던 것이다."[329]라고 말했다. 일본 국민들은 일방적인 침략전쟁을 옹호하게 되었는데, 이는 일본 군대와 일본이 이후 걸었던 비극적 행로의 시작이었다.

제노네 볼피첼리는 청일전쟁 당시 청나라는 일본과 전혀 다른 분위기였다고 전하고 있다.

---

326 『福澤諭吉全集』第14卷, p. 491.
327 『內村鑑三全作集』第2卷, p. 23.
328 야스다 히로시, 『세 천황 이야기: 메이지, 다이쇼, 쇼와의 정치사』, 하종문·이애숙 옮김, 역사비평사, 2009, p. 154.
329 야스다 히로시, 위의 책 『세 천황 이야기: 메이지, 다이쇼, 쇼와의 정치사』, p. 155.

반면 중국은 전혀 다른 풍경을 연출했다. 백성들은 호전적이지 않아서 군사적 영광에 무심했다. 더욱이 중국인들은 조선 문제에 그다지 관심이 없었다. 일본에 대한 적개심을 불러일으키려는 시도가 일부 있었으나, 개항장의 죄 없고 얌전한 일본인을 상대로 난폭한 공격을 가한 것 이상은 아니었다.[330]

일본은 풍도 해전과 성환 전투 이후 전개된 9월 15일(양력) 평양 전투에서도 대승하고 이틀 후의 서해 해전에서도 승리했다. 뿐만 아니라 조선에 진주했던 일본의 제1군은 10월 하순 압록강을 건너 만주로 진격하고, 제2군은 요동반도에 상륙해 여순(旅順)과 대련(大連)까지 점령했으며, 1895년 2월에는 산동반도 위해위에 있던 청국의 북양함대 기지까지 공격했다. 결국 청나라는 1895년 4월 17일 시모노세키에서 청나라의 이홍장이 일본의 이토 히로부미를 만나 종전 협약을 체결했다. 이것이 시모노세키 조약인데, 청나라에 일방적으로 불리한 강화조약이었다. 시모노세키 조약으로 청나라는 요동반도와 대만, 팽호제도(澎湖諸島) 등을 일본에 넘겨주어야 했다. 그러나 요동반도의 할양은 러시아가 주도한 삼국간섭(러시아·독일·프랑스)으로 무산된다. 일본은 조선의 지배권을 차지하기 위해서는 러시아를 구축해야 한다는 생각에서 다시 러시아와의 전쟁을 결심하게 된다. 시모노세키 조약의 제1조가 "중국은 조선의 완전무결한 독립과 자치를 명확하게 인정한다."였다는 사실은 앞으로 동아시아 질서에 근본적 변화가 있을 것임을 뜻하는 것이었다. 물론이 조항은 일본이 조선이 독립국임을 인정한다는 뜻이 아니라 조선이

---

330 제노네 볼피첼리, 앞의 책 『구한말 러시아 외교관의 눈으로 본 청일전쟁』, p. 146.

청과 결별해야 한다는 뜻이었다. 다시 말해, 청국을 대신해 일본이 조선을 지배하겠다는 뜻이었다.

청국도 청일전쟁에서 현실을 깨닫고 종래 중국의 전통적 정신 위에서 서양의 기술을 받아들이겠다는 중체서용(中體西用)의 양무운동을 변법자강운동으로 바꾸게 되었다. 변법자강운동은 서양의 기술뿐만 아니라 제도까지도 받아들이는 대개혁을 단행하겠다는 뜻이었다. 무술변법(戊戌變法) 사상의 주도자인 강유위(康有爲)는 『일본변법고(日本變法考)』에서 일본의 경험을 본받을 것을 주장하기도 했다. 이런 상황에서 조선 정부는 동학농민군과 연합함으로써 일본의 침략 저지에 나서야 했으나 오히려 관군을 일본군에게 붙여 동학농민군을 진압하는 데 앞장섰다. 시모노세키 조약을 체결할 무렵에 일본군은 수비대 1만 명을 조선에 배치했다. 이제 남은 것은 조선 정부군이 일본군과 연합해 남은 농민군을 학살하고, 나아가 전 조선을 식민지로 지배하는 것뿐이었다.

V. 서일의 독립운동에 관한 몇 가지 문제

1. 서일의 기초 사상 형성 과정의 문제

서일(徐一: 1881~1921)은 중광단(重光團)과 대한정의단(大韓正義團), 북로군정서(北路軍政署) 등을 이끌었던 저명한 독립운동가이다. 그리나 그의 행적을 추적하는 일은 큰 어려움에 봉착해 있다. 무엇보다 1차 사료의 부족이 가장 큰 문제다. 비교적 이른 시기인 1921년에 순국한 데다 일제가 1942년 11월 만주 영안현의 대종교(大倧敎) 간부들을 일제 검거했던 임오교변(壬午敎變) 당시 서일의 집도 수색을 당해 모든 자료를 빼앗겼던 것이 큰 요인이다. 이런 사정을 감안하더라도 1910~1920년대 초 만주의 독립운동을 이끌었던 서일의 행적에 관한 연구는 심히 미약하다고 할 수밖에 없다. 다행히도 최근 들어 몇몇 논문이 나오기 시작했는데, 이 글에서는 서일의 독립운동 과정에서 풀어야 할 몇 가지 문제에 대해 살펴보기로 하겠다.

먼저 서일의 사상이 형성되는 과정에 관한 문제다. 1881년 2월 26일

함경북도 경원군(慶源郡) 안농면(安農面) 금희동(金熙洞)에서 태어난[331] 서일은 어려서 김노규(金魯奎)의 문하에서 『주역(周易)』을 공부했다고 전해지고 있는데,[332] 경원군의 처사(處士) 김노규는 여러 가지 점에서 흥미로운 인물이다. 경원군 오룡천 하구 수정리에 살던 김노규는 하루에 천 리를 가는 축지법을 썼으며, 미래를 족집게처럼 예언했다는 인물이자 백두산정계비(白頭山定界碑)와 간도(間島)의 영유권 문제에 관하여 쓴 『북여요선(北輿要選)』(1903)의 저자이기도 하다.

『북여요선』의 「백두도본고(白頭圖本攷)」에서 김노규는 청나라의 목극등(穆克登)과 함께 정계비를 백두산에 세우는 데 직접 갔던 조선 측 군관 이의복(李義復)의 기행문을 비교해 그 당시 이미 토문강(土門江)을 국경으로 인식하고 있었다고 주장했다. 「백두비기고(白頭碑記攷)」에서는 백두산정계비의 내용을 면밀히 검토하여 토문강이 두만강을 지칭하는 것이 아니라고 주장했다. 특히 권두의 지도에 두만강원(頭滿江源)과 토문강원(土門江源)을 구별해 그려 놓아 청나라와의 국경선이 두만강이 아니라는 사실을 밝혀 놓았다. 서일이 이런 강역관을 가진 김노규에게 배웠다는 사실은 그의 초기 사상 형성에 중요한 계기가 되었을 것으로 생각된다.

서일이 두 번째로 교육받은 곳은 경성군(鏡城郡) 함일(咸一)사범학교로, 1902년 졸업 후 10년간 고향에서 계몽운동과 교육구국운동에 투신하다가 일제가 한국을 강점하자 1912년 만주로 망명해 그해 10월 대종

---

331 서일의 생애에 대해서는 『대종교 중광 60년사』, 대종교총본사, 1971, pp. 388~393을 참조할 것.
332 「獨立軍總裁 徐一氏 自戕」 『독립신문』. 1921. 12. 6.

교에 입교[333]했다고 전해진다. 함일사범학교에서 무슨 학문을 배웠는지는 알려지지 않고 있으나, 졸업 후 고향에서 계몽운동과 교육구국운동에 투신했다는 사실 등을 볼 때 신학문을 배웠을 것으로 추측된다. 경원군의 처사 김노규에게 배운 학문과 함일사범학교에서 배운 신학문이 주요한 두 교육 기회였다고 볼 수 있다. 이 중에 특히 김노규에게 배운 내용은 만주 강역에 대한 민족의 정체성이 담겨 있다고 볼 수 있다는 점에서 이후 서일이 대종교를 받아들이는 토양이 되었다고 추측할 수 있을 것이다.

2. 서일의 대종교 입교 시기 문제

서일은 1912년 만주로 망명해 왕청현(汪淸縣)에 명동학교를 설립하고 그해 10월 대종교에 입교했다가 1년 만인 1913년 10월 참교(參敎) 및 시교사(施敎師)가 될[334] 정도로 교단 내에서 빠르게 성장했다. 1909년 1월 15일 서울 재동에서 나철(羅喆), 오혁(吳赫) 등을 중심으로 중광(重光)된 단군교는 1910년 8월 5일 교명을 대종교로 개칭했다. 일제가 대한제국을 강점하자 나철은 1910년 10월 25일 중국 길림성(吉林省) 화룡현(和龍縣) 삼도구(三道溝)에 지사를 설치했는데,[335] 종국에는 총본사도 이곳으로 옮길 계획이었다. 나철은 일행과 함께 1911년 7월 21일

333 앞의 책 『대종교 중광 60년사』, p. 390.
334 위와 같음.
335 앞의 책 『대종교 중광 60년사』, p. 165.

서울을 출발해 강화 · 평양을 경유해 백두산 청파호(靑坡湖)를 답사했고, 이후 화룡현 삼도구로 대종교 총본사를 이전했다.[336]

『대종교 중광 60년사』는 서일의 대종교 신봉(信奉), 즉 입교 시기를 1912년 10월이라고 전하고 있다.[337] 그러나 이렇게 볼 경우 서일이 계화(桂和), 채오(蔡五), 양현(梁玄) 등과 1911년 왕청현에서 조직한 중광단과 시기가 엇갈리는 문제가 발생한다. 서일이 실제로 1912년에 만주로 망명했는가 하는 문제부터 되짚어봐야 한다. 그가 만주로 망명한 것이 정치적인 목적일 것임은 물론이지만, 이때 이미 대종교와 연관이 있었을 가능성은 상존하기 때문이다.

『독립신문』은 "기원 4244년(1911) 3월에 중광단을 조직"[338] 했다고 전하고 있고, 그 밖의 사서들도 모두 1911년에 중광단을 결성한 것으로 기록하고 있다.[339] 중광[340]이 대종교의 주요 교리임은 재론의 여지가 없으므로 서일은 1912년 10월 이전에 대종교를 받아들인 것으로 해석해야 할 것이다. 그렇다면 1912년 10월에 입교했다는 『대종교 중광 60년사』의 기술은 어떤 의미일까? 몇 가지 가능성이 있을 것이다. 그 이전에는 민족운동의 한 방편으로 대종교를 받아들였다면 이때 비로소 대종

---

336 위와 같음.

337 앞의 책『대종교 중광 60년사』, p. 390.

338 『독립신문』, 1920. 4. 22.

339 『독립운동사』 제5권, 독립운동사편찬위원회, 1975, p. 187;『한국독립사』, 독립동지회, 1965, p. 432.

340 중광(重光)은 대종교 제1대 교주인 홍암(弘巖) 나철이 1909년 음력 1월 15일 단군대황조신위(檀君大皇祖神位)를 모시고 제천의 대례(大禮)를 행한 뒤 단군교포명서(檀君教佈明書)를 공포한 날로서 단군교의 창시일이다. 그러나 이때 처음 시작한 것이 아니라 원래부터 있던 사상이 잠시 끊어졌다가 이때 다시 밝아졌다고 보기 때문에 중광이라고 한다. 단군교는 이듬해 대종교로 개칭했다.

교의 교리를 영적으로 체득했다는 뜻일 수도 있고, 이때 비로소 대종교의 종교상 직책을 맡았다는 뜻일 수도 있을 것이다. 어쨌든 서일의 입교 시기와 중광단의 창설 시기가 엇갈리는 문제는 해명이 되어야 할 것이다.

3. 서일과 독립운동가들의 대종교 신봉 정도에 대한 문제

1910년을 전후해 많은 독립운동가들이 대종교에 입교했다. 1911년 만주로 대종교 총본사를 이전한 후 총본사 산하에 동서남북 사도본사(四道本司)를 설치하는데, 각 도 본사 주관자의 면면을 보면 대종교가 민족운동가들에게 어떤 의미가 있었는지를 알 수 있다. 동만·노령·연해주·함경도를 주관하는 동도본사 주관자는 서일이었으며, 남만·중국·몽고·평안도를 주관하는 서도본사는 신규식(申圭植)·이동녕, 전라노·경상도·강원도·충청도·황해도를 주관하는 남도본사는 강우(姜虞: 1862~1932), 북만·흑룡강성을 주관하는 북도본사는 이상설이었다. 백두산을 중심으로 두고 교구를 재편한 것이었다. 여기에 중국과 일본·구미 지역을 담당하는 외도교구(外道敎區)까지 포함하면 모두 다섯 개의 교구를 두었다.

사도본사 주관자들은 크게 셋으로 나눌 수 있다. 첫째는 대종교 종교인의 색채가 뚜렷한 인물로, 남도본사의 강우가 이에 해당한다. 강우는 본인은 물론 세 아들, 진구(鎭求), 철구(銕求), 용구(鎔求)도 모두 대종교의 간부를 지낸 정통 대종교인이다. 둘째는 서일이 대표적이다. 강한 대종교의 색채와 독립운동가의 색채를 동시에 지니고 있는 경우로, 강우가 주로 대종교 간부로서 활동했다면 서일은 독립운동 조직의 간부로 활동했다. 셋째는 독립운동가의 색채가 대종교인의 색채보다 강한 인물로, 서도본사의 신규식·이동녕과 북도본사의 이상설이 이에 해당한다고 볼 수 있다. 두 번째와 세 번째 경우는 모두 한때 신학문을 했던 사람들이라는 공통점이 있다.

1910~1920년대에는 독립운동가와 대종교인을 구분하기 어려울 정도로 저명한 독립운동가들 대부분은 대종교인이었다. 잘 알려진 인물들만 예로 들더라도 박은식, 이시영, 신채호(申采浩), 이상룡, 김좌진(金佐鎭), 유동열(柳東說), 이범석(李範奭), 홍범도(洪範圖), 김승학(金承學), 박찬익(朴贊翊), 김두봉(金枓奉), 안희제(安熙濟), 서상일(徐相日) 등이 대종교에 입교한 독립운동가들이다. 이들이 단군을 국조로 모시는 대종교의 기본 교리에 동조한 것은 의심의 여지가 없을 것이다. 그러나 이를 독립운동의 사상으로 받아들였는지 종교상의 교리로 받아들였는지는 구분해 살펴보아야 할 문제다. 나철이 1905년 11월 30일 두암(頭岩) 백전(伯佺)이라는 노인에게서 받았다는『삼일신고(三一神誥)』나 나철이『삼일신고』의 내용을 각 부분으로 나누어 서술한『신리대전(神理大全)』의 신위(神位), 신도(神道), 신인(神人), 신교(神敎) 등의 내용을 신앙으로 받아들였는지는 더 구명되어야 할 문제다.

대종교가 독립운동가들 사이에 급속도로 확산되었던 것은 대한제국을 멸망에 이르게 한 것이 중화 사대주의였다는 자각에 따른 것이었다. 그에 대한 반성으로 국조 단군을 강조하는 민족 주체성에 대한 자각이 광범위하게 일었던 것이다. 석주 이상룡은 만주로 망명한 후 쓴「서사록」에서 기자가 단군을 이었다는 조선 유학자들의 주장을 강하게 반박하면서 "우리나라 사람들은 당초 사가의 견식이 없이 망령되이 노예의 근성으로 꾸며 찬술"[341]했다고 강하게 비판했다. 또한 한사군이 한반도 내에 있지 않았다고 주장하기도 했다.[342] 이런 인식들은 비단 이상룡만의 것이 아니라 이 시기 독립운동을 선택한 이들의 공통된 인식이기도 했다. 이는 기자가 아니라 단군을 민족의 국조로 삼고 백두산을 중심으로 만주를 민족의 강역으로 삼는 새로운 역사 인식이 독립사상의 원동력이 되었음을 뜻한다. 이들은 사망할 때까지 단군 중심, 대륙 강역 중심의 역사관에 대해서는 일관된 견해를 갖고 있었지만, 대종교의 신앙체계도 끝까지 고수하고 있었는가에 대해서는 더 심층적인 연구가 필요할 것이다.

서일은 대종교인으로서의 정체성과 독립운동가로서의 정체성을 정신과 육체로 내화한 인물이라고 볼 수 있다. 서일은 1913년 10월 참교 및 시교사로 승진한 이후 3년 동안 수만 명의 교우를 확장하고 지교(知敎)로 승진한다.[343] 그 배경에 대해 『독립신문』이 "행검(行檢)이 초상(超常)하야 북로인사(北路人士)의 심(深)히 숭앙(崇仰)하는 바의 인물"[344]이라고 전하고 있듯이 함경도 출신의 신망받는 인사라는 점이 함경도 출신이 다수였던 만주의 포교에 큰 역할을 했을 것이다. 이외에 그가 강한 독립운동의 지향성을 가졌던 점도 주요한 요인일 것이다. 서일은 『회삼경(會三經)』, 『삼일신고강의(三一神誥講義)』, 『오대종지강연(五大宗旨講演)』 등의 대종교 교리서를 저술할 정도로 대종교 교리에 정통했다.

그러나 그는 대종교인으로서의 인생과 독립운동가로서의 인생 중 하

---

341 『석주유고(하)』, 안동독립운동기념관, p. 34.

342 『석주유고(하)』, 안동독립운동기념관, p. 33.

343 앞의 책 『대종교 중광 60년사』, p. 390.

344 「獨立軍總裁 徐一氏 自戕」 『독립신문』. 1921. 12. 6.

나를 선택해야 할 때는 독립운동가로서의 인생을 선택했다. 물론 대종교가 독립운동에 강한 지향성을 갖고 있었으므로 이 두 길이 서로 상충되는 것은 아니었다. 1919년 대종교 제2대 교주 김교헌(金敎獻) 등이 주도해 39인의 명의로 만주 길림에서 「대한독립선언서」[345]를 선포한 것도 대종교와 독립운동이 서로 상충되는 것이 아니라 보완적인 관계임을 말해준다.

그러나 서일은 같은 해 김교헌이 교통(敎統)을 전수하려 했을 때, 그 제안을 거절했다. 『대종교 중광 60년사』는 그 이유에 대해 서일이 '마침 군사 의거 준비 중이라 광복 사업을 위해 5년간 유보하기로 천전(天殿)에 고유했다'[346]고 전하고 있다. 서일은 이때를 항일무장투쟁에 전념할 때라고 생각했던 것이다. 서일은 단주(檀珠)를 목에 걸고 전투에 임할 정도로 대종교를 깊이 신앙했지만, 무장 독립투쟁을 위해 교주 자리도 5년간 사양할 정도로 일제와의 투쟁을 중시했다. 이런 의미에서 만주 독립운동 지도자로서 서일의 새로운 위치를 연구하는 것도 중요한 과제일 것이다.

---

345 「대한독립선언서」는 세칭 「무오(1918) 독립선언서」로 불려왔다. 그런데 그 선언 날짜에 대해서는 논란의 여지가 있다. 1918년 「대한독립선언서」가 발표된 것으로 인식해왔지만, 최근 「기미(1919) 독립선언서」보다 늦게 발표되었다는 주장이 나오고 있다. 송우혜는 『역사비평』(역사문제연구소, 1988년 여름호)에, 의암손병희선생기념사업회 회장 손윤 역시 「대한독립선언서」가 「기미 독립선언서」보다 늦게 나왔다고 주장했다는 논문을 발표했다.

346 앞의 책 『대종교 중광 60년사』, p. 391.

4. 서일의 항일무장투쟁과 대종교 문제

서일이 이끌던 중광단은 1919년 5월 공교회(孔敎會)[347] 회원 등을 포섭해 대한정의단을 조직하고 총재에 서일을 추대했다.[348] 1919년 8월 7일에는 김좌진, 조성환(曺成換) 등의 군부 출신들과 연합해 군정부(軍政府)를 조직하고 본영(本營)을 왕청현 서대파구(西大波溝)에 두었는데, 이곳은 국경이 가까운 밀림 지역이었다.[349] 이들은 제1차 세계대전 때 시베리아로 출병했던 체코로부터 블라디보스토크에서 무기를 구입해 무장을 갖추었고, 그해 12월에는 북로군정서로 개칭했다. 북로군정서의 총재는 서일, 총사령관은 김좌진이었으며, 왕청현 십리평(十里坪)에 사관연성소를 세워 사관을 배출하고 각종 학교도 설립했는데, 『한국독립사』는 "그 후원 기관은 대종교 교우들이었다."[350]라고 전하고 있다. 북로군정서는 잘 알려진 대로 청산리 대첩의 주역이다.

청산리 대첩으로 만주의 독립운동 세력에 큰 위협을 느낀 조선총독부는 1925년 길림독군 겸 성장(吉林督軍兼省長)이었던 만주 군벌 장작림(張作霖)과 이른바 삼시협약(三矢協約)을 체결했다. 삼시협약 이전에는 장작림의 동북군이 한국 독립운동 세력에 우호적이었지만, 이후에는 한국 독립운동가들을 체포해 조선총독부에 넘겨주었다. 일제가 삼시협약

---

347 공교회는 19세기 말에서 20세기 초에 중국과 조선에서 나타난 유교 개혁운동의 한 파벌이다. 1909년 10월 신기선(申箕善), 이완용 등이 조직한 친일 유림 단체인 공자교와는 다른 유교 조직이다.

348 앞의 책 『독립운동사』 제5권, p. 237.

349 앞의 책 『한국독립사』, p. 432.

350 앞의 책 『한국독립사』, p. 433.

에서 큰 위협으로 느낀 것 역시 서일이 이끌었던 대종교도들이었다. 삼시협약의 부대 조항 중에 "대종교 중요 간부인 서일이 대한독립운동의 수령으로 그 교도를 이끌고 일본에 항전하였으니, 대종교는 곧 반동군단(反動軍團)의 모체로서 종교를 가장한 항일 단체인즉, 중국에서 영토 책임상 이를 해산시켜야 한다."[351]는 내용이 있었다. 장작림이 친일로 기울면서 일제가 그토록 말살하고 싶어 했던 대종교는 큰 타격을 입었다. 장작림은 1926년 12월에 '대종교 포교 금지령'을 반포했고, 대종교의 활동은 큰 타격을 입었다. 북경에 머무르고 있던 박찬익은 윤복영(尹復榮), 조성환 등과 대종교 포교 금지령에 대한 해금 청원서를 제출했으나, 장작림의 동북정권은 이를 거부했다. 그래서 중앙정부인 남경정부와 교섭한 결과, 1929년에 중앙정부로부터 해금령 공한이 대종교 총본사로 통보되어 대종교는 포교 활동을 재개할 수 있었다. 여기에는 일제의 힘을 빌려 중앙 정권까지 노리던 장작림이 장개석이 이끌고 풍옥상(馮玉祥), 염석산(閻錫山), 이종인(李宗仁) 등 4대 군벌이 가세한 중앙군과 싸우다가 패전한 후 동북으로 되돌아오다 1928년 6월 심양에서 일본 군부에서 설치한 폭탄으로 폭사(爆死)당한 황고둔(皇姑屯) 사건이 배경에 있었다. 이 사건으로 장작림의 아들 장학량(張學良)이 만주 지역에 일제히 중화민국의 청천백일기(靑天白日旗)를 다는 역치(易幟)를 실시하고 항일에 나서면서 대종교는 만주 지역에서 힘을 얻는 듯했다. 그러나 1931년 9월 18일 만주사변이 일어나 일제가 만주를 장악하면서 대종교 해금령은 큰 효과를 보지 못하고, 대종교는 지하로 잠적할 수밖에 없게

---

351 顧維鈞, 「雙方商定取締韓人辨法綱要: 取締韓人辨法施行細則」 『中國現代史料叢書』 第2集, 台北, 文星書店, 1962, pp. 77~79.

되었다.

일제가 삼시협약에서 서일과 대종교를 가장 위협적인 세력으로 꼽은 것은 중요한 의미가 있다. 그러나 그간 청산리 대첩에 대한 대종교의 기여에 대해서는 별로 연구된 바가 없는데, 이 부분에 대한 연구도 시급한 실정이다.

VI. 고종 망명 계획과 이회영

1. 들어가는 글

　우당 이회영이 고종을 망명시키려 했다는 사실은 이제 많이 알려져 있다. 이는 이회영과 함께 활동했던 이관직과 이정규의 증언에서 비롯되었는데,[352] 고종의 급서 때문에 실패했다고 인식되고 있다.[353]

　그런데 고종의 급서 원인이 독살 때문이라는 인식은 고종 사망 당대에도 적지 않았다. 고종의 망명 계획을 인지한 일제가 친일 매국노들을 시켜서 독살했다는 것이다. 이관직은 이에 대해 이렇게 서술했다.

　이렇게 계획이 진행되어가던 중에 12월이 되었는데, 태상황제께서 갑자

352　이관직, 앞의 책 『우당 이회영 실기』, pp. 169~171; 이정규, 『우당 이회영 약전』, 을유문화사, 1985, pp. 53~55.

353　박환, 「이회영과 그의 민족운동」 『국사관논총(國史館論叢)』 제7집, 국사편찬위원회, 1989.

기 병이 나시어 1시간 만에 붕어하시고 말았다. …… 통재라, 왜적의 소행이여! 왜적은 지난날의 헤이그 밀사 파견과 같은 일이 이번 파리 강화회의에서 또 연출되지 않을까 우려하여, 모 적신(賊臣)을 부추겨 식혜에 독약을 타 태상황제께 드리게 한 것이다.[354]

고종 독살설은 단순한 설이 아니라 일제가 편찬한『순종실록』기록을 살펴봐도 의혹이 생길 수밖에 없다.『순종실록』부록에 태왕(太王: 고종)의 와병 기록이 나오는 것은 1919년 1월 20일이다. 그러나 고종의 병명도 없이 그저 태왕의 병이 깊어 동경에 있는 왕세자에게 전보로 알렸다고만 기록되어 있다. 그 전에 전의(典醫) 김영배(金澯培)와 총독부 의원장(總督府醫院長) 하가 에이지로(芳賀榮次郎)가 입진(入診)했다는 것이다.[355] 더구나 그날 밤 고종 곁에서 숙직한 인물들이 나라를 팔아먹은 대가로 자작 작위를 받은 친일파 이완용과 이기용이었다.[356] 그리고 그다음 날 묘시(오전 6시)에 덕수궁 함녕전에서 승하했다고 기록되어 있다.[357] 그러므로 고종의 임종을 지켜본 인물은 헤이그 밀사 사건 때 고종에게 "일본에 가 일황에게 사죄하든지 퇴위하라."고 윽박질렀던 이완용과 일제에게 작위를 받은 매국노뿐이었다. 이완용과 이기용이 고종에게 어떤 짓을 했는지도 알 수 없는 노릇이다.

더구나 새벽 묘시에 숨졌는데, 임금의 승하를 알리는 복(復)은 그 다

---

354 이관직, 앞의 책『우당 이회영 실기』, pp. 170~171.
355 『순종실록』부록, 순종 12년 1월 20일.
356 위와 같음.
357 『순종실록』부록, 순종 12년 1월 21일.

음 날 했다는 점도 의문이다.[358] 고종의 사망 사실을 하루 동안 숨겼다가 발표한 것인데, 발표 방식도 신문 호외를 통한 비공식적인 것이었으며, 병명도 급서의 경우 가져다 붙이기 쉬운 뇌일혈이었다. 게다가 일제가 조선총독부 칙령 제9호로 "이태왕이 돌아가셨으므로 오늘부터 3일간 가무음곡을 중지한다."고 결정한 것은 1월 27일이었다.[359] 1주일이 지난 뒤에야 가무음곡을 중지한다는 칙령을 내려 뒷북을 치고 있는 것이다. 아무리 망국의 임금이라 해도 이해할 수 없는 일의 연속이었다.

비록 이관직은 적신의 이름은 거명하지 않았지만, 독립운동가들은 그 장본인으로 이왕직 장시국장이자 남작 작위를 받은 한창수와 시종관 한상학을 지목했다. 이증복은 1958년 12월 16~19일자 『연합신문』에 1918년 12월 19일 밤에 두 한 씨가 독약이 들어 있는 식혜를 올려 독살했다고 적고 있다.[360]

성신여대 구양근 교수는 일본 외무성 외교사료관에서 고종이 사망한 그달에 열린 국민대회 명의의 성명서를 찾아냈는데, 이에 따르면 "그들(이완용, 송병준 등 친일파)은 출로가 막히자 후일을 두려워하여 간신배를 사서 시해하기로 하였다. 윤덕영, 한상학 두 역적을 시켜 식사 당번을 하는 두 궁녀로 하여금 밤참에 독약을 타서 올려" 시해했다는 것이다.

고종 독살설은 이처럼 단순한 설이 아니라 이완용과 이기용, 한창수, 윤덕영, 한상학 등의 실명이 거론될 만큼 구체성을 띠고 있다. 이회영의 아들 이규창(李圭昌)도 관련 기록을 남겼다. 고종의 조카이기도 한 형수

---

358 위와 같음.
359 『순종실록』 부록, 순종 12년 1월 27일.
360 『연합신문』, 1958. 12. 16~19.

조계진이 고종 사후 5일 후에 운현궁에 갔다가 "궁인을 매수, 극비리에 식혜에 독약을 타서 절명했으며, 독약을 탄 궁인들은 행방불명됐다."는 이야기를 들었다고 그의 자서전 『운명의 여진』에 전하고 있는 것이다.[361]

고종 독살설은 해외에까지 널리 전파되었다. 일제의 훈춘(琿春) 부영사(副領事) 추주욱삼랑(秋洲郁三郞)이 일본 외무대신 우치다 고사이(內田康哉)에게 보낸 비밀문서에 따르면 만주와 러시아령에도 고종의 사인에 대한 의문이 광범위하게 퍼져 있었다.[362]

1892년부터 1934년까지 한국에서 선교 활동을 폈던 미국 북감리교의 매티 윌콕스 노블(Mattie Wilcox Noble)이 당시 쓴 일기가 최근 『3 · 1 운동 그날의 기록』이라는 책자로 발간되었는데, 여기에도 같은 내용이 실려 있다. 그중 1919년 3월 3일자 일기는 "전(前) 황제는 격노하여 서명을 거부했고, 그러자 서명을 강요하던 사람들은 앞으로 어떤 일이 생길까 두려워 전 황제를 독살하고 상궁들(윤덕영과 호상학)을 죽였다."고 기록하고 있다. 이 외국 선교사에게까지 윤덕영과 호상학(한상학)의 이름이 독살자로 알려질 정도로 고종의 독살설은 국내외에 널리 퍼졌고, 그 내용도 구체적이었다.

361 이규창, 『운명의 여진』, 보련각, 1992.
362 機密公信第一六號(秘受一七四一號), 「李太王殿下薨去ニ關スル浮說ノ件」 『不逞團關係雜件-朝鮮人의 部-在滿洲의 部 8』, 大正 八年(1919) 二月 八日.

2. 이회영의 귀국과 고종 망명 계획

고종의 사인에 대한 의문은 국내를 넘어 만주와 러시아령, 미국까지 전파되었다. 고종을 곁에서 지켜본 사람들은 대부분 고종의 사인에 의문을 품었다. 고종은 말과 행동이 다른 정치 행보로 수많은 사람들에게 신망을 잃었지만, 역으로 그렇기 때문에 빼앗긴 나라를 되찾기 위해 무엇인가 할 것이라는 기대도 갖고 있었다. 대한민국 구미위원부의 법률 고문이던 프레드 돌프(Fred A. Dolph)는 미 의회에서 고종의 급서에 살해 의혹이 있다고 말하기도 했다.

> 1919년 1월 24일까지 생존하였던 전 황제 고종은 한국의 국권을 회복시켜 국민들에게 자유를 주기 위해서 그가 무엇인가를 할 수 있을 것이라는 희망을 늘 가지고 있었다. 한국의 주장을 제출하기 위해 파리 만국평화회의에 참석하려던 한국 사절단의 비용을 충당하기 위해 자신이 가진 얼마 되지 않은 장신구와 보석을 판 것이 그가 한 마지막 행동이었다. 일본이 이를 알았고, 황제는 갑자기 사망하였다. 일본은 황제가 뇌일혈로 사망하였다고 발표하였다. 충분히 신뢰할 만하고 개연성 있는 다른 소식통들에 의하면 그는 살해되거나, 자살했으며, 실망감과 상실감으로 사망하였다는 것이다.[363]

돌프의 말처럼 사람들은 고종에게 "무엇인가를 할 수 있을 것이라는

---

363 미 의회 의사록 1919년 9월 19일자에서 발췌, 『대한민국 임시정부 자료집 18』「구미위원부 Ⅱ」.

희망을 늘 가지고 있었다." 그리고 그가 취할 수 있는 마지막 수단이 망명이었다. 사실 고종이 망명했다면 그 폭발성은 상상을 초월했을 것이다. 국왕의 망명은 다른 사람들의 망명과는 다른 것이었다. 일본은 그간 고종이 자의로 왕국을 넘긴 것처럼 세계 여론을 호도해왔는데, 고종이 망명해서 일본이 강제로 왕국을 빼앗은 것이라고 폭로한다면 일본의 기만과 침략성이 만천하에 공개되는 것이었다.

이회영이 고종 망명을 계획한 것도 이 때문이었다. 망국 후 만주 집단 망명을 주도했던 이회영은 유하현 삼원보에서 경학사, 부민단 등 민단 자치 조직을 결성하고 신흥무관학교 창립에도 깊숙이 관여했으며, 1913년 비밀리에 귀국했다. 일제가 이회영과 이동녕, 이시영, 장유순, 김형선(金瀅璇) 등을 암살하거나 체포하기 위해 형사대를 비밀리에 파견했다는 정보를 입수했기 때문이다.[364] 이런 정보를 입수한 이회영은 러시아령으로 피신하라는 권고를 따르지 않고 역으로 1913년 정월 초순에 귀국했다.[365] 이회영이 귀국한 가장 큰 목적은 군자금 등을 모집하는 것이었다.[366]

그러나 이미 국내 상황은 망국 직후와도 크게 달라져 있었다. 조선의 옛 도읍은 "왜적의 새 도시로 변해 있었고, 북촌 남촌의 명가교목(名家喬木)은 추풍낙엽"이 되었던 것이다.[367] 이은숙은 이때의 상황을 이렇게 설명했다.

---

364 이정규, 앞의 책 『우당 이회영 약전』, pp. 50~51.
365 이정규, 앞의 책 『우당 이회영 약전』, p. 51; 이은숙, 『민족운동가 아내의 수기』, 정음사, 1975, p. 26.
366 이관직, 앞의 책 『우당 이회영 실기』, pp. 159~160.
367 이관직, 앞의 책 『우당 이회영 실기』, pp. 160~161.

계축년(1913) 정월 초순에 떠나 조선에 무사히 가시었으나 어느 누가 있어 반기리요. 우선 사직동에 있는 나의 친정 대고모 댁으로 가시니 대고모님 모자분이 놀랍게 반기시고, 우선 미안하지만 주객(主客)이 비밀을 지키며 4, 5삭을 비밀히 묵으면서 동지들을 만나는데, 주야로 방에서 숨도 크게 못 쉬고 있었으니 오죽이나 미안하고 조심되셨으리요.[368]

헌병경찰제도로 상징되는 일제의 무단통치는 외형상 성공을 거두어 가는 것 같았다. 또한 일제의 촘촘한 정보망은 이회영의 국내 활동을 크게 제약했다. 이런 무단통치 아래에서 이회영은 여러 인사들을 만났으나, 독립에 대한 의지는 많이 희석되어 있었다. 국내의 사대부 출신 양반들이 독립운동에 나서기를 거부하는 핑계 중 하나가 고종이었다. 임금인 고종이 합방을 받아들였기 때문에 신하들이 임금의 결정에 반대하고 나설 수는 없다는 것이었다. 그래서 이회영은 고종이 망명해서 자신은 합방 조약을 재가한 적이 없다면서 개전(開戰) 조칙을 내리면 고종을 핑계로 일제에 순응하던 양반 사대부들이 더 이상 가만히 있을 수는 없을 것이라고 생각했다. 이 경우 향촌(鄕村) 사회의 지배권을 상실할 것이기 때문이다. 어떻게 보면 이것이 이회영이 고종을 망명시키려던 가장 중요한 이유일 수 있었다. 그래서 이회영은 고종 망명 계획을 동지들과 논의했다.

---

368 이은숙, 앞의 책 『민족운동가 아내의 수기』, p. 26.

3. 고종 망명을 논의한 사람들

(1) 종교 및 학술계 인사들

이회영이 고종 망명 계획을 수립하고 함께 움직였던 사람들에 대해서는 아직까지 구체적인 분석이 이루어진 적이 없다고 해도 과언이 아니다. 이회영이 고종을 중국으로 망명시키려 할 때 함께 논의했던 인사들로는 이교영(李喬永), 민영달, 이득년(李得季), 오상근(吳祥根), 오세창, 이승훈(李昇薰), 한용운(韓龍雲), 김진호(金鎭浩), 강매(姜邁), 이상재(李商在), 유진태(兪鎭泰), 유창환(兪昌煥), 안확(安廓), 홍증식(洪增植) 등을 들 수 있다.[369] 이들이 고종 망명 계획에 어느 정도 관여했는지는 알 수 없다. 그러나 이들을 분석해봄으로써 고종 망명 계획에 어느 세력이 가담했는지, 그 의미가 무엇인지는 유추해볼 수 있을 것이다.

이들은 서로 중첩된 배경을 갖고 있는데, 특성별로 묶어서 분석할 수도 있다. 먼저 고종의 측근 세력을 들 수 있다. 시종 이교영과 판서 민영달이 그들이다. 시종원(侍從院) 시종 이교영은 망국 직전인 1910년 8월 19일 서리흥친왕궁총판(署理興親王宮總辦)에 임명되었던 고종의 측근이었고,[370] 민영달 역시 호조판서 및 김홍집 내각의 내부대신을 역임하고, 망국 후 일제가 수여한 남작 작위를 거절함으로써 망국에 대한 최소

369　이관직, 앞의 책 『우당 이회영 실기』, pp. 169~170; 이정규, 앞의 책 『우당 이회영 약전』, pp. 54~55. 이관직과 이정규의 책에는 오상근의 이름이 없는데, 이현주는 오상근을 이회영이 고종 망명을 논의한 인물로 분류했다. 이현주, 「서울청년회의 초기 조직과 활동 (1920~1922)」 『국사관논총』 제70집, 1996.

370　『순종실록』, 융희(隆熙) 4년(1910) 8월 19일; 『관보(官報)』, 융희 4년 8월 23일.

한의 책임의식은 가진 인물이었다.

두 번째로 종교 세력을 들 수 있다. 이관직은 "천도교의 오세창, 기독교의 이승훈, 불교의 한용운"[371]이라고 설명하고 있고, 이정규도 마찬가지로 분류하고 있다.[372] 그러나 고종 망명 계획에는 천도교, 기독교, 불교뿐만 아니라 유교도 관련되어 있다고 볼 수 있고, 그 숫자도 더 많다고 분석할 수 있다.

가장 많이 가담했던 것은 기독교 인사들이다. 이는 이회영이 상동교회의 전덕기 목사와 함께 독립운동을 전개한 것과 직접적인 연관이 있을 것이다.[373] 이승훈, 김진호, 강매, 이상재, 오상근 등이 고종 망명 계획에 참여한 기독교인 범주에 속한다고 볼 수 있다. 이승훈(1864~1930)은 평북 정주(定州) 출신으로, 일찍이 사업에 나서 흥성과 몰락을 경험하다가 1907년 평양 쾌재정(快哉亭)에서 안창호의 교육진흥론 연설을 듣고 교육사업과 기독교 신앙에 몰두했다. 강명의숙(講明義塾)과 오산학교를 세웠고, 신민회 발기에 참여했으며, 1911년 5월 안악(安岳) 사건으로 제주도에 유배되었다가 다시 105인 사건에 재차 연루되어 서울로 압송되어 4년 2개월 동안 옥고를 치렀다. 1915년 오산학교 교장에 취임하는 한편, 평양신학교에 입학했다. 민족대표 33인 중 기독교계의 대표였으며, 3년 형을 선고받고 복역 중 가출옥했다. 이후 1924년 동아일보사 사장에 취임해 물산장려(物産獎勵)운동과 민립대학(民立大學) 설립을 추진했으며, 1926년 오산학교 이사장에 취임해 재직 중 1930년 사망했는데,

---

371　이관직, 앞의 책 『우당 이회영 실기』, p. 169.
372　이정규, 앞의 책 『우당 이회영 약전』, p. 54.
373　이관직, 앞의 책 『우당 이회영 실기』, p. 137.

시신을 해부용으로 내놓아 화제가 되었다.[374]

이상재(1850~1927)에 대해 이정규는 유진태, 안확, 이득년 등과 함께 사회 방면의 인사로 분류했는데,[375] 그 역시 1902년 개혁당 사건으로 투옥되어 있을 때 기독교 신자가 된 기독교계 인사로 분류할 수 있다. 이상재는 이때 함께 감옥에 있었던 김정식(金貞植), 유성준(兪星濬) 등과 함께 황성기독교청년회(YMCA)에 가입하여 초대 교육부장이 되었다. 3 · 1 운동에 연루되어 6개월간 옥고를 치렀으며, 1927년 2월 15일 민족주의 진영과 사회주의 진영의 민족 단일 전선이었던 신간회(新幹會)의 초대 회장을 맡았으나 얼마 지나지 않아 사망했다.

충남 천안 출생의 강매(1878~1941)에 대해 이관직과 이정규는 김진호와 함께 교육계 인물로 분류했는데, 기독교인으로도 분류할 수 있다. 그는 기독교에 입교해서 상동교회의 전덕기 목사와 교유했는데, 1907년 니혼(日本)대학 고등사범 수법과(修法科)를 졸업했다. 귀국 후에는 기독교 교육과 언론 활동으로 민족운동에 헌신했다. 1912년부터 배재학당에 재직하는 한편 정동교회의 임원으로 활약했고, 『조선일보』· 『중앙일보』· 『시대일보』 편집국장을 차례로 역임했다. 독립운동 와중에 의친왕을 망명시키려던 대동단(大同團) 사건에 연루된 것[376]을 비롯해 여러 차례 옥고를 치렀으며, 나중에는 만주로 이주해 연길농업실업학교 교장으로 재직하면서 독립운동을 지원했다. 저서로 『정동교회 30년사』가 있다.

김진호(1873~1960)는 상동교회 전덕기 목사의 권유로 기독교에 입교

---

374 『동아일보』, 1930. 9. 2.
375 이정규, 앞의 책 『우당 이회영 약전』, p. 54.
376 『동아일보』, 1920. 6. 29 ·30, 7. 12.

한 후 상동교회 전도사가 되었다. 일진회가 한·일 양국의 합방을 촉구하는 성명을 발표하자 배동현(裵東鉉), 이승규(李昇圭), 오상근 등 여러 기독교계 인사들과 합방 성명을 '마설(魔說)'이라고 비판[377]하는 반박 성명을 발표했다. 김진호는 1915년 신흥우(申興雨)가 배재학교 교장으로 부임하자 이듬해부터 배재학교에서 성경과 한문을 가르쳤다. 3·1운동 때는 감리교 출신 민족대표를 도와 「독립선언서」를 서울 시내 각 외국 영사관에 전달하고, 배재학교 학생들을 시위에 참가하게 했다. 이 때문에 8개월의 실형을 언도받고 복역했는데, 심한 고문으로 신장병을 얻어 9월에 병보석으로 석방되었다. 이후 1920년 인천 내리교회에 부임해 목회 활동을 하다가 목사 안수를 받은 후 1921년 다시 배재학교 교목으로 부임하여 1935년 은퇴할 때까지 학생들에게 신앙과 민족의식을 고취했다.

지금까지 살펴본 것처럼 고종 망명 계획에 가담했던 기독교계 인사들은 대부분 상동교회와 밀접한 관련을 갖고 있었다. 또한 당시는 한국 기독교가 민족대표 33인의 과반을 차지할 정도로 독립운동에 적극적이었음을 알 수 있다. 이는 독립운동가이자 한국 기독교사 연구가인 역사학자 김양선의 아래와 같은 말로 이해가 될 것이다.

한국의 민족운동 내지 독립운동은 기독교회와 더불어 불가분리의 밀접한 관련을 가지고 있다. 그것은 기독교의 교리는 인간의 존엄과 자유 평등 사상을 기본으로 한 것이므로 기독신자들은 개인적으로나 민족적으

---

377 『日本公使館記錄』, 1908~1909, 「一進會上書에 關한 書類」 2, 警秘 제248호, 1909년 12월 8일(국사편찬위원회 편, 『한국 독립운동사』 1, p. 479).

로나 타민족의 부당한 구속과 압박에 그냥 머물러 있을 수 없기 때문이었다. 그러므로 기독교를 통하여 민족정신이 크게 흥기 진작되었고, 그것은 다시 독립운동에로 약진되었다.[378]

이처럼 이 시기 기독교도는 민족운동가로 인식되었고, 기독교는 독립운동과 거의 동의어로 사용되었다. 이 때문에 삼한갑족 출신의 이회영이 기독교에 입교한 것이고, 상동교회가 독립운동의 중심지가 된 것이다.

다음으로는 천도교 세력으로 오세창(1864~1953)을 들 수 있다. 오세창은 초기 개화파의 3대 비조 중 한 사람인 역관 오경석(吳慶錫)의 아들이다. 그는 1902년 개화당 사건으로 일본에 망명 중 손병희를 만나 천도교에 입교했다. 1906년 귀국 후에는 『만세보』·『대한민보』 사장을 역임하면서 언론을 통한 독립운동에 종사했고, 3·1 운동 때 민족대표 33인의 한 사람으로 3년간 옥고를 치렀다.

유림으로는 이득년과 유진태(1872~1942)를 들 수 있는데, 이득년은 청년운동을 설명할 때 후술하겠다. 유진태는 충북 괴산 출생으로 1898년 대한제국 무관학교에서 수학했고, 이상재, 이승만 등과 함께 독립협회에서 활동했다. 1919년 3·1 운동 후 김창숙 등이 프랑스 파리에서 열리는 만국평화회의에 제출할 파리장서를 작성하자 평안도 지역을 맡아 서명 활동을 했고, 김창숙이 진정서를 가지고 상해로 건너갈 때 박돈서(朴敦緖)를 소개해주었다. 그 후 유진태는 조선교육회(朝鮮敎育會) 설립을 주도하고 『조선일보』 사장을 맡는 등 교육과 언론계에서도 활약했다.

---

378 김양선, 『한국 기독교사 연구』, 기독교문사, 1971, p. 113.

그런데 유진태는 단순히 유림이라는 틀에 넣어서 설명할 수 있는 인물은 아니다. 천도교 계통 3·1 운동 관련 일제 신문 조서에 따르면, 충북 제천 출신의 천도교인으로 서울에 오면 권농동 유진태의 집에서 묵었던 김영순(金永淳)이 유진태는 중앙학회(中央學會) 총무원(總務員)이라고 증언한 것[379]을 보면 유진태는 천도교와도 밀접한 관련을 갖고 있었으며, 전덕기 목사와 상동청년학원 경영에 진력했다는 일화[380]를 보면 그 역시 기독교 신자는 아닐지 몰라도 상동교회 인맥이라고 볼 수 있다.

민족대표 33인에 불교계 대표로 들어간 한용운(1879~1944)은 아무런 소개장도 없이 합니하(哈尼河) 신흥무관학교를 찾아왔다가 학생들에게 일제 간첩으로 오인받아 위기에 처했던 인물이다.[381]

이처럼 이회영과 함께 고종 망명 계획에 나섰던 인물들은 기독교를 중심으로 천도교, 유림, 불교가 망라되어 있었다. 물론 극비리에 고종 망명 계획을 수립했기 때문에 믿을 만한 사람들을 중심으로 일이 추진될 수밖에 없었겠지만, 당시 천주교를 제외한 모든 민족종교가 이 계획에 함께했다는 것은 중대한 의미가 있다.

그 외에 이정규는 유창환(1870~1935)을 이회영의 동지 명단에 넣고 있다.[382] 유창환은 1928년 6월 15일 조선교육협회 부회장에 선출되는데, 이때의 회장은 남궁훈(南宮薰)이었고, 이사 중에는 유진태도 있었다.[383]

379 「증인 김영순 조서」『한국 독립운동사 자료집 10』『三一運動과 天道敎誠米』 '5. 地方 憲兵隊 및 警察署(3)'
380 유광열, 「조선일보 사장 유진태론」『동광』제34호, 1932년 6월호.
381 이은숙, 앞의 책『민족운동가 아내의 수기』, p. 26.
382 이정규, 앞의 책『우당 이회영 약전』, p. 56.
383 『동아일보』, 1928. 6. 18.

또한 그는 1927년 신간회 초대 회장 이상재가 사망했을 때 사회장 준비위원도 역임했다. 고종 망명 계획에 함께했던 인연이 이후에도 계속되는 것이다.

국학자 안확(1886~1946)은 1914년경 일본에 유학해 니혼대학에서 정치학을 수학했다. 조선국권회복단(朝鮮國權恢復團)의 마산지부장을 맡았고, 3·1 운동 때도 마산 지역의 만세운동을 주도했다. 그는 이후 『조선 문학사』, 『조선 문명사』 등의 저술을 통해 국어와 국사를 통한 독립운동에 나서게 된다.

(2) 청년회 인사 및 사회주의 계열 인사

고종 망명 계획에 가담했던 인사들 중에는 향후 조선 청년운동 및 사회주의 운동을 주도했던 인물들이 상당수 있다. 이득년, 오상근이 그들이다. 일제하 청년운동은 한국 독립운동의 전위대 역할을 했다. 1927년 이강(李江)이 쓴 「조선 청년운동의 사적(史的) 고찰(考察)」이라는 글을 보자.

> 특히 조선의 청년운동이 노농대중(勞農大衆)의 전위대의 역할을 수행함에 있어서는 다른 나라의 청년운동이 수급(隨及: 따라 미침)할 배 아니다. 그리하야 조선의 청년운동은 더 말할 것도 없이 우리 운동의 중심 주석(主石)이 되어 있으며, 거대한 본류(本流)를 작(作)하고 있다.[384]

---

384 이강, 「조선 청년운동의 사적 고찰(상)」 『현대평론』, 1927년 9월, p. 28.

조선 청년운동이 노농운동의 전위대 역할을 수행하고 독립운동의 중심이 되었다는 평가다. 3·1 운동 이듬해인 1920년 6월 28일 민족대표들이 독립선언서를 낭독했던 태화관(太華館)에서 53명의 인사들이 모여 '조선청년회연합회기성회(朝鮮青年會聯合會期成會)'를 발족했는데, 위원장이 오상근이었고, 지방부 위원은 안확이었다.[385] 이들은 기성회를 출범시킨 지 불과 한 달 남짓한 8월 5일 서울청년회 창립을 위한 발기인회를 조직했다. 이 발기인회에 대해서 일제의 정보 문서는 "조선청년회연합회 이사 오상근, 장덕수(張德秀)는 연합회의 내홍(內訌)에 기인하여 이에 대립하고자 1920년 8월 5일 본회(本會: 서울청년회)의 발기인회를 개최했다."[386]고 말하고 있다. 서울청년회는 1921년 1월 말[387] 결성되는데, 위원장은 이득년이고, 오상근은 6명의 이사 중에 이름을 올리고 있다. 나머지 이사들은 김명식(金明植), 김사국(金思國), 장덕수, 윤자영(尹滋瑛), 한신교(韓愼教)인데,[388] 이 중 장덕수를 제외하고는 모두 사회주의자들이었다. 서울청년회는 한국 사회주의 운동사에 중요한 조직이다. 한국은 물론 전 세계 각국의 사회주의 운동사는 대체로 국내파와 해외파라는 두 파벌이 존재하는 경우가 많다. 국내파는 자생적인 사회주의 세력이고, 해외파는 제3국제공산당, 즉 코민테른의 지시를 받는 사회주의 세력인데, 서울청년회는 국내파라고 볼 수 있다. 이 서울청년회를 이

---

385 「연합회 휘보(聯合會彙報)」『아성(我聲)』 제1호, 1921년 3월, pp. 85~86; 『동아일보』, 1920. 7. 7.

386 朝鮮總督府 警務局, 『高等警察關係年表』, 1930, p. 52.

387 서울청년회 결성 날짜에 대해서 일제 문서들은 1921년 1월 27일로 기록하고 있고, 서울청년회 관련 당사자들은 1월 23일로 기록하고 있다. 이에 대해서는 이현주, 앞의 글 「서울청년회의 초기 조직과 활동(1920~1922)」을 참조하라.

388 경기도 경찰부, 『치안개황(治安概況)』, 1925년 5월.

끈 인물이 김사국으로서, 해외파인 화요회와 국내 사회주의 운동의 주도권을 놓고 치열하게 다퉜다.[389]

이득년은 1919년의 파리장서 사건, 즉 '제1차 유림단 사건' 때는 그의 집이 모의 장소로 사용되었을 정도로 주도적 역할을 수행했고,[390] 1925년의 '제2차 유림단 사건'에도 주도적으로 참여한 인물로, 유림 계열로 분류할 수도 있다. 당시만 해도 독립운동에 가담하면 성향 자체는 그리 큰 문제가 되지 않던 때이기 때문에 유림 출신인 이득년이 사회주의 성향의 서울청년회 위원장에 추대된 것이었다.

충북 진천 출신의 오상근은 대한제국의 장교(정위: 正尉) 출신으로 고종의 시종무관장(侍從武官長)이었던 민영환의 부관을 지냈다. 이후 1909년 10월 안희제, 서상일, 이원식(李元植), 남형우(南亨祐) 등이 조직한 비밀결사 대동청년단(大東靑年團)의 단원으로 활동했다. 오상근은 기독교 장로교 조사(助事)로서 함태영(咸台永), 현순(玄楯) 등과 기독교계의 3·1운동 참가에 대해 논의한 인물 중 한 명이었다. 오상근이 조선청년회연합회기성회 위원장에 선임된 것은 이런 다양한 경력이 다양한 성향과 경력의 개인과 집단이 모인 연합회의 수장에 적당할 것으로 받아들여졌기 때문일 것이다. 즉 다양한 성격의 개인과 집단이 모인 연합회의 위원장에는 특정 성향의 인물보다 다양한 성향의 개인·집단들과 소통할 수 있는 인물이 적당하다고 여겼던 것이다.

마지막으로 홍증식(1895~?)도 나중에 유명한 사회주의자가 되는데,

---

389 국내파인 서울청년회 계열과 해외파인 화요회 계열의 국내 사회주의 운동 주도권 다툼 및 공산당 결성 경쟁에 대해서는 이덕일, 「일제하 사회주의 운동사」『잊혀진 근대, 다시 읽는 해방전사』, 역사의아침, 2013을 참조할 수 있다.

390 김창숙, 「자서전」『김창숙』, 심산사상연구회 편, 한길사, 1981, p. 198.

이관직과 이정규의 책에 모두 이회영이 민영달을 찾을 때 데리고 간 인물로 나온다.[391] 아마도 부친 홍승범(洪承範)이 왕실 사무를 총괄하는 궁내부(宮內部) 관리를 지냈기 때문일 것이다. 특이한 것은 을사오적 이지용이 고모부라는 점이다. 그러나 그는 고모부와 전혀 다른 인생을 살았다. 그는 1920년 2월 노동문제연구회에 참가하고, 조선노동공제회 창립 회원으로서 교육부 간사를 맡으면서 사회주의자의 길을 걷는다. 홍증식은 1921년에는 서울청년회 창립위원이 되고, 조선노동공제회 총간사를 맡았으며, 1925년 4월에는 김사국 계열에서 만든 고려공산청년회 중앙집행위원을 맡기도 했다.

이상 고종 망명 계획에 가담했던 인사들은 기독교, 천도교, 유림, 불교계가 모두 망라되었고, 이후 이들 중 일부는 조선의 청년운동과 사회주의 운동의 한 축으로 한국 독립운동을 이끌었다. 고종 망명 계획에 가담했던 인물들의 면면과 노선이 이후 한국 독립운동의 노선이 되는 셈이다.

4. 고종 망명 계획을 세웠던 이유

여러 민족종교와 민족주의, 사회주의자를 망라했던 이들이 고종 망명 계획에 뜻을 같이했던 것은 고종의 정치 행위를 높게 평가해서가 아니었다. 고종의 정치 행태는 양립할 수 없는 두 가치를 함께 추구하는 모순된 것이었다. 개화를 추진한다면서 친청 수구파를 중용하고, 자주국을

---

391 이관직, 앞의 책 『우당 이회영 실기』, p. 170; 이정규, 앞의 책 『우당 이회영 약전』, p. 55.

수립한다면서 외국 군대를 끌어들이는 고종의 모순된 정치 행태에 대한 실망은 일반적인 것이었다. 상반된 두 가치를 함께 추구하는 고종의 정치 행태는 현실 정치에서 성공할 수 없는 운명이었다. 고종이 서세동점과 일본의 굴기 및 한국 점령 야욕으로 대표되는 국가적 위기를 극복하는 길은 일왕 메이지가 그런 것처럼 입헌군주제를 실시해 시대적 변화에 동참하고, 국내의 개혁적 인재들을 대거 등용해 난국을 타개하는 것뿐이었다.

그러나 고종은 어떠한 형태의 헌정 질서 수립에도 극도로 부정적이었다. 1884년 급진개화파가 주도했던 갑신정변이나 1894년 온건개화파가 주도했던 갑오개혁은 모두 그 목표가 입헌군주제를 수립하고 그를 토대로 국가를 개혁하는 것이었다. 그러나 고종은 급진개화파는 물론 온건개화파도 모두 제거했다. 심지어 1894년 3월에는 일본으로 망명한 급진개화파의 지도자 김옥균 암살에도 관여했다.

> 김옥균은 서생 화전연차랑(和田延次郎), 홍종우(洪鍾宇), 주일 청국 공사관 통역 오보인(吳葆仁)과 함께 고베(神戶) 출항 일본우선(日本郵船) 서경환(西京丸)으로 상해로 건너가 27일 동화양행(東和洋行)에 투숙하였으나, 이튿날 여기서 홍종우에게 암살당하였다. 이는 한·청 양 정부가 계획한 것으로, 청국 정부의 이홍장은 고종에게 암살 성공의 축전을 보냈다. 군함 위원호(威遠號)에 홍종우가 김옥균의 유해와 함께 도착하자 '모반대역부도죄인 옥균(謀反大逆不道罪人玉均)'이라 하여 효수하였는데, 그 처참상은 보는 사람으로 하여금 전율케 하였다.[392]

392 조항래, 「19세기 말~20세기 초 일본 대륙 낭인의 한국 침략 행각 연구」 『국사관논총』

당시 특명전권공사였던 오토리 게이스케가 일본의 외무대신 무쓰 무네미쓰에게 보낸 기밀 보고에 따르면 김옥균이 상해에 가는 것은 이미 원세개도 알고 있었다.[393] 김옥균 한 명을 제거하기 위해 조선과 청, 양국 정부가 긴밀하게 움직인 것이었다.

김홍집, 어윤중 등의 온건개화파가 주도하던 갑오개혁을 좌절시킨 것도 고종이었다. 재위 33년(1896) 2월 11일 새벽 세자, 후궁 엄씨 등과 함께 궁녀의 가마를 타고 러시아 공사관에 피신하는 아관파천을 단행한 후 가장 먼저 취한 조치는 경무관 안환을 러시아 공사관으로 불러 김홍집 내각의 대신들을 역적으로 규정하고 포살령을 내린 것이었다. 사람들이 도주할 것을 권하자 김홍집은 "죽으면 죽었지, 어찌 박영효처럼 역적이라는 이름을 들을 수 있겠습니까."라며 죽음의 길로 나아갔다.[394] 김옥균이 급진개혁으로 당시 조선의 문제점을 일거에 해결하려던 애국적 정치가라면 김홍집은 점진적 개혁을 통해 조선을 입헌군주국으로 만들려던 애국적 정치가였다. 이처럼 제도와 법령 개혁을 통해 근대 국가 수립을 꾀하던 갑오개혁은 고종에 의해 좌절되었는데, 고종이 아관파천을 단행한 이유에 대해 황현이 "헌정에 속박되는 것을 싫어했기 때문"이라고 말한 것은 복잡한 사태의 본질을 꿰뚫은 혜안이었다.[395]

고종은 갑신정변 때 급진개화파를 제거하고, 갑오개혁 때 아관파천으로 온건개화파를 제거했다. 급진 · 온건개화파 모두를 제거한 고종에게

제79집, 1998.

393 「金玉均殺害ノ件[明治二十七年三月三十日(1894년 3월 30일)]」『駐韓日本公使館記錄』 2권, '三. 諸方機密信 一'.

394 황현, 『매천야록』 권2 「고종 32년 을미(1895)」 '아관파천'.

395 위와 같음.

개혁 군주라는 미명은 어울리지 않는 것이었다. 자국의 농민 봉기를 진압하기 위해 청국군 파병을 요청했다가 천진조약에 의거해 일본군을 부르게 한 것도 고종 자신이었다. 독립협회 창설 때는 자금까지 지원했으나 만민공동회를 개최하자 간부들을 구속하고 보부상(褓負商)을 시켜 테러를 가한 것도 고종이었다. 고종은 독립협회 해산 조칙에서 "처음에는 충군(忠君)한다 애국한다 해서 좋았으나, 나중에는 패륜하고 나라를 어지럽힘에 의구지심(疑懼之心)이 생겼다."고 비판한 것처럼 달면 삼키고 쓰면 뱉는 편의주의적 정치 행태를 반복했다.

시대착오적인 절대왕권을 꿈꾼 고종이 나라의 외교권을 빼앗고, 나라 자체를 빼앗으려는 일본에 반감을 가진 것은 당연했다. 그러나 왕조 국가에서 국왕이 자신의 왕국을 빼앗으려는 세력에게 반감을 가졌다는 이유가 옹호의 대상이 되어서는 안 된다. 그런 반감을 어떻게 실천했는가가 평가의 기준이 되어야 한다. 고종은 현실 정치에서는 일제에 대한 반감과는 정반대의 행태를 보이는 경우가 숱하게 많았다. 광무(光武) 9년(1905) 을사늑약이 체결된 후 외부대신 박제순을 비롯한 을사오적을 처형하라는 상소가 빗발쳤으나, 고종은 박제순을 되레 의정대신 대리로 승진시켰다. 그래서 의정부 참찬 이상설은 피 끓는 상소를 올렸다.

신의 생각에는 이번에 체결된 조약은 강요에 의해서 맺어진 것이니 이치상 무효로 되어야 마땅하고, 회의에서 동의한 여러 흉역들은 나라의 역적이니 법에서 용서할 수 없는데도 지금까지도 성토하는 소리가 잠잠하여 수일 동안 아무 말도 들리지 않습니다. …… 도리어 나라를 팔아먹은 역적 두목을 의정대신 대리로 임용하여 신으로 하여금 그의 아래 반열에 애써 나가도록 하니, 신은 울분의 피가 가슴에 가득 차고 뜨거운 눈물이

눈가에 넘쳐흘러 정말 당장 죽어버려 모든 것을 잊어버렸으면 합니다. …… 아! 장차 황실이 쇠해지고 종묘(宗廟)가 무너질 것이며, 조종조(祖宗朝)의 유민(遺民)들이 서로 이끌고 들어가 남의 신하와 종으로 되어버릴 것입니다.[396]

'종묘가 무너지고 유민들이 남의 종이 되어버릴 것'이라는 이상설의 상소문은 그대로 예언이 되었다. 속으로는 반일 사상을 갖고 있었는지 모르지만 표면적으로는 친일파를 비호했던 고종의 정치 행태는 이완용에 대한 자세에서도 그대로 드러난다.

1907년 고종의 강제 양위에 분노한 백성들이 이완용, 이지용, 이근택 등의 집을 불태웠다. 이완용은 백성들에게 살해될까 두려워 일본인과 사는 송병준의 집에 가서 거주해야 했다. 이런 이완용에게 고종은 신화 2만 환을 하사해 새집을 짓게 하고, 정치자금 3천 환을 더 하사했다. 사람들이 이완용의 집이 불탄 것이 '전화위복이 되었다'고 말할 정도였다.[397] 1909년 12월 이완용이 청년 이재명(李在明)의 칼에 찔리자 고종은 시종 이용한(李龍漢)을 보내 위문했으며, 망국의 해인 1910년에도 시종 홍운표(洪運杓)를 보내 병문안했다. 1910년 8월 1일, 의병장 양상기(梁相基)와 유병기(劉秉琪)의 교수형이 대구 감옥에서 집행되었다.[398] 그러나 고종은 그 이튿날 내각 총리대신 이완용에게 부상 위로의 뜻으로 2천 환을 특별히 하사하고, 덕수궁에서도 1천 환을 하사했다.[399] 그

396 『고종실록』 42년 11월 24일.
397 황현, 『매천야록』 권5 「광무 11년 정미(丁未: 1907)」 '이완용에게 신화 하사'.
398 『관보』, 융희 4년 8월 6일.
399 『순종실록』, 융희 4년 8월 2일.

러나 이완용은 고종의 이런 지극정성을 비웃기라도 하듯 8월 4일 『혈의 누』의 저자이기도 한 비서 이인직을 통감부 외사국장 고마쓰에게 몰래 보내 망국 조건을 협상하게 했다.[400] 그럼에도 고종은 망국 5년 후인 1915년 이완용의 딸이 혼인할 때나 이듬해 이완용의 처 조씨의 환갑에도 돈을 주었고, 1917년 이완용의 육순 잔치 때도 돈을 하사했다.

황현은 "고종은 자신의 웅대한 지략을 자부한 나머지 불세출의 자질을 가지고 있다고 판단하고, 정권을 다 거머쥐고 세상일에 분주한 나날을 보냈다."[401]면서 "고종은 모든 외교를 혼자서 다 했지만, 만일 하나라도 잘못이 생기면 무조건 아랫사람에게 죄를 돌리기 때문에 외교를 담당한 대신들은 쥐구멍을 찾으며 성의를 다하지 않았다."[402]라고 쓰고 있다. 고종 44년 재위 뒤에 나라가 망했지만 복벽운동이 미미했던 것은 고종의 이런 상호 모순된 정치 행태가 반복된 것에 많은 사람이 염증을 느꼈기 때문일 것이다.

이상설이 헤이그 밀사의 정사가 된 것은 고종의 정치 행태에 대한 신뢰에서 나온 것이 아님은 말할 것도 없다. 이회영의 평생지기 이상설이 헤이그 밀사 사건의 주역이 된 것이나 이회영이 고종 망명 계획을 세운 것은 모두 같은 생각에서 나온 것이었다. 즉 고종의 정치 행태는 망국에 가장 큰 책임을 불러온 원인이지만, 고종이 망명하면 독립운동, 특히 세계 여론을 환기하는 데 큰 도움이 되리라는 계산 때문이었다.

이회영이 김종진과의 대화에서 고종을 망명시키려던 이유에 대해 말

---

400 『경성일보』, 1934. 11. 25.
401 황현, 『매천야록』 권1 「갑오이전」 상.
402 황현, 『매천야록』 권1 「갑오이전」 하.

한 것이 고종 망명 계획의 핵심을 잘 말해주고 있다.

> 또 일부 사람들의 말과 같이 내가 존왕파였다면 물론 180도의 사상 전
> 환이라 하겠지만, 과거 한말 당시로부터 기미(己未: 3·1 운동) 직전까지
> 내가 고종을 앞세우려고 한 것은 복벽적 봉건사상에서가 아니라 한국 독
> 립을 촉성시키려면 그 문제를 세계적인 정치 문제로 제기하여야 하겠는
> 데 그러자면 누구보다도 대내외적으로 영향력을 크게 미칠 수 있는 고종
> 을 내세우는 것이 상책이라고 생각한 데서 취해진 하나의 방책에 불과했
> 던 것이다. 대동단의 전협 씨가 의친왕 이강을 상해로 모셔 가려던 생각
> 과 다를 것이 없다.[403]

실제 이회영과 함께 활동했던 이들의 증언에 이회영이 고종의 복위나
조선 왕조의 복벽을 시도했다는 기록은 전무하다. 이는 그가 아나키즘
을 운동 노선으로 설정하기 전이나 후나 마찬가지였다. 나라가 망하자
절명시를 쓰고 목숨을 끊은 매천 황현과 망국 직후 가장 먼저 망명에
나섰던 정원하, 홍승헌, 이건승 등은 모두 양명학자들이자 이회영과 같
은 소론 계열이었으나 어느 누구도 복벽운동에 나서지 않았다. 정원하
는 사헌부 대사헌을 역임했고, 홍승헌은 사헌부 대사헌에 동부승지까지
역임[404]했음에도 복벽운동에 나서지 않은 것은 이회영이 주도했던 고종
망명 계획의 본질을 그대로 보여준다. 이회영과 함께 만주로 집단 망명
해 경학사를 만들었던 이상룡은 1911년에 쓴 망명일기 「서사록」에서

---

403 이을규, 앞의 책 『시야 김종진 선생전』, p. 43.
404 『고종실록』 20년 8월 2일, 30년 8월 2일, 12월 17일.

이렇게 말했다.

> 그러나 (토머스 홉스는) "계약이 성립된 후에 사람들이 모두 자신의 권리를 군주의 위력에 위탁하여 자신을 보호하고 유지한다."고 말했으니, 이 이론은 아마도 그가 제대로 이해하지 못한 때문인 것으로 생각된다. 그가 이미 '이기심은 인간의 천성'이라고 했는데, 군주 된 자가 반드시 유독 이러한 마음이 없지는 않을 것이다. …… 그는 영국의 국왕 사리(査理) 제이(第二: 샤를르 2세)의 스승으로서 큰 존경과 총애를 입고 있었는데, 한 임금에 대한 아첨에서 벗어나지 못하고 군주 전제주의를 주장했으니 너무나 한스럽다.[405]

이상룡이 1911년 2월에 쓴 이 글은 중요하다. 토머스 홉스는 '만인 대 만인의 투쟁'을 피하기 위해 개인은 국가에 복종해야 한다고 주장하는 것으로 전제군주제를 옹호했다. 그러나 이상룡은 군주 역시 이기적인 존재에 불과하다면서 군주제도 자체를 부인했다. 이는 이상룡 개인만의 생각은 아니었다. 나라가 망하자 만주로 집단 망명했던 인사들이 이미 서구 민주주의 사상에 대해 그 수준을 평가할 정도로 조예가 깊었음을 말해준다. 일부 복벽주의 세력을 제외하고는 어느 누구도 조선 왕조의 재건을 생각하지 않았다. 이들이 만들려던 나라는 민주공화제였다. 다만 한국 독립전쟁을 세계적인 이슈로 부각하기 위해 고종 망명 계획을 수립했던 것이다.

---

405 이상룡, 「서사록」 1911년 2월 7일자, 『석주유고』 권6.

5. 나가는 글

　망국과 동시에 만주로 망명했던 독립운동가들은 민주공화제를 꿈꿨다. '제국에서 민국으로' 이행하는 과정이 독립전쟁이라고 생각했다. 이상룡은 「만주기사」라는 한시에서 민단 자치 조직이었던 부민단에 대해 "정부의 규모는 자치가 명분이고, 삼권 분립은 문명을 본뜬 것일세."라고 설명했다.

　이상룡은 삼권 분립을 기초로 하는 민주공화제를 받아들였다. 이는 이상룡만의 생각이 아니라 만주 망명지에서 모든 것을 함께했던 우당 이회영의 생각이기도 했다. 이회영과 이상룡은 망명 당시부터 민주공화제를 꿈꿨다. 바로 이런 인식에서 1919년 4월 11일 공포된 대한민국 임시헌장 제1조가 "대한민국은 민주공화제로 함"이라고 규정하고 있는 것이다. 민주공화국의 뿌리는 이미 망국과 동시에 내려지고 있었고, 대한민국 임시정부 수립으로 구체화되었다.

　다만 한국 독립전쟁을 전 세계적인 이슈로 만들기 위해 고종 망명 계획을 수립했다가 미리 정보를 입수한 일제 당국과 친일 매국노들에 의해 고종이 독살당함으로써 미수에 그치게 된 것이다.

VII. 여순 순국 세 지사,
안중근 · 이회영 · 신채호의 사상

1. 들어가는 글

　안중근(安重根: 1879~1910), 이회영(李會榮: 1867~1932), 신채호(申采浩: 1880~1936)는 모두 여순 감옥에서 순국한 항일투사들이다. 안중근은 1909년 10월 26일 이토 히로부미를 저격한 사건으로 국내외에 널리 알려진 대한국 의병 참모중장이다. 이회영은 삼한갑족 출신으로서 6형제 모두가 전 재산을 팔아 만주로 망명해 신흥무관학교를 설립했던 인물이다. 이회영 일가는 한국형 노블레스 오블리주의 전형이라 할 만한데, 특히 이회영은 저명한 양반 출신으로서 아나키스트가 된 특이한 이력의 소유자다.

　신채호 역시 문과에 급제해 사간원 정언(正言)을 지낸 신성우(申星雨)의 손자로서 양반 출신이었다. 신채호는 특히 민족주의 역사가로 유명한데, 고조선 · 부여 · 고구려 · 발해를 강조하는 대륙사관을 갖고 있었다. 그러나 이회영처럼 민족주의자이자 자유와 평등을 주장하는 아나키즘을 수용한 세계주의자이기도 했다. 이들은 피압박 민족의 관점에서 한국 민족주의를 바라보았기에 개인의 자유와 개인과 사회의 평등을 주장하는 아나키즘과 민족주의를 결부시킬 수 있었다.

이회영은 1932년 일제가 점령한 만주로 잠입해 항일무장투쟁을 전개하려다가 11월 13일 대련 수상경찰서에 체포되어 여순 감옥으로 옮겨졌다가 11월 17일 고문사했고, 신채호는 1928년 5월 동방아나연맹 사건으로 대만 기륭항(基隆港)에서 체포되어 대련 법정에서 10년 형을 선고받고 여순 감옥에서 투옥 중 1936년 2월 21일 순국했다. 세 사람은 여순 감옥에서 순국했다는 점 외에도 여러 공통점이 있는데, 여기에서는 세 가지 관점에서 살펴보려고 한다.

첫째, 세 사람 모두 유교 가문에서 태어나 성장했지만 양반 사대부의 기득권을 버리고 신사조를 받아들였다는 공통점이 있다. 둘째, 빼앗긴 나라를 되찾는 방식으로 무장 독립투쟁을 우선했다는 점도 공통점이다. 셋째, 동양 평화, 즉 세계 평화에 대한 확고한 이론적 배경을 갖고 그를 주창했다는 점도 같다. 본고는 이런 세 가지 관점에서 세 사람의 독립운동 행적과 사상을 살펴볼 것이다.

2. 유교에서 신사조를 받아들이다

세 사람은 모두 유교 집안에서 성장했으나 신사조를 받아들였고, 신사조 교육에 앞장섰다. 안중근은 여순 감옥에서 집필한 자서전 『안응칠역사(安應七歷史)』에서 할아버지 안인수(安仁壽)가 진해현감을 지냈고, 부친 6형제 모두 문한(文翰)이 넉넉했으며, 자신도 어린 시절 한문학교에 들어가 공부했다[406]고 회고하고 있다. 그의 부친 안태훈(安泰勳)은 진사 벼슬을 한 유학자로서는 이례적으로 천주교를 받아들였다. 안태훈은 동학농민군으로부터 빼앗은 곡식의 소유권을 주장하는 민씨 척족 정권의 세도가 민영준의 압력을 거절했다. 안태훈은 민씨 척족 정권에 체포될 위험에 처하자 프랑스 사람의 천주교당으로 도피하는데, 안중근은 부친이 "이때 교당 안에서 오래 머물며 강론도 많이 듣고 성서(聖書)도 널리 읽어 진리를 깨닫고 몸을 허락해 입교했다."[407]고 전하고 있다. 그래서 안중근도 부친을 따라 천주교에 입교했는데, 그의 모친 이름이 조마리아일 정도로 천주교는 유교를 대신해 집안의 종교가 되었으며, 안중근도 홍석구(洪錫九: J. Wilhelm) 신부로부터 프랑스어를 배우기도 했다. 안중근은 상해에서 곽(郭: Le Gac) 신부를 만나 "교육을 발달시키라."는 권고를 받고 1906년 진남포에 삼흥학교(三興學校)와 돈의학교(敦義學校)를 세우고 청년들을 교육했다.[408] 삼흥학교와 돈의학교는 신학문을 가르치는 학교였으니 안중근은 신사조 전파에 앞장선 것이다.

우당 이회영의 가문은 유명한 유학자 집안이었다. 이회영의 부친 이유승은 우찬성과 행이조판서를 지냈으며, 어머니는 이조판서를 지낸 정순조(鄭順朝)의 딸로서 삼한갑족으로 불렸다. 그러나 이회영은 삼한갑족의 기득권에 매몰되지 않고 신학문을 적극적으로 받아들였다. 이회영과 함께 활동했던 이관직은 "선생(이회영)은 이상설과 숙의하여 이상설의 집에 서재를 설치했다. 그리고 여기에 모여 이상설, 여준, 이강연 등과

---

406 윤병석 역편, 『안중근 전기 전집』, 국가보훈처, 1999, pp. 131~132.
407 윤병석 역편, 앞의 책 『안중근 전기 전집』, p. 136.
408 윤병석 역편, 앞의 책 『안중근 전기 전집』, pp. 154~156.

함께 담론하였다. 또 정치, 경제, 법률, 동서양 역사 등의 신학문을 깊고 정밀하게 연구"[409]했다고 기술했다. 유학 가문의 자제들이 함께 신학문을 공부했다는 것이다. 또한 이회영은 1908년 10월 이은숙과 상동예배당에서 혼인했는데,[410] 기독교인의 숫자가 극소수에 불과했던 당시에 교회를 혼인 장소로 삼은 것에서 이회영의 신사조 적극 수용 정신을 알 수 있다. 또한 상동교회 전덕기 목사와는 함께 신민회를 조직해 해외 독립운동 기지 건설 방침을 세우기도 했다.

이회영은 기우는 나라를 되살릴 수 있는 방법 중에 가장 중요한 것이 교육 사업이라고 보았으며, 망한 나라를 되세우는 데도 교육이 가장 중요하다고 보았다. 이회영은 전국 규모의 통일된 교육운동이 필요하다고 보고, "국민교육에 관해서는 기호(畿湖), 서북(西北), 교남(嶠南: 영남), 호남(湖南), 관동(關東) 등 다섯 학회의 지우들을 통하여 전국의 교육을 협의·장려"[411]했다고 전한다. 이회영은 이동녕, 안창호, 이승훈, 박승봉(朴勝鳳) 등과 협의한 후 김사열(金思說)은 평양 대성학교에, 이강연은 정주 오산학교에, 이관직은 안동 협동학교에, 여준은 상동청년학원에 교사로 파견했다.[412] 해외 망명 후에도 이회영은 이상룡 등의 망명자들과 함께 신흥무관학교를 설립한 데서 알 수 있듯이 교육을 통해 빼앗긴 나라를 되찾으려 했다. 훗날 『상록수』를 쓰는 소설가 심훈(沈熏)의 회상에 따르면 이회영은 심훈이 연극 공부를 하러 불란서에 유학가고 싶다고 말하자 "너는 외교가가 될 소질이 있으니 우선 어학에 정진하라."고 간

409 이관직, 앞의 책 『우당 이회영 실기』, p. 120.
410 이은숙, 『서간도 시종기(西間島始終記)』, 인물연구소, 1981, pp. 43~44.
411 이관직, 앞의 책 『우당 이회영 실기』, p. 136.
412 이관직, 앞의 책 『우당 이회영 실기』, pp. 136~137.

곡히 부탁했다[413]고 한다. 이회영이 심훈에게 외교가가 될 공부를 권한 것이 일본 제국주의의 외교관이 되라는 뜻이 아님은 물론이다. 이회영은 나라를 되찾으면 사회 각계에 인재가 필요하다는 생각에서 심훈에게 외교가가 될 준비를 하라고 권했던 것이다. 또한 독립전쟁에도 외교가가 꼭 필요하다고 생각했다.

단재 신채호도 마찬가지였다. 임중빈(任重彬)이 작성한 연보에 따르면 신채호는 8세 때인 1887년부터 조부의 서당에서 형 신재호(1872~1892)와 함께 엄한 한학 교육을 받았다. 신채호는 9세 때 『통감(通鑑)』을 해독하고, 14세 때 사서삼경(四書三經)을 독파했다. 그러나 신채호 역시 19세 때 독립협회 운동에 적극 가담하고, 22세 때는 같은 문중의 예관 신규식과 문동학교(文東學校), 산동학교 등을 설립해 신학문을 교육했다. 대한제국 시기 신채호는 「유교계에 대한 일론(一論)」에서 '한국은 유교를 신앙했기 때문이 아니라 유교의 신앙이 그 도(道)를 부득(不得)했기 때문에 쇠약해졌다'고 주장[414]했다. 유교 자체 때문이 아니라 유교의 가르침과 달리 행동했기 때문이라는 것이다. 유교 자체를 거부하지는 않았지만, 유교가 신학문과 적대해서는 안 된다고 주장한 것이다. 그는 「경고(警告) 유림동포(儒林同胞)」라는 글에서 "중니(仲尼)도 노자(老子)에게 예(禮)를 문(問)하시며 순자(荀子)에게 낙(樂)을 문(問)하사 박학명변(博學明辯)으로 위주하되 도부동(道不同)한 이단(異端)에게도 하문(下問)을 불치(不恥)하였거늘, 지금 신학(新學)·신설(新說)의 시비사정(是

---

413 심훈, 「단재와 우당(하)」 『동아일보』, 1936. 3. 13.
414 『대한매일신보』, 1909. 2. 28; 『단재 신채호 전집』 별집, 단재신채호선생기념사업회, 1977, p. 108.

非邪正)도 부지(不知)하고 엄목반대(掩目反對)하는 자, 어찌 오류가 아니며"[415]라고 말했다. 『사기』「공자세가(孔子世家)」에는 노자가 공자에게 헤어지면서 충언한 이야기가 실려 있다.[416] 신채호는 신학문을 무조건 반대하는 유교의 행태에 대해서 비판한 것이었다. 신채호도 1913년경에 박은식, 문일평(文一平), 정인보, 조소앙(趙素昻) 등과 상해에서 박달학원(博達學院)을 세워 청년 교육에 진력했다.

이처럼 안중근, 이회영, 신채호는 모두 유학자 집안에서 성장했음에도 신학문을 적극적으로 수용했으며, 나아가 학교 설립을 통해 신학문 전파에 적극 나섰다는 공통점이 있다. 이는 더 이상 유교만 가지고는 급변하는 대외 정세에 적극적으로 대처하지 못할 뿐만 아니라 기우는 국운을 다시 살릴 수 없다는 자각에 기초한 것이었다.

3. 항일무장투쟁

안중근, 이회영, 신채호의 또 다른 공통점 중 하나는 적극적인 항일무장투쟁을 주장하거나 전개했다는 점이다. 이들이 신학문을 받아들이고 학교를 설립해 전파한 것은 애국계몽운동에 속한다. 그러나 이들은 애국계몽운동에 머물지 않고 이를 무장투쟁으로 전환했다.

안중근은 1907년 일제가 고종을 강제로 퇴위시키자 운동 노선을 무

---

415 『대한매일신보』, 1908. 1. 16; 위의 책 『단재 신채호 전집』 별집, p. 106.
416 『사기』「공자세가」에는 부귀한 자는 헤어질 때 재물로써 송별하고, 인자(仁者)는 말로써 송별한다면서 여러 충고를 했다고 전하고 있다.

장투쟁으로 전환할 때라고 판단했다. 그래서 그는 무장투쟁을 전개하기 위해 북간도로 망명했고, 다시 노브키에프스크를 거쳐 블라디보스토크에 도착했다. 이곳에서 안중근은 각 지방을 돌며 한국인들에게 시국 연설을 했는데, "그런즉 오늘 국내 국외를 물론하고 한국인들은 남녀노소할 것 없이 총을 메고 칼을 차고 일제히 의거를 일으켜야"[417] 한다고 주장했다. 애국계몽운동에서 무장투쟁으로 전환하는 것은 논리의 모순이 아니었다. 애국계몽운동은 나라를 위기에서 구하고 부강하게 만드는 것이 목적이고, 무장투쟁은 빼앗긴 나라를 되찾는 것이 목적이기 때문이다. 안중근의 무장투쟁 주장은 무모한 것은 아니었다. 일제가 이미 한국을 군사 점령하기로 방침을 정한 이상, 이런 일제를 구축하기 위한 방법 또한 무장투쟁 외에는 없을 것이기 때문이었다. 게다가 안중근의 무장투쟁 주장이 계란으로 바위 치기 식의 무모한 것도 아니었다.

안중근은 "더구나 일본은 아라사와 청국과 미국 등 3국과 더불어 개전하게 될 것이라 그것이 한국의 큰 기회가 될 것입니다. 이때에 있어서 한국인이 만일 아무런 예비가 없다면 설사 일본이 져도 한국은 다시 다른 도둑의 손안으로 들어갈 것입니다."[418]라고 간파했다. 실제로 일제는 1931년 만주를 침공하고, 1937년에는 중국 본토를 공격해 중일전쟁을 일으켰다. 또한 1941년에는 진주만을 습격해 미국과 전쟁에 돌입했으며, 1945년에는 러시아가 일본을 공격했다. 안중근은 한국이 무장투쟁을 준비하고 있다가 일제가 다른 제국들과 전쟁을 일으킬 때 일본을 공격하면 승리할 수 있다고 보았던 것이다.

---

417   윤병석 역편, 앞의 책 『안중근 전기 전집』, p. 160.
418   윤병석 역편, 앞의 책 『안중근 전기 전집』, p. 161.

1943년 미국, 영국, 중국 등 3개국 정상이 만난 카이로 회담에서 종전 후 한국의 독립 문제에 대해 논의하고 1945년의 포츠담 선언에서 이것이 재차 확인된 것은 일제강점기 내내 끊이지 않았던 항일무장투쟁의 결과물이었다는 점에서 안중근의 혜안이 돋보인다. 일제에게 국토를 강탈당한 날부터 일제가 패망한 날까지 한국민들은 단 하루도 독립전쟁을 멈추지 않았다. 그리고 그 선두에 안중근이 있었다. 그는 1908년 6월에 특파독립대장 겸 아령지구 군사령관으로서 함경북도 홍의동의 일본군과 경흥의 일본군 정찰대와 접전하는 등 항일무장투쟁의 선봉에 섰다. 안중근은 이토 히로부미를 사살한 후 재판 과정에서 "나는 개인으로 남을 죽인 범죄인이 아니다. 나는 대한국 의병 참모중장의 의무로 소임을 띠고 하얼빈에 이르러 전쟁을 일으켜 습격한 뒤에 포로가 되어 이곳에 온 것이다."[419]라고 말했다. 안중근은 일제와 전쟁을 벌이다 포로가 된 대한국 의병 참모중장이었다. 안중근이 애국계몽운동에서 무장투쟁으로 방향을 전환한 것은 일제가 대한제국을 점령한 상황에 걸맞은 방향 전환이었다.

우당 이회영 일생의 특징은 교육 사업과 무장투쟁을 병행했다는 데 있다. 이회영에게 교육 사업과 항일무장투쟁은 동전의 양면 같은 존재였다. 신흥무관학교의 교사였던 이관직은 "경학사 안에 학교를 설립하였는데, 그 이름을 신흥학교(新興學校)라 하였으며, 본과와 특과의 두 과정을 두었다. 본과는 보통 중학 과정이었는데 …… 특과는 군사학을 전수하는 과정으로서 교두(敎頭)에 이관직, 대장에 이장녕(李章寧), 두 사람이 각각 임명되었으며, 학교장에는 선생의 형인 이철영(李哲榮)이

---

419 윤병석 역편, 앞의 책 『안중근 전기 전집』, p. 180.

추대되었다."[420]고 회고하고 있다. 신흥무관학교는 일반 교육과 무관 교육이 하나로 결합되었으며, 또한 일하면서 배우는 생활 공동체이기도 했다.

조선총독부에서 작성한 『국경지방시찰복명서(國境地方視察復命書)』에는 "(신흥무관학교의) 생도는 농사를 짓고 실업에 힘쓰면서 또한 학과를 수업하는 취지로서 교복으로 농천(濃淺) 황색(黃色)의 힐금(詰襟)의 자켓을 입고 제모(制帽)를 썼다."[421]고 전하고 있다. 신흥무관학교는 농사를 지으면서 군사훈련을 하는 사관학교였다. 생활과 교육과 군사가 하나로 결합된 것이 경학사-부민단-신흥학교였으며, 그랬기에 이 조직은 조선총독부에서도 강고하다고 평가했다.

이회영은 북경으로 재차 망명한 후에도 항일무장투쟁을 가장 급선무로 생각했다. 석주 이상룡의 「연계여유일기(燕薊旅遊日記)」에는 "경신(庚申: 1920) 섣달 보름에 성준용(成俊用) 군이 연경에서 돌아와 군사통일촉성회(軍事統一促成會)의 취지를 전하였다. 거기다 우당 이회영과 우성(又醒) 박용만(朴容滿)의 의사를 전하는데, 여비를 보내며 초청하는 뜻이 매우 간절하다."[422]고 전하고 있다. 이 사료는 이회영이 박용만과 함께 군사통일촉성회 결성의 주모자였음을 보여주는데, 1920년 9월 국내와 서북간도, 러시아령의 대표가 모여 결성한 군사통일촉성회에서 이회영은 박용만, 신채호, 신숙(申肅), 배달무(裵達武), 김대지(金大池), 김갑(金甲), 장건상(張建相), 남공선(南公善) 등과 함께 주요한 역할을 담당

---

420 이관직, 앞의 책 『우당 이회영 실기』, p. 156.
421 조선총독부, 『국경지방시찰복명서』, 1914.
422 이상룡, 「연계여유일기」 『석주유고』(하), 안동독립기념관 편, p. 55.

했다.[423]

군사통일촉성회는 대한민국 임시정부의 외교 중심 정책에 문제를 제기했던 국내외 여러 지역의 독립운동가들이 결성한 조직이었다. 비록 이 단체는 여러 사정으로 본격적인 무장투쟁을 전개하지는 못했지만, 무장투쟁을 통한 독립 달성이라는 목표를 추구했던 단체였다.

우당 이회영은 신흥무관학교 등을 통해 정규 독립군을 배출하고 결정적 시기에 일제와 독립전쟁을 전개해 독립을 쟁취하는 것을 기본 방략으로 삼았지만, 이회영의 무장투쟁 방침은 정규 독립군에 의한 투쟁에 국한되지 않았다. 이정규가 "선생의 둘째 형 이석영(李石榮)의 아들 규준이 몇몇 동지들과 '다물단(多勿團)'이라는 직접행동 단체를 조직하게 되어 선생이 이 운동의 정신과 조직 요령을 지도하였다."[424]라고 회고하고 있듯이 의열단처럼 소규모 전위요원에 의한 직접행동도 적극 전개했다. 이정규는 또 1931년 10월 말 상해 프랑스 조계에서 한국인·중국인·일본인 아나키스트들이 합작해 항일구국연맹을 결성할 때 "선생이 최고의 원로로서 의장이 되어 항일구국연맹을 결성했다."[425]고 전하고 있다. 같은 아나키스트였던 화암(華岩) 정현섭(鄭賢燮)은 "항일구국연맹은 주로 적의 기관 파괴와 요인 암살, 친일 분자의 숙청, 배일 선전 등을 목적으로 했다. 이의 실행을 위하여 행동대를 편성했다. 이른바 흑색공포단(黑色恐怖團)이다."[426]라고 전하고 있다. 항일구국연맹과 흑색공포

---

423 조규태, 「북경 '군사통일회의'의 조직과 활동」 『한국 독립운동사 연구』 제15집, 2000, p. 200.

424 이정규, 앞의 책 『우당 이회영 선생 약전』, p. 50.

425 이정규, 앞의 책 『우당 이회영 선생 약전』, p. 62.

426 정화암, 『이 조국 어디로 갈 것인가: 나의 회고록』, 자유문고, 1982, p. 134.

단은 복건성 하문의 일본 영사관을 폭파하고, 천진에서는 일본의 군수물자를 싣고 들어온 일청기선과 일본 영사관에 폭탄을 던져서 영사관 건물 일부를 폭파하는 직접행동을 전개했는데, 정현섭은 '우당 이회영이 이 행동대를 지휘했고', 중국인 왕아초(王亞樵)는 재정과 무기 공급 책임을 수행했다[427]고 전하고 있다. 이회영은 일제에 빼앗긴 나라를 되찾는 유일한 방략은 무장투쟁이라고 생각했다. 1931년 만주사변으로 일본이 만주를 점령하자 많은 독립운동가들이 중국 본토로 빠져나왔는데, 이회영은 1932년 거꾸로 일제가 점령한 만주로 향했다. 중국의 항일구국군들과 손잡고 무장 독립전쟁을 전개하기 위해서였다.

단재 신채호 역시 무장투쟁으로 나라를 되찾아야 한다는 신념을 갖고 있었다. 신채호 역시 이회영, 박용만과 군사통일촉성회의 주요 구성원이었다.[428] 신채호도 이회영처럼 소수 전위요원에 의한 직접행동을 권장했다. 신채호의 무장투쟁에 대한 생각은 그가 1923년에 작성한 「조선혁명선언(朝鮮革命宣言)」에 잘 나타나 있다. 「조선혁명선언」은 이나기스트 유자명(柳子明)과 의열단 의백 김원봉(金元鳳)의 요청에 의해 작성된 것으로, 무장투쟁과 직접행동의 정당성을 천하에 천명했다. 「조선혁명선언」은 「의열단 선언문」이라고도 불리는데, "선언문 작성을 의뢰한 목적은 (의열)단이 취하고 있던 노선과 방법의 정당성을 논리적으로 석명하고 그 이념적 지표를 확실히 해두려는 것"[429]이라고 설명할 수 있다.

1922년 3월 의열단의 오성륜(吳成崙), 김익상(金益相), 이종암(李鍾巖)

---

427 위와 같음.
428 국회도서관, 『한국 민족운동 사료: 중국편』, p. 355.
429 김영범, 『한국 근대 민족운동과 의열단』, 창작과비평사, 1997, p. 98.

등이 상해 황포탄에 도착한 일본의 다나카 기이치(田中義一) 대장을 저격하려다 곁에 있던 영국 여인 스나이더가 사망한 사건이 발생했다. 사건이 발생하자 일제는 물론 서구 열강도 비판하고 나섰고, 한국 독립운동 세력 내의 일부 외교론자들까지 비난 대열에 가세했다.[430] 그래서 「조선혁명선언」을 통해 무장투쟁이라는 직접행동을 전개하고 있던 의열단의 방략이 올바름을 천명하면서 외교론을 강하게 비판한 것이다.

이렇게 탄생한 것이 「의열단 선언문」이라고도 불리는 유명한 「조선혁명선언」이다. "강도 일본이 우리의 국호(國號)를 없이 하며, 우리의 정권을 빼앗으며, 우리 생존 조건의 필요성을 다 박탈하였다."로 시작하는 「조선혁명선언」은 "식민지 민중이 빼앗긴 나라와 자유를 되찾기 위해서 행하는 모든 수단은 정의롭다."고 선언했다.

「조선혁명선언」은 모두 다섯 부분으로 나뉘어 있는데, 첫 부분에서 "강도 일본이 헌병정치, 경찰정치를 힘써 행하여 우리 민족이 한 발자국의 행동도 임의로 못 하고 언론·출판·결사·집회의 일체 자유가 없어 고통과 울분과 원한이 있어도 벙어리의 가슴이나 만질 뿐"이라며 일제 식민통치의 가혹성을 강하게 비판했다. 「조선혁명선언」은 일제뿐 아니라 "내정 독립이나 참정권이나 자치를 운동하는 자가 누구냐."라면서 국내의 친일파나 개량주의자들의 타협 노선에 대해서도 강하게 비판했다. 일제를 완전히 구축하고 독립을 쟁취하자는 게 혁명 노선이라면, 일제의 지배를 인정하면서 부분적인 정치적 권리를 얻자는 것이 개량주의 노선

---

430 다나카 대장 저격 사건과 그 여파에 대해서는 이덕일, 앞의 책 『잊혀진 근대, 다시 읽는 해방전사』의 「일제대항기 아나키즘 운동사」를 참고하라.

으로서 내정독립론(內政獨立論), 참정권론, 자치론 등이 있었다.[431]

신채호는 내정독립론, 참정권론, 자치론 등을 모두 강하게 비판했다. 또한 외교독립론과 준비론도 강하게 비판했다.

외교독립론에 대해 "이들(외교독립론자)은 한 자루의 칼, 한 방울의 탄알을 …… 나라의 원수에게 던지지 못하고, 탄원서나 열국 공관(列國公館)에 던지며, 청원서나 일본 정부에 보내어 국세(國勢)의 외롭고 약함을 애소(哀訴)하여 국가존망·민족사활의 대문제를 외국인, 심지어 적국인의 처분으로 결정하기만 기다리었도다."라고 비판했다. 신채호는 준비론에 대해서도 "실로 한바탕의 잠꼬대가 될 뿐"이라고 부인했다. 그러면서 신채호와 의열단은 "이상의 이유에 의하여 우리는 '외교', '준비' 등의 미몽을 버리고 민중 직접혁명의 수단을 취함을 선언하노라."라고 선포했다.[432]

「조선혁명선언」은 외교론과 준비론을 강하게 비판하면서 "민중 직접혁명의 수단", 즉 무장투쟁이 독립의 유일한 방략이라고 선언했다. 「조선혁명선언」은 지금 당장 '민중이 민중 자기를 위하여' 민중 자신이 주체가 되어 '민중혁명', '직접혁명'을 일으켜야 한다고 주장했다. 「조선혁명선언」은 '민중은 우리 혁명의 대본영(大本營)이다', '폭력은 우리 혁명의 유일 무기이다', '우리는 민중 속에 가서 민중과 휴수(携手)하여, 부

---

431 이덕일, 앞의 책 『잊혀진 근대, 다시 읽는 해방전사』, p. 136.
432 이덕일, 앞의 책 『잊혀진 근대, 다시 읽는 해방전사』, pp. 137~138.

절(不絶)하는 폭력–암살·파괴·폭동–으로써 강도 일본의 통치를 파괴'하자고 선언했다.[433] 「조선혁명선언」의 요지는 "민족 독립과 민족 생존 보전의 유일한 방법은 일본 제국주의(자)를 구축·제거하여 식민지 통치를 타도하는 혁명이며, 그 혁명의 주체는 일반 민중이고, 혁명 과정은 선각적 민중의 암살과 파괴 행동으로 시발되어 민중 일반의 각성을 거쳐 대폭동으로 고양되어 간다는 것"이었다.[434]

신채호는 무장투쟁을 통해 나라를 되찾아야 한다고 주장했다. 그런데 신채호와 이회영은 다 같이 아나키즘을 추구했던 동지였다. 이들은 피압박 민족의 견지에서 침략적 민족주의, 즉 제국주의를 비판했다. 일본 민족주의, 즉 제국주의는 "강도 일본"이라고 규정했다. 또한 "우리는 일본 강도정치, 곧 이족(異族) 통치가 우리 조선 민족 생존의 적임을 선언하는 동시에 우리는 혁명 수단으로 우리 생존의 적인 강도 일본을 살벌(殺伐: 죽여 정벌하다)함이 곧 우리의 정당한 수단임을 선언하노라."[435]라고 규정했다. "조선 민족의 생존을 유지하려면 강도 일본을 구축"해야 한다는 것, 즉 한민족이 생존을 유지하려면 일본 제국주의를 구축하고 살벌해야 한다는 것이다.

이와 동시에 신채호는 「조선혁명선언」에서 민족주의 혁명뿐만 아니라 민중혁명론을 주창했다.

"강도 일본을 구축하려면 오직 혁명으로써 할 뿐이니, 혁명이 아니고는

---

433 신채호, 「조선혁명선언」 『단재 신채호 전집(하)』, pp. 45~46.
434 김영범, 앞의 책 『한국 근대 민족운동과 의열단』, p. 100.
435 신채호, 「조선혁명선언」 『단재 신채호 전집』 제8권 『독립운동』, 독립기념관 한국독립운동사연구소, 2008, p. 892.

강도 일본을 구축할 방법이 없다.”며 혁명이 유일 수단이라고 선언했다. 의열단의 혁명론은 민중혁명론이었다. 신채호와 의열단은 “구시대의 혁명으로 말하면, 인민은 국가의 노예가 되고 그 위에 인민을 지배하는 상전, 곧 특수 세력이 있어 그 소위 혁명이란 것은 특수 세력의 명칭을 변경함에 불과하였다. 금일 혁명으로 말하면 민중이 곧 민중 자기를 위하여 하는 혁명인 고로 ‘민중혁명’이라 ‘직접혁명’이라 칭한다. 오직 민중이 민중을 위하여 일체 불평 · 부자연 · 불합리한 민중 향상의 장애부터 먼저 타파해야 한다.”고 주장한다. 같은 민족, 같은 국가 내에 어떠한 차별과 억압도 없어야 한다는 것인데, 이 부분이 바로 「조선혁명선언」이 갖고 있는 아나키즘적 요소다.

신채호는 ‘민중’과 ‘폭력’을 혁명의 2대 요소라면서 폭력(암살 · 파괴 · 폭동)의 목적물을 대략 열거했는데, “① 조선 총독 및 각 관공리, ② 일본 천황 및 각 관공리, ③ 정탐노(偵探奴) · 매국적(賣國賊), ④ 적의 일체 시설물”이 그 대상이었다. 또한 ‘이민족 통치’, ‘특권 계급’, ‘경제약탈제도’, ‘사회적 불균형’, ‘노예적 문화사상’을 파괴 대상으로 규정했다. 「조선혁명선언」은 “우리 2천만 민중은 일치로 폭력 파괴의 길로 나아갈지니라.”면서 “민중은 우리 혁명의 대본영이다. 폭력은 우리 혁명의 유일한 무기다. 우리는 민중 속에 가서 민중과 손을 잡고 끊임없는 폭력-암살 · 파괴 · 폭동-으로써 강도 일본의 통치를 타도하고, 우리 생활에 불합리한 일체 제도를 개조해 인류로써 인류를 압박하지 못하며, 사회로써 사회를 수탈하지 못하는 이상적 조선을 건설할지니라.”라고 끝맺었다.[436]

---

436 이덕일, 앞의 책 『잊혀진 근대, 다시 읽는 해방전사』, pp. 138~139.

일본 제국주의를 살벌함과 동시에 민족 내부에서도 특권 계급을 부정하는 민중혁명을 주창한 것이다. 단재 신채호는 「조선혁명선언」에서 민족민중혁명을 주창한 것이다. 민족과 민족 사이에서도 지배-피지배 관계가 존재하면 안 되는 것처럼 민족 구성원 내부에서도 지배-피지배 관계가 존재하면 안 되는 것이었다. 신채호는 피압박 민족의 견지에서 제국주의를 타도의 대상으로 보고, 피압박 민중의 견지에서 특권 계급을 타도의 대상으로 보았다. 그래서 그의 「조선혁명선언」은 민족과 민족 사이, 민족 내부 구성원 사이의 자유와 평등을 주장한 '민족민중혁명선언'이 되는 것이다. 이는 비단 신채호뿐만 아니라 독립전쟁을 혁명이라고 생각했던 대부분의 독립운동가들이 동의하는 부분이었다. 한국 독립전쟁은 일제로부터 나라를 되찾은 후에는 다시 지배-피지배 관계가 존재하는 불평등한 나라를 만들자는 것이 아니라 모든 구성원이 자유와 평등을 누리는 민족민중주의 국가를 만들자는 것이었다. 그래서 대한민국 임시정부도 해방 후 토지는 국유를 원칙으로 삼는 정책을 채택했던 것이다. 그러나 이런 모든 정책은 일제를 무력으로 구축한 후에야 가능한 일이었으므로 이들은 모두 무장투쟁을 가장 중시했던 것이다.

4. 동아시아 평화사상

안중근, 이회영, 신채호 세 사람은 동양 평화와 세계 평화에 대한 공통된 사상 체계를 갖고 있었다. 안중근이 옥중에서 마지막 순간까지 집필한 것이 『동양평화론(東洋平和論)』인 것은 동양 평화에 대한 그의 갈구를 잘 표현해준다.

안중근은 재판장 마나베 주조(眞鍋十藏)에게 사형 선고를 받은 직후
인 1910년 2월 17일, "나는 지금 옥중에서 '동양 정책'과 '전기(傳記)'를
쓰고 있는데, 이를 완성하고 싶다."라고 밝혔다.[437] 투옥된 안중근의 가
장 큰 관심사는 동양 평화에 대한 저서를 완성하는 것이었다. 이것이 자
신의 거사의 정당성과 이유를 전 세계에 알릴 수 있는 길이라고 생각했
기 때문이다.

안중근은 자서전 『안응칠 역사』에서 전옥(典獄) 구리하라 사다기치(栗
原貞吉)를 통해 고등법원장 히라이시 우지히토(平石氏人)를 만나 "만일
허가될 수 있다면 『동양평화론』 1책을 저술하고 싶으니 사형 집행 날짜
를 한 달 남짓 늦추어줄 수 있겠는가."라고 요청했다. 히라이시 고등법
원장은 "어찌 한 달뿐이겠는가. 설사 몇 달이 걸리더라도 특별히 허가하
겠으니 걱정하지 말라."고 답했다.[438] 안중근은 이를 사실로 믿고 공소권
청구를 포기하고 『동양평화론』 집필에 들어갔다. 설마 사람의 목숨을 가
지고 거짓말하겠느냐는 믿음이었다. 그러나 이는 안중근으로부터 공소
권 청구를 포기하게 하려는 일제의 사기에 불과했다.

전옥 구리하라는 조선통감부 경시(警視) 사카이 요시아키(境喜明)에
게 보낸 서한에서 "본인(안중근)은 철저히 『동양평화론』의 완성을 원하
고, '사후에 빛을 볼 것'으로 생각하고 있기 때문에 얼마 전 논문 서술을
이유로 사형 집행을 15일 정도 연기될 수 있도록 탄원했으나 허가되지
않을 것 같아 결국 『동양평화론』의 완성은 바라기 어려울 것 같다."[439]

---

437 국가보훈처 편, 『아주제일의협 안중근(亞洲第一義俠 安重根)』 3, 「살인범 피고인 안중
     근 청취서」, p. 633.
438 윤병석 역편, 앞의 책 『안중근 전기 전집』, p. 181.
439 전옥 구리하라가 통감부 경시 사카이에게 보낸 편지.

고 여긴다고 전했다. 안중근의 『동양평화론』은 '① 서문(序文), ② 전감(前鑑), ③ 현상, ④ 복선(伏線), ⑤ 문답'의 순서로 집필될 예정이었으나, 전감 집필 와중인 1910년 3월 26일 사형이 집행됨으로써 미완성으로 끝나고 말았다.

일제는 안중근의 자서전과 『동양평화론』을 극비에 부쳐 친족에게도 전하지 않았으나, 국제한국연구원 최서면(崔書勉) 원장이 1969년 도쿄 고서점에서 『안중근 자서전(安重根自敍傳)』이라 표제된 일역본을 발견함으로써 세상에 공개되었고, 1979년 재일(在日) 사학자 김정명(金正明) 교수가 일본 국회도서관 헌정연구실 '칠조청미(七條淸美)' 문서 중에서 『안응칠 역사』와 『동양평화론』의 등사본을 합책한 것을 발굴[440] 하면서 보다 자세히 전해졌다. 『안응칠 역사』와 미완성의 『동양평화론』에는 안중근의 동양 평화사상이 드러나는데, 이 저서에서 안중근은 이토 히로부미를 사살한 15가지 이유 중에 '동양 평화를 깨뜨린 죄'를 14번째로 들고 있다. 안중근은 『동양평화론』 서문에서 "일본이 러시아와 개전할 때 일본 천황의 선전포고하는 글에 '동양 평화를 유지하고 대한 독립을 공고히 한다.'"고 했으나, 종전 후 이 약속을 어기고 한국의 국권을 빼앗고 만주 장춘(長春) 이남을 조차(租借)를 빙자해 점거했다고 비판했다.[441] 안중근은 일본이 한국의 국권을 돌려주고 청국에 대한 침략 야욕을 버리는 것이 동양 평화를 실현하는 길이라고 갈파했다. 안중근의 『동양평화론』의 핵심은 한·중·일 세 나라가 각기 독립국을 이룬 대등한 상태에서 서로 일심협력해 서양 세력의 침략을 방어하고, 동양 평화와

440 윤병석 역편, 앞의 책 『안중근 전기 전집』, p. 37.
441 윤병석 역편, 앞의 책 『안중근 전기 전집』, p. 193.

세계 평화를 위해 힘써 나가자는 것이었다.

우당 이회영은 저술을 남기지 않았으므로 그의 평화사상의 전모를 알기는 쉽지 않다. 그러나 이회영은 인간과 국가 모두가 억압에서 벗어나야 진정한 평화가 가능하다는 생각을 갖고 있었다. 이회영의 이런 생각은 아나키즘을 받아들인 이후에 형성된 것이 아니었다. 이회영은 만주로 망명하기 이전부터 인간을 속박하는 신분제 등에 대한 강한 저항의식을 갖고 있었다. "약관이 지나면서부터는 선생 스스로 솔선하여 불평등한 봉건적 인습과 계급적 구속을 타파"[442]하려 했다는 것이다. 나아가 이회영은 "이서와 노비에 대한 차별적인 언사부터 평등한 경어로 개(改)하려 노력하였으며 적서의 차별을 폐하고 개가·재혼을 장려 단행"[443]했다고 전한다. 인간이 신분이나 계급, 성별에 의해 속박받을 때 평화가 깨진다는 점에서 이회영은 선천적인 평화주의자였다고 볼 수 있다. 이회영과 시야 김종진과 함께 활동하던 회관(晦觀) 이을규가 집필한 『시야 김종진 선생전』에는 이회영이 아나키즘을 받아들인 후 형성한 평화사상을 알 수 있게 하는 내용들이 일부 수록되어 있다. 김종진은 운남 군관학교를 졸업하고 1927년 만주로 가던 도중 이회영을 방문해 이런 대화를 나누었다.

자유 평등의 사회적 원리에 따라서 국가와 민족 간에 민족자결의 원칙이 섰으면 그 원칙 아래서 독립된 민족 자체의 내부에서도 이 자유 평등의 원칙이 그대로 실현되어야 할 것이니까 국민 상호 간에도 일체의 불평

---

442 이정규, 앞의 책 『우당 이회영 선생 약전』, p. 24.
443 위와 같음.

등, 부자유의 관계가 있어서는 아니될 것이다.[444]

　　이회영과 김종진은 아나키즘의 궁극적 목적은 '대동의 세계'라고 정의했다. 대동의 세계란 "각 민족 및 공동 생활 관계를 가지는 지역적으로 독립된 사회군(社會群: 국가군)이 한 자유 연합적 세계 연합으로 일원화"되는 사회를 뜻한다. 즉 "각 민족적 단위의 독립된 사회나 지역적인 공동 생활권으로 독립된 단위 사회가 완전히 독립된 주권을 가지고 자체 내부의 독자적인 문제나 사건은 독자적으로 해결하고 타와 관계된 것이나 공동적인 것은 연합적인 세계기구에서 토의 결정"[445]하는 사회를 건설해야 한다고 주장했다. 이회영의 평화사상은 모든 개체의 독립과 자유, 평등의 원칙에 기초를 두고 있다. 각 개인 사이는 완전한 자유와 평등을 누리고, 각 개인이 소속되는 공동체도 마찬가지로 자유와 평등의 권리를 갖는다. 각 지방자치체의 연합으로 국가를 구성하며, 각 국가의 연합으로 국제기구를 구성하는데, 국제기구에서 각 국가는 완전한 독립과 평등의 권리를 누린다는 것이다. 다만 국가 사이의 이해가 상충될 때만 세계기구에서 서로 토의하여 합의안을 도출하는 방식으로 세계 평화를 이룩해야 한다는 것이다. 1931년 이회영이 의장으로 결성된 항일구국연맹에는 한국인과 중국인은 물론 일본인들도 가담했는데, 여기에도 마찬가지 원칙이 적용되었다. 각 개인과 각 공동체 사이의 완전한 자유와 평등이 보장된다면 국제 평화는 저절로 이루어진다는 사실을 이회영은 실증해 보였던 것이다.

444　이을규, 앞의 책 『시야 김종진 선생전』, pp. 44~45.
445　이을규, 앞의 책 『시야 김종진 선생전』, pp. 45~46.

단재 신채호는 「제국주의와 민족주의」(1909)라는 글에서 20세기에 '먼로주의가 백기를 든 후 열강이 모두 제국주의를 숭배한다'고 진단한 후 "차(此) 제국주의에 저항하는 방법은 하(何)인가? 왈(曰) 민족주의를 분휘(奮揮)함이 시(是)이니라."라고 다른 나라·민족을 억압하는 제국주의에 대한 저항의 논리로 민족주의를 주장하고 있다. 신채호는 이때의 민족주의를 "타민족의 간섭을 불수(不受)하는 주의"[446]라고 규정해 민족주의를 다른 민족의 억압이나 간섭을 받지 않는 민족의 권리라고 보았다. 앞서 살펴본 것처럼 신채호가 「조선혁명선언」에서 피압박 민족의 견지에서 민족주의를 바라보면서 일본 민족주의인 제국주의를 '강도 일본'이라고 비판한 것이 1922년의 다나카 대장 저격 사건 이후 유자명과 김원봉의 요청으로 선언서를 쓰면서 비롯된 것이 아님을 알 수 있다.

같은 견지에서 신채호가 민족 내부의 불평등에 대해 강하게 비판한 것도 「조선혁명선언」 집필 당시에 든 생각은 아니었다. 「20세기 신국민(新國民)」(1910)에서 신채호는 한국이 불행한 지경에 이르게 된 첫 번째 요인을 '불평등'이라고 지적하면서, '씨족(氏族)·관민(官民)·적서의 계급'을 각각 '한국의 제1·2·3의 불행의 제도'라고 지목했다. 신채호는 "동포여, 동포는 생(生)코자 하는가, 사(死)코자 하는가, 존(存)코자 하는가, 망(亡)코자 하는가. 생(生)하며 존(存)하려거든, 차(此) 망국멸민(亡國滅民)의 계급주의를 일도(一刀)로 단거(斷去)할지어다."[447]라고 민족 내의 모든 계급을 타파해야 한다고 주장했다. 신채호는 같은 글에서 "자유는

---

446 신채호, 「제국주의와 민족주의」(『대한매일신보』, 1909. 5. 28.) 『단재 신채호 전집(하)』, p. 108.
447 신채호, 「20세기 신국민」(『대한매일신보』, 1910. 2. 22.~3. 3.) 『단재 신채호 전집』 별집, pp. 215~216.

오인(吾人)의 제2생명이라"면서 "인격이 유(有)한 고로 왈(曰) 인(人)이어늘, 자유를 실(失)한 자는 인격이 무(無)하여 일(一) 금수(禽獸)며, 일 목석(木石)"[448]이라고 규정짓고 있다. 대한제국 말기부터 자유와 평등을 강조한 신채호가 아나키즘을 받아들인 것은 당연하다고 볼 수 있다.

신채호는「용과 용의 대격전」(1928)에서 "식민지의 민중처럼 속이기 쉬운 민중이 없습니다."라면서 그 예로 온갖 잔악한 정치를 행하면서도 "한두 신문사의 설립이나 허가하고 '문화정치의 혜택을 받으라'고 소리하면 속습니다."라고 일제가 무단통치에서 문화통치로 전환한 것이 한국을 영구히 지배하려는 속셈임을 간파했다. 같은 글에서 신채호는 "고국을 빼앗기고 구축을 당하여 천애(天涯) 외국에서 더부살이하는 남자들이 제 누울 곳만 있으면 제2고국의 안락(安樂)을 노래하지 안합니까! 공산당의 대조류에 독립군이 떠나갑니다."[449]라고 공산주의도 강하게 비판한다. 신채호가 공산주의에 부정적인 견해를 갖고 있었던 이유는 자유를 속박하는 전체주의라는 생각 때문이었으며, 나아가 소련에 대한 '사대주의' 때문이었다. 대한제국 말기부터 자유와 평등을 강조한 그가 공산주의를 거부하고 아나키즘을 수용한 것은 당연한 귀결이라고 볼 수 있다.

신채호는 1927년 중국에서 중국, 한국, 일본, 대만, 인도, 안남(安南) 등 6개국 대표 120여 명이 모여 결성한 동방아나연맹에 한국 대표로 참석했다. 신채호는 A동방연맹이라고 불렸던 이 단체의 활동을 하다가 1928년 5월 대만 기륭항에서 체포된 후 대련으로 압송되어 1929년 2

---

448 신채호, 위의 글「20세기 신국민」, p. 216.
449 신채호,「용과 용의 대격전」『단재 신채호 전집』 별집, p. 280.

월부터 대련지방법원에서 재판을 받는데, 아즈미(安住) 재판장이 "동방연맹이란 일본, 중국, 인도 등 동방에 있는 여러 무정부주의자 동지가 결탁하여 기성(旣成) 국체를 변혁하여 자유노동 사회를 건설하자는 단체인가?"라고 묻자 "무정부주의로 동방의 기성 국체를 변혁하여 다 같은 자유로서 잘 살자는 것이오."라고 대답한다.[450] 신채호의 평화사상은 인간을 억압하는 일체의 제도나 조직을 모두 타파하고 모든 민중이 '자유·평등의 사회'[451]를 건설해야 가능하다는 것이었다.

신채호는 또 일제의 식민사관이 한국의 영구 점령을 위해 만들어졌다는 사실을 간파하고 있었다. 「조선혁명선언」에서 신채호는 이렇게 말했다.

> 자녀가 나면 "일어(日語)를 국어(國語)라, 일문(日文)을 국문(國文)이라" 하는 노예양성소-학교로 보내고, 조선 사람으로 혹 조선 역사를 읽게 된다 하면 "단군을 무(誣: 속이다)하야 소잔오존(素戔嗚尊)[452]의 형제라" 하며 "삼한시대 한강 이남을 일본 영지라" 한 일본 놈들이 적은 대로 읽게 되며.[453]

---

450 『동아일보』, 1929. 10. 7(제4회 공판 기록), 『단재 신채호 전집(하)』, p. 433.
451 신채호, 「선언문」『단재 신채호 전집(하)』, p. 48.
452 『일본서기』와 『고사기』 등에 의하면 소잔오존(스사노 오노미고토)은 이장낙존(伊奘諾尊: 이자나키노 미고토)과 이장염존(伊奘冉尊: 이자나미노 미고토)의 아들로서 부신(父神)의 노여움을 사서 추방당했다. 천조대신(아마테라스 오미카미)의 동생이라고 주장하고 있다. 일제 식민사학자들은 단군을 아마테라스 오미카미의 동생이라면서 일본과 조선의 뿌리가 같다는 일조동근론(日朝同根論)의 논리로 사용했다.
453 신채호, 「조선혁명선언」『단재 신채호 전집』 제8권 『독립운동』, p. 891.

일제는 학교에서 일본어를 국어, 국문이라고 가르치고, 단군이 『일본서기』·『고사기』에 나오는 소잔오존과 형제라는 논리로 일본이 한국의 형 국가라고 가르친다는 것이다. "삼한시대 한강 이남은 일본 영지"라는 주장은 곧 '임나=가야설'을 주장하는 것이다. '임나=가야설'은 메이지시대 일본군 참모본부가 만들어 조직적으로 유포한 논리다. 한국인들이 학교에 가면 이런 논리를 배운다는 것인데, 아직도 남한은 "일본 놈들이 적은 대로" 가야=임나설을 이른바 정설이라면서 가르치고 있는 것이다. 신채호는 여순 감옥에 투옥되었을 때 『조선일보』의 신영우(申榮雨) 기자를 만나서 "그리고 퍽 망념(妄念)된 생각이나 조선 사색당쟁사와 육가야(六伽倻)만은 조선에서 내가 아니면 능히 정곡(正鵠: 과녁의 한가운데)한 저작을 못 하리라고 믿고 있습니다."[454]라고 말했다. 단재 신채호가 구상한 육가야사는 물론 '가야=임나설'의 허구성을 논파하고, 가야가 일본 열도에 진출함으로써 일본의 역사가 시작되었다는 내용일 것이다. 신채호는 이때 "옥중에서 다소 책자를 보실 수 있느냐."는 질문에 "노역에 종사하여서 시간은 없지만 한 10분씩이라도 쉬는 동안에 될 수 있는 대로 귀중한 시간을 그대로 보내기 아까워서 조금씩이라도 책 보는 데 힘씁니다."[455]라고 답했다. 단재 신채호에게는 감옥 생활 도중에 책을 보는 것도 일본 제국주의가 조직적으로 왜곡하고 있는 식민사학을 타파하는 독립운동이었다. 일제의 이런 식민사학을 논파하는 것도 동아시아에 평화를 가져오는 중요한 방법이었던 것이다.

454　신영우, 「조선의 역사 대가(大家) 단재 옥중 회견기」 『단재 신채호 전집』 제8권 『독립운동』, p. 247.
455　신영우, 위의 글 「조선의 역사 대가 단재 옥중 회견기」, pp. 246~247.

안중근, 이회영, 신채호는 모두 강도 일본의 통치하에서는 일체 자유가 없으며, 따라서 평화도 없다고 생각했다. 강도 일본을 구축해야 동아시아에 평화 체제가 수립된다는 것은 모든 독립운동가들이 갖고 있는 공통의 생각이었다.

안중근, 이회영, 신채호는 모두 평화사상을 갖고 있었다. 이들은 개인과 국가 사이의 불평등을 없애는 것이 평화를 이룩하는 길이라고 생각했으며, 특히 이회영과 신채호는 각 개인과 모든 결사체가 자유와 평등을 누릴 수 있는 체제가 진정한 평화 체제라는 사상을 갖고 있었다.

5. 순국

안중근, 이회영, 신채호는 모두 여순 감옥에서 순국했다는 공통점이 있다. 안중근은 앞서 말한 대로 『동양평화론』 집필을 완성하기 위해 사형 집행을 연기해줄 것을 요청했고, 히라이시 고등법원장의 승낙을 얻었으나,[456] 이는 국가 제도를 이용해 한 개인의 목숨을 놓고 전개한 사기였다. 일제는 이를 안중근의 공소 포기에만 이용하고, 실제로는 1910년 3월 26일 사형을 집행했다. 그리고 현재까지 유해를 찾을 수 없는 상태다.

이회영은 그간 대련 수상경찰서에서 사망한 것으로 알려져 있었다. 1932년 11월 22일 『동아일보』는 "이회영 씨는 상해를 떠나 모 방면으로 여행하다가 대련경찰서에 인치되어 취조 중에 별세했다는 부고가 장

---

456 윤병석 역편, 앞의 책 『안중근 전기 전집』, p. 181.

춘에 있는 씨의 친녀 이경숙 씨에게 속달되었다."면서 장춘의 이경숙은 부고를 접하고 18일 밤 장춘발 열차로 대련으로 향했다고 전하고 있다.[457] 같은 신문은 이틀 후 "17일 오전 5시 20분 유치장에서 '삼로끈'으로 목을 매어 자결했다 한다."[458]고 전하고 있다. 그런데 최근 공개된 중국 측의 기록은 이회영의 순국지가 대련 수상경찰서가 아니라 여순 감옥이라고 말해주고 있다. 또한 이회영이 일본군이 점령한 만주로 간 이유에 대해서도 상세하게 설명하고 있다. 장홍(張泓) 주편(主編)의 『동북항일의용군(東北抗日義勇軍): 요령권(遼寧卷)』은 당시 동북민중항일구국회(東北民衆抗日救國會)에서 상위(常委) 총무조장을 맡고 있던 중국인 노광적이 상해에 도착하자 이회영이 찾아와 한·중 연합 투쟁을 제의한 사실을 전하고 있다. 이회영은 "나는 전에 통화(通化)에 산 적이 있는데, 일본이 동북을 침략했으니 중국인과 한국인은 연합해서 항일해야 한다."고 주장하면서 무장부대를 조직하거나 일본 천황 등을 암살하는 활동 등을 하겠다고 제의했다는 것이다.[459] 이회영은 장학량 면담을 요청했는데, 장학량을 직접 만났다는 기록은 없지만, 노광적은 동북민중항일구국회의 팽진국(彭振國)과 동북난민구제회(東北難民救濟會) 이사장 주경란(朱慶瀾) 장군을 만날 수 있게 주선했다고 전한다. 이회영은 장학량의 수하였으며 요령민중자위군(遼寧民衆自衛軍) 총사령이었던 당취오(唐聚五)와 연결되었고, 의용군 3군단 지휘부와도 연결되어 구체적 임무를 띠고 만주로 파견되었다고 전한다. 구체적 임무란 만주의 한국

---

457 『동아일보』, 1932. 11. 22.

458 『동아일보』, 1932. 11. 24.

459 張泓 主編, 『東北抗日義勇軍: 遼寧卷』, 沈陽出版社, 2003, p. 999.

민중들과 만주를 점령당한 중국인들이 항일구국군을 결성해 일제와 독립전쟁을 전개하는 것이었다.

『동북항일의용군: 요령권』은 "이회영은 해로를 거쳐 동북으로 갔으나 불행하게도 일본 대련 수상경찰국에 체포되어 여순 감옥에서 적들에게 살해되었다."[460]라고 기록하고 있다. 이회영의 순국 장소가 대련 수상경찰서가 아니라 여순 감옥이라는 것이다. 이 기사는 이회영을 직접 만났던 사람의 회고에 의한 것이라는 점에서 신빙성이 높다. 또 '동북의용군 사령부(東北義勇軍司令部)' 명의의 문건도 이회영의 순국지를 여순 감옥이라고 전해주고 있다. 이 기록은 동북의용군 측에서 이회영을 맞이하러 나갔던 사람들이 중화민국 21년(1932) 11월 22일에 의용군 사령부에 보고한 당대의 기록이다. 이 문건은 당시 북평에 있던 동북민중항일총지휘부에서 동북의용군 사령부에 이회영의 파견 사실을 통보했고, 의용군 측에서는 김효삼(金孝三), 김소묵(金小黙), 양정봉(梁貞鳳), 문화준(文華俊) 등 네 명을 대련으로 파견해 이회영을 맞이하게 했다고 전하고 있다. 그러나 이회영은 11월 13일 대련 수상경찰서에 체포되었고, 11월 17일 여순 감옥에서 교형(絞刑: 사망)당했다고 전하고 있다. 의용군 측에서는 자신들의 감옥 내 조직망을 통해 이 사실을 알아낸 후 김효삼이 신경(新京)에 있던 이회영의 딸 이규숙에게 통보했다고 전한다. 이은숙 여사의 자서전은 일본 영사관에서 통보한 것으로 기록하고 있으나, 일본 영사관에서 장기준과 이규숙 부부의 거처를 알았다면 그냥 두었을 리 없다는 사실로 봐서 이 문건의 신빙성이 더 높다고 볼 수 있다. 67세 노인 이회영은 혹독한 고문에도 끝내 함구하다가 여순 감옥에서

---

460 위와 같음.

고문사했던 것이다. 이회영의 아들 규창은 자서전에서 "(이규숙이) 안면을 확인할 때 선혈이 낭자하였고 따파오에도 선혈이 많이 묻어 있었다고 한다."[461]면서 역시 일제에 의한 고문사임을 전하고 있다.

우당 이회영이 여순 감옥에서 순국할 당시 단재 신채호는 여순 감옥에 투옥 중이었다. 신채호는 1928년 5월 대만 기륭항에서 체포되어 여순 감옥으로 이감된 후 줄곧 투옥되어 있었다. 신채호는 대련 감옥에 수감 중이던 1931년 10월 15일~12월 3일, 그리고 1932년 5월 27~31일 『조선일보』에 「조선상고문화사(朝鮮上古文化史)」를 연재하기도 했는데, 연재 도중인 1931년 11월 16일 『조선일보』 기자 신영우가 여순 감옥을 방문해 신채호를 15분간 면회하고 돌아와 「조선의 역사 대가 단재 옥중 회견기」를 게재하기도 했다.[462] 이때 신채호는 「조선상고문화사」가 완벽한 것이 아니라면서 연재 중지를 요청하고, "만일 내가 10년의 고역(苦役)을 무사히 마치고 나가게 된다면 다시 정정(訂正)하여 발표하고자 합니다."라고 말했다. 그래서 신영우는 "그의 반생의 결정으로 아지(我紙)에 한 번 그 역사가 연재되자 그 심오한 연구, 정연한 체계, 투철한 관찰, 풍부한 예증은 현대사가로서 누구나 추종을 불허하는 바"라면서도 보완할 것이 있으니 차후에 연재하자는 신채호의 태도를 "얼마나 귀중한 태도이며, 학자로서 얼마나 경건한 태도이냐."라고 감탄했다. 신영우가 "건강이 앞으로 능히 8년을 계속하겠습니까?"라고 묻자 신채호는 "이대로만 간다면 8년의 고역은 능히 견디어가겠다고 자신합니다."라고 답했으나, 1936년 2월 18일 여순 감옥에서 서울의 가족 앞으로 '신채호

---

461 이규창, 앞의 책 『운명의 여진』, p. 181.
462 『조선일보』, 1931. 12. 19~28.

뇌일혈 생명 위독, 의식 불명'이라는 전보가 전해졌고, 2월 21일 여순 감옥에서 순국했다. 신채호는 3년 반 전인 1932년 11월 17일 북경에서 매일같이 만났던 선배이자 동료였던 이회영이 같은 감옥에서 고문사했다는 사실을 전혀 몰랐을 것이다.

6. 나가는 글

안중근, 이회영, 신채호는 모두 여순 감옥에서 순국한 항일투사들이다. 세 선열(先烈)은 각각 황해도 해주, 서울, 충청도 청원으로 고향도 각각 달랐고 성장 배경도 달랐으나, 여순 감옥에서 순국했다는 점 외에도 여러 공통점을 갖고 있다.

먼저 이들은 모두 유교 가문에서 태어난 양반 출신이지만 기득권을 버리고 신사조를 받아들였다는 공통점이 있다. 서세동점하는 격동의 국제 정세 속에서 과거의 유교 사상에 매몰되거나 양반 사대부의 기득권에 연연해서는 국권을 지킬 수 없다는 생각 때문이었다.

이들은 빼앗긴 나라를 되찾는 방식으로 무장 독립투쟁을 가장 앞세웠다는 공통점도 있다. 일제의 압도적 무력에 의해 나라를 빼앗기자 두 가지 노선이 존재했는데, 하나는 무장투쟁으로 일제를 구축하자는 독립전쟁론이고, 다른 하나는 외교적 방법을 통해 나라를 되찾자는 외교독립론이었다. 두 노선 중에서 안중근, 이회영, 신채호는 모두 무장투쟁에 의한 독립전쟁론을 채택했다. 독립전쟁론은 비타협적 무장투쟁 노선으로서 일제로부터 가장 강력한 탄압을 받은 독립운동 노선이었다.

안중근, 이회영, 신채호는 또한 동양 평화와 세계 평화에 대한 확고한 사상을 갖고 있었다. 일본도 표면적으로는 동양 평화를 주장했지만, 그 내용은 전혀 달랐다. 일본은 자신들이 한국, 중국 등을 강점한 후 서양에 맞서는 것을 동양 평화라고 주장했지만, 안중근, 이회영, 신채호는 모든 민족이 독립된 상태에서 주권을 가지고 서로 평등하게 지내는 것이 동양 평화라고 생각했다. 한 민족이 다른 민족을 무력으로 억압한 상태에서는 평화로울 수 없다는 점에서 일제의 주장은 궤변에 불과하다. 세 선열은 모든 개인, 국가, 민족이 자유롭고 평등하게 지내는 것이 진정한 평화 상태라는 평화사상을 갖고 있었다.

안중근, 이회영, 신채호는 일제에 의해 침략당하고 있는 중국의 처지를 깊이 동정했다는 공통점도 갖고 있다. 안중근은 『동양평화론』에서 일제의 만주 침략을 강하게 비판했으며, 이회영과 신채호는 모두 중국인들과 연합해 일제의 침략에 맞서 싸웠다. 여순 감옥에서 옥사한 세 선열은 중국인들을 일제의 침략에 함께 고통받는 같은 피압박민으로 생각했다. 같은 피압박 민족이라는 동질성을 가지고 압제에 저항하는 정신으로 중국과 중국인들을 바라본 것이다. 안중근, 이회영, 신채호의 이런 정신이 현재에도 구현된다면 중국도 일본 제국주의 역사학을 채용한 동북공정과 같은 침략적 역사관을 버리고 한·중 사이의 진정한 평화 체제를 구축하는 데 일조할 수 있을 것이다.

현재 동아시아 평화는 큰 위협에 처해 있다. 일본은 제국주의 시절의 식민사관을 그대로 추종하는 극우파 역사관으로 동아시아의 평화를 위협하고 있고, 중국은 과거 자신들을 침략했던 논리였던 일제 식민사관을 거꾸로 역사 침략의 도구로 사용하고 있다. 1960년대 초반 중국 수상 주은래(周恩來)가 북한의 학술대표단 앞에서 "요동은 조선 민족의 강역"이었다고 말한 것과는 아주 다른 패권주의의 길을 걷고 있는 것이다.

이제 다시 위협받는 동아시아의 평화 체제를 되살리는 길은 여순 감옥에서 옥사한 안중근, 이회영, 신채호의 사상에 이미 내재되어 있다. 특히 이회영이 만주의 중국인들과 항일구국군을 결성해 해방을 되찾기 위해 일제가 장악한 만주로 잠입하다가 고문사한 것은 단순히 한국의 독립만을 위해서가 아니었다. 안중근, 신채호가 단지 한국의 독립만을 위해 순국한 것이 아닌 것처럼 이 세 사람은 한국의 독립은 물론 동아시아 평화 체제의 구축이라는 더 큰 명제를 위해 자신의 생애를 바쳤던 것이다. 안중근, 이회영, 신채호의 이런 사상적 기반 위에서 동아시아 평화 체제를 구축해야 할 때다.

참고문헌

1. 사료

『高宗實錄』, 『東國史略』, 『東匪討錄』, 『禮記』, 『梅泉野錄』, 『史記』, 『三國史記』, 『三國志』, 『尚書』, 『西厓集』, 『純祖實錄』, 『純宗實錄』, 『承政院日記』, 『兩湖招討謄錄』, 『日省錄』, 『聚語』

2. 단행본·논문 등

강상중·현무암, 『기시 노부스케와 박정희』, 책과함께, 2012.

강정인, 「율곡 이이의 정치사상에 나타난 대동(大同)·소강(小康)·소강(少康): 시론적 개념 분석」 『한국정치학회보』 제44집 제1호, 2010.

경기도 경찰부, 『치안개황』, 1925.

국사편찬위원회, 『한국사 40: 청일전쟁과 갑오개혁』, 1999.

김구, 『백범일지』, 백범정신선양회 편, 하나미디어, 1992.

김석형, 「삼한 삼국의 일본 열도 내 분국에 대하여」 『력사과학』, 1963년 1월호.

____, 『초기 조일 관계사(하)』, 평양, 사회과학출판사, 1988.

김양선, 『한국 기독교사 연구』, 기독교문사, 1971.

김영범, 『한국 근대 민족운동과 의열단』, 창작과비평사, 1997.

김용섭, 『역사의 오솔길을 가면서』, 지식산업사, 2011.

김정미, 「석주 이상룡의 독립운동과 사상」, 경북대학교 대학원 박사학위 논문, 2001.

김창숙, 「자서전」 『김창숙』, 심산사상연구회 편, 한길사, 1981.

김태식, 「가야사 인식의 제문제」, 국사편찬위원회, 『한국사 7: 삼국의 정치와 사회 3—신라·가야』, 1997.

김현구, 『임나일본부설은 허구인가』, 창비, 2010.

나가하라 게이지, 『20세기 일본의 역사학』, 하종문 옮김, 삼천리, 2011.

남인령, 「석주 이상룡의 국권회복론 연구」 『이대사원』 26, 1992.

단재신채호선생기념사업회, 『단재 신채호 전집』, 1977.

『대종교 중광 60년사』, 대종교총본사, 1971.

도야마 시게키, 『일본 현대사』, 박영주 옮김, 한울, 1988.

독립동지회, 『한국독립사』, 1965.

독립운동사편찬위원회, 『독립운동사』, 1975.

동북아역사재단, 『청일전쟁기 한·중·일 삼국의 상호 전략』, 2009.

마대정, 『중국의 동북 변강 연구』, 이영옥 편역, 고구려연구재단, 2004.

민영규, 『강화학 최후의 광경』, 우반, 1994.

박연수, 『양명학의 이해』, 집문당, 1999.

박제형, 『근세조선정감』, 탐구당, 1981.

박환, 「서로군정서의 성립과 그 활동」 『한국학보』 55, 1989.

_____, 「이회영과 그의 민족운동」 『국사관논총』 제7집, 국사편찬위원회, 1989.

샤를르 달레, 『한국 천주교회사』, 1874.

신용철, 『공자의 천하, 중국을 뒤흔든 자유인, 이탁오』, 지식산업사, 2006.

안춘배, 「고고학상에서 본 임나일본부설」 『가라문화』 제8집, 경남대학교 가라문화연구소, 1990
년 12월호.

오종일, 「양명 전습록 동래고」 『철학연구』 5, 고려대학교 출판부, 1978.

『온양·아산 근대 사료집: 옛 일본어판 아산군지(1929)』, 온양문화원·아산향토사연구소, 2008.

왕현종, 「조선 갑오개혁 정권의 대일 정략과 종속의 심화」, 『청일전쟁기 한·중·일 삼국의 상
호 전략』, 동북아역사재단, 2009.

유영익, 「갑오경장을 위요(圍繞)한 일본의 대한(對韓) 정책」 『역사학보』 65, 1975.

윤병석, 「석주 이상룡 연구: 임정 국무령 선임 배경을 중심으로」 『역사학보』 89, 1981.

_____, 『이상설전』, 일조각, 1984.

윤병석 역편, 『안중근 전기 전집』, 국가보훈처, 1999.

은정태, 「청일전쟁 전후 조선의 대청 정책과 조청 관계의 변화」 『청일전쟁기 한·중·일 삼국의
상호 전략』, 동북아역사재단, 2009.

이강, 「조선 청년운동의 사적 고찰(상)」 『현대평론』, 1927년 9월.

이관직, 『우당 이회영 실기』, 을유문화사, 1985.

이규창, 『운명의 여진』, 보련각, 1992.

이덕일, 『근대를 말하다』, 역사의아침, 2012.

_____, 『설득과 통합의 리더, 유성룡』, 역사의아침, 2007.

_____, 『이회영과 젊은 그들』, 역사의아침, 2009.

_____, 『잊혀진 근대, 다시 읽는 해방전사』, 역사의아침, 2013.

이상룡, 「서사록」 『석주유고(하)』, 안동독립운동기념관 편, 경인문화사, 2008.

이소가야 스에지, 『우리 청춘의 조선』, 김계일 옮김, 사계절, 1988.

이용희, 「38선 획정 신고(新考)」 『분단 전후의 현대사』, 일월서각, 1983.

이은숙, 『민족운동가 아내의 수기』, 정음사, 1975.

이을규, 『시야 김종진 선생전』, 1963.

이정규, 『우당 이회영 선생 약전』, 『우관문존』, 삼화인쇄 출판부, 1974.

이현주, 「서울청년회의 초기 조직과 활동(1920~1922)」 『국사관논총』 제70집, 1996.

일본 역사교육자협의회, 『동아시아 역사와 일본』, 송완범·신현승·윤한용 옮김, 동아시아, 2005.

정화암, 『어느 아나키스트의 몸으로 쓴 근세사』, 자유문고, 1992.

제노네 볼피첼리,『구한말 러시아 외교관의 눈으로 본 청일전쟁』, 유영분 옮김, 살림, 2009.

조규태, 「북경 '군사통일회의'의 조직과 활동」『한국 독립운동사 연구』제15집, 2000.

조항래, 「19세기 말~20세기 초 일본 대륙 낭인의 한국 침략 행각 연구」『국사관논총』제79집, 1998.

존 다우어,『패배를 껴안고: 제2차 세계대전 후의 일본과 일본인』, 최은석 옮김, 민음사, 2009.

채근식,『무장독립운동비사』, 대한민국공보처, 1947.

채영국,『서간도 독립군의 개척자: 이상룡의 독립정신』, 역사공간, 2006.

친일반민족행위진상규명위원회,『친일반민족행위관계사료집 Ⅳ: 조선 귀족과 중추원』.

크로포트킨,『현대 과학과 아나키즘』, 이을규 옮김, 창문사, 1973.

한계옥,『망언의 뿌리를 찾아서』, 조양욱 옮김, 자유포럼, 1998.

한국역사연구회,『1894년 농민전쟁 연구 5』, 역사비평사, 1997.

한림대학교 아시아문화연구소,『청일전쟁의 재조명』, 한림대학교 출판부, 1996.

허은,『아직도 내 귀엔 서간도 바람 소리가』, 정우사, 1995.

홍기문, 「조선의 고고학에 대한 일제 어용학설의 검토」『력사제문제』, 1949.

황태연,『갑오왜란과 아관망명』, 청계, 2017.

_____,『갑진왜란과 국민전쟁』, 청계, 2017.

_____,『백성의 나라 대한제국』, 청계, 2017.

「震檀学会と朝鮮学運動」『朝鮮史から民族を考える 22』『植民地期の朝鮮人史学者たち(下)』.

『不逞團關係雑件-朝鮮人의 部-在滿洲의 部 8』, 大正 八年(1919).

『北一輝思想集成』, 書肆心水, 2005.

『北一輝著作集』, 第1卷 神島二郎解説, みすず書房, 1959.

『新日本史: 古代, 中世, 近世編』, 數研出版, 2004.

『中國現代史料叢書』, 台北, 文星書店, 1962.

アレクセイキリチェンコ, 「東京裁判へのクレムリン秘密指令」『正論』2005年 7月號.

ベンジャミン・フルフォード,『ステルス・ウォー』, 講談社, 2010年 3月.

家永三郎,『津田左右吉の思想史的研究』, 岩波書店, 1988.

岡本幸治,『北一輝: 日本の魂のドン底から覆へす』, ミネルヴァ書房, 2010.

高橋正衛,『二・二六事件「昭和維新」の思想と行動』, 中公新書 増補新版, 1994.

國防大學『戰史簡編』編寫組 編,『中國人民解放軍戰史簡編』, 中國人民解放軍出版社, 2001.

藤原彰 等,『天皇の昭和史』, 新日本新書, 1984.

末松保和,『任那興亡史』, 吉川弘文館, 1949.

杉村濬,『明治二十七八年在韓苦心録』, 東京, 勇喜社, 1932.

西義之,『変節の知識人たち』, PHP研究所, 1979.

石井公成,「聖徳太子論争はなぜ熱くなるのか」『駒澤大学大学院仏教学研究会年報』40號, 2007年 5月.

新川登亀男・早川万年 編,『史料としての日本書紀: 津田左右吉を読みなおす』, 勉誠出版, 2011.

兒島襄,『東京裁判(上・下)』, 中公新書, 1971.

王樹增,『解放戰爭(下)』, 北京, 人民文學出版社, 2009.

遠山茂樹,『戦後の歴史学と歴史意識』, 日本歴史叢書, 1968.

陸娛宗光,『蹇蹇錄』, 東京, 岩波書店, 1940.

日暮吉延,『東京裁判』, 講談社 現代新書, 2008.

林明德,『袁世凱與朝鮮』, 臺北, 中央研究院近代史研究所, 1970.

張泓 主編,『東北抗日義勇軍: 遼寧卷』, 沈陽出版社, 2003.

田中秀雄,『石原莞爾の時代』,『石原莞爾と小沢開作』, 芙蓉書房出版, 2008.

朝鮮總督府 警務局,『高等警察關係年表』, 1930.

津田左右吉,「三國史記の新羅本紀について」『津田左右吉全集』第二卷, 1963.

川端治,『自民党 その表と裏』, 新日本出版社, 1963.

坂本太郎,『日本史概説(上)』, 至文堂, 1962.

向坂逸郎 編,『嵐のなかの百年 学問弾圧小史』, 勁草書房, 1952.

Michael Schaller, *The American Occupation of Japan: The Origins of the Cold War in Asia*, Oxford University Press, 1985.

Tim Weiner,『CIA秘錄: その誕生から今日まで』, 文藝春秋, 2008.

찾아보기

한국 독립전쟁사의 재조명

초판 1쇄 펴낸 날 2019. 2. 25.

지은이 이덕일
발행인 양진호
책임편집 김진희
디자인 김민정
발행처 도서출판 |만권당▌

등 록 2014년 6월 27일(제2014-000189호)
주 소 (04045) 서울시 마포구 양화로 56 동양한강트레벨 718호
전 화 (02) 338-5951~2
팩 스 (02) 338-5953
이메일 mangwonbooks@hanmail.net

ISBN 979-11-88992-05-8 (93910)

이 도서의 국립중앙도서관 출판예정도서목록(CIP)은 서지정보유통지원시스템 홈페이
지(http://seoji.nl.go.kr)와 국가자료공동목록시스템(http://www.nl.go.kr/kolisnet)에
서 이용하실 수 있습니다.(CIP제어번호: CIP2019004185)